国家出版基金项目
NATIONAL PUBLICATION FOUNDATION

中国近代中学科学教科书研究

中国近代中学物理学教科书研究

◎ 王广超　著

广西科学技术出版社

图书在版编目（CIP）数据

中国近代中学物理学教科书研究/王广超著. —南宁：广西
科学技术出版社，2022.6
（中国近代中学科学教科书研究）
ISBN 978-7-5551-1807-7

Ⅰ.①中… Ⅱ.①王… Ⅲ.①中学物理课—教材—研究
Ⅳ.①G633.72

中国版本图书馆CIP数据核字（2022）第102296号

中国近代中学科学教科书研究

中国近代中学物理学教科书研究

王广超　著

策　　划：黄敏娴　　　　　责任编辑：苏深灿　方振发　吴书丽
责任校对：阎世景　　　　　责任印制：韦文印
装帧设计：梁　良

出 版 人：卢培钊
出版发行：广西科学技术出版社
社　　址：广西南宁市东葛路66号　　　邮政编码：530023
网　　址：http://www.gxkjs.com

印　　刷：广西壮族自治区地质印刷厂
地　　址：南宁市建政东路88号
邮政编码：530023
开　　本：787 mm×1092 mm　1/16
字　　数：240千字　　　　　　　　　印　　张：18
版　　次：2022年6月第1版
印　　次：2022年6月第1次印刷
书　　号：ISBN 978-7-5551-1807-7
定　　价：58.00元

丛书序

16 世纪末，欧洲天主教传教士来华，开启了中国科学史上的"西学东渐"时代。当时所译的欧洲科学著作，从徐光启和利玛窦合译《几何原本》前六卷（1607 年），到《崇祯历书》《律历渊源》等明末清初的官译或御制著作，其中不乏数学和天文学教本。19 世纪中叶以后，科学教科书伴随着西方科学传入中国而被翻译过来。上海墨海书馆、京师同文馆、江南制造局翻译馆，以及基督教新教组织的益智书会（英文直译名是"学校教科书委员会"）等机构和组织都翻译或编译了不少科学教科书。但直至 20 世纪初，随着科举制度的废除和新教育制度的全面推行，科学教科书才最终确立其在中国中小学教育中的主科教材地位，彻底改变了中国青少年的知识结构，成为中国现代新知识、新文化的重要源头。

科学教科书的引入和发展，与近现代科学知识在清末民初的传播和中国近现代科学的发展有着密切的关系。科学教科书的编译、编撰，首先要解决名词术语的翻译和统一问题。我国的中小学科学教材，在 20 世纪前半叶，经历了从直接翻译日本和欧美国家教科书，到编译和自编教科书，再到最终实现教科书本土化的过程。

在"癸卯学制"实施的最初几年，各种翻译自日文的理科教科书占了中文教科书中的绝大多数。大量的留日学生成为教科书编译的主力军。他们将日本的教科书甚至自己所用的课堂讲义翻译为中文，送回国内出版或直接在东京印刷后运送到国内销售。这些新的译书不仅采用了大量的日译术语，而且一律采用铅印洋装（数学教材和辅导用书开始采用横排），从内容、语言到形式都进行了更新，使得 19 世纪后半叶以口译笔述结合翻译的科学教科书迅速成为明日黄花。

1906 年，清末学部设图书编译局从事教科书的审定和编译工作。该局自行编译的教科书并不多，但经该局审定通过的教科书则有数百种之多。教科书的审定制度使直接编译的教科书逐步退出中小学和师范教育的主流市场，促进了普通教科书的本土化。至宣统年间，直接翻译的中小学教科书在官办中小学中已非常少见，取而代之的是国人自编或译编且经学部审定通过的教科书。

教科书的编撰者也从最初的教会学校出身的教师或归国留学生（如谢洪赉、伍光建等）和自学成才的教科书专业编者（如杜亚泉叔侄）等，过渡到以留日学生为主的编译者，直至五四运动前后，形成了以在欧美国家学成归国的留学生为主的教科书编撰者群体的局面。至 20 世纪 30 年代，商务印书馆、文明书局、中华书局、科学书局、世界书局、开明书店等出版机构相继成为各种教科书的重要供应商。

科学教科书本土化的主要表现为教科书语言词汇实现了本土化。19 世纪后半叶，采用口译与笔译相结合的翻译方法，主要由于其中的中国笔述者多不懂外语，因而没有很好地解决绝大多数科学术语和科学名词的翻译问题，教科书译本不得不作大量删节，或虽勉强翻译过来，但让人无法卒读、难以理解。20 世纪初，由于日文与中文的特殊关系，留日学生大量借用日语中的汉字新词汇，解决了基本术语词汇的汉语翻译问题。19 世纪末 20 世纪初，关注和从事科学术语翻译的主要是传教士等在华外国人，到了五四运动前后，由博医会组织的医学名词审查会发展成为科学名词审查会之后，归国留学生很快就取代外国人成为名词术语审定和统一工作的主力军。1932 年国立编译馆成立后，成为国民政府教育部官方的名词审定机构，各学科的著名科学家参加名词术语的翻译审定工作，各科名词术语相继正式颁布，为教科书的编撰和科学名词术语的本土化打下了坚实的基础。总之，在辛亥革命至抗日战争全面爆发前的约四分之一世纪内，中国的理科教科书基本完成了本土化，形成了有我国特色的现代中小学科学教科书体系。

教科书具有丰富的知识与文化内涵。对于中国近代科学教科书的研究，涉及具体知识的传播、语言与术语词汇的翻译转换、近现代中文科学语言的创制和学术语言的形成、中西文化交流，涉及各科知识系统的组织和结构、基本知识的表征（如核心概念、话语分析、科学方法、科学本质的有关表述等）和科学实验的方法与技能，以及教科书的使用情况和教学的具体问题，等等。近20多年来，教科书的研究日渐受到重视，成为近代科学史、翻译史、语言词汇史、学术史和中外文化交流史的重要研究对象。特别是随着网络技术的发展，大量近现代中外教科书及相关资源都不再难以获得，极大地推动了对中国近现代中小学科学教科书的研究，使其逐步成为中国近现代教育史、语言文化史和科技史等领域中的一个研究热点。

当此之时，广西科学技术出版社邀请几位中青年科技史才俊编著《中国近代中学科学教科书研究》丛书，是颇具远见卓识的。本丛书第一辑包括了数学、物理学、化学和生物学四个主要学科，几位作者以科学史的研究方法为主要切入点，结合教育史、课程史、知识文化史等视角，探究教科书的编撰和使用情况，尤其是对中国近代一些有代表性的科学教科书进行了深入剖析，探讨了对国外优秀教科书的借鉴、科学知识的发展与教科书更新的关系、知识单元的组织、科学术语和教科书的本土化经验、科学家参与教科书的编撰和审定、科技史知识在教科书中的运用、教科书所蕴含的科学观念等一系列问题。这些著作不仅是中国近现代教科书研究的重要收获，也是中国近现代科技史研究的重要成果，对当前我国的中小学科学教科书的编撰有较高的参考价值。

　　记得 30 多年前，我初读清末民初的理科教科书，就感到其内容及深度都超过我在初中和高中时使用的教材。1994 年，在上海辞书出版社图书馆书库里，我偶然见到中华书局之前收藏的种种清末和民国时期的教科书，堪称洋洋大观，进一步认识到教科书的研究不仅具有重要的学术价值，也很有现实意义。从那时候开始，我在不同的场合多次宣传教科书研究的意义。2010 年，我曾与郭金海、王广超和何涓等青年朋友组织过短期的"中国近现代教科书读书班"。转眼间 10 多年过去了，现在包括他们的研究成果在内的丛书即将问世，我很欣喜地写下自己的一些浅显的认识和感想。

　　是以为序。

2021 年 5 月

　　（王扬宗，中国科学院大学人文学院科技史系主任，教授，博士研究生导师，中国科学技术史学会常务理事。）

目 录

第一章
绪　论

　　物理学教科书在中国古代学校课程中是没有的，即使在欧洲，现代意义上的物理学教科书也是 19 世纪才出现的。若以现代的学科体系划分，中国古代学校的主要课程全为文学、哲学之类，西方传统学校的主要课程是神学、文学和哲学。因此，物理学教科书无论是在中国还是在西方，都是新教育的产物。不同的是，中国的新教育沿袭自西方，而西方的教育体系是自然演变而成的。早期的中国科学教科书主要直接或间接翻译自西方，是国人学习科学知识的主要媒介。西方科学教科书由科学共同体编著，是用以培养新生代科学家的主要工具，所载知识大多为科学共同体认可的常识。但长时间以来，科学教科书并不被西方科学史界重视[①]。随着研究的深入，一些西方科学史学者开始关注科学教科书，探讨其与科学教育、科学传播和国家教育政策等的复杂关系。

　　相比较之下，近代中国科学教科书的发展更为复杂：真正意义上的西方近代科学教科书是从 19 世纪中叶开始传入的，主要是传教士与中国人通过口译笔述的方式进行翻译；甲午战争之后，中国开始翻译日本教科书，至抗日战争全面爆发之前国人自编教科书成为主流。在此过程中，科学教科书对近代西方科学知识和观念传入中国起到了重要作用，与学制变迁、汉语科学语言的形成、中国出版业的兴盛等方面密切相关。然而，长期以来，中国科学史界对近代科学教科书的发展和变迁这一富有历史意义而影响深远的问题缺乏全面而深入的研究，

[①] Marga Vicedo, "The Secret Lives of Textbooks," *ISIS* 103, no. 1 (2012): 83 –87.

本书试图对中国近代中学物理学教科书的形成、发展和演变进行探讨，考查近代科学知识在中国传播和演变及其通过教科书这一载体表述的历程。

首先需界定书名中两个重要概念，一是"近代"，二是"中学"。对于中文物理学教科书来说，"近代"的起点选在19世纪中叶更恰当一些，因为真正的西方物理学教科书是在那时翻译过来的。终点一般没有争议，定为中华人民共和国成立的1949年。何为"中学"，这涉及中国学制的形成、发展和变迁等问题。严格意义上的中学物理学教科书是从"癸卯学制"颁行、实施后才出现的，但在此之前就已有相应水平的教科书。实际上，此前在书院和大学堂里使用的物理学教科书其实也相当于中学程度，因此，严格来说，名为"中等"更为恰当。关于历史分期、学制演变、教科书发展等问题将于第三章专门讨论。本书主要是考查19世纪中叶至20世纪中叶这100年间中等物理学教科书的发展和演变情况。

第一节　研究现状

长久以来，不仅中国科学史界对科学教科书鲜有关注，西方科学史界也是如此。在西方科学史家看来，科学教科书只是科学知识的堆砌，保存已经沉淀下来的无可置疑的知识，因而有关科学教科书的研究长期未受重视[①]。不过，近几年来，西方科学史家逐渐认识到科学教科书的重要性，开始聚焦科学教科书，从书籍的社会史等方面提出

---

①Marga Vicedo, "The Secret Lives of Textbooks".

问题并开展研究①。然而，中国近代物理学教科书的相关研究还很不足，研究问题还停留在谁翻译或编著了哪些书、依据的底本是什么、使用了什么样的术语等方面。

在一些物理学史的论文和论著中，有一些近代物理学教科书方面的讨论。王冰在 20 世纪 80 年代发表《明清时期（1610—1910）物理学译著书目考》一文，其中专设一节讨论物理学教科书书目，涉及近代中文物理学教科书的内容及出版情况②。文章对教科书和其他书的分类与本书的不同，在笔者看来，一些明显的教科书被王冰归入了"专著"系列。比如《重学》，由艾约瑟（Joseph Edkins，1823—1905）口译、李善兰（1811—1882）笔述，英国科学家惠威尔（William Whewell，1794—1866）所著，此书为剑桥大学的标准物理学教材，曾出版多个版本，在英语国家颇具影响。如果说《重学》中文译本归入教科书略显牵强，那将丁韪良（William A. P. Martin，1827—1916）编订的《格物入门》编入"通俗读物类"还是不太合适的，因为此书为京师同文馆的重要物理学教材。"通俗读物类"的书籍还包括赫士（Watson Mcmillen Hayes，1857—1944）编译的三本"揭要"，即《光学揭要》《热学揭要》和《声学揭要》，这三本是登州文会馆的主要物理学教材。当然，王冰将这些教科书编入"通俗教材类"或许另有考虑，因为这些书在当时市面上确实具有科学普及的作用，有些

---

① 2008 年，ISIS 第 1 期上刊登了 4 篇围绕"聚焦科学中的教科书"为中心的文章，讨论科学教科书所涉及的问题和视角。其中：Marga Vicedo，"The Secret Lives of Textbooks," ISIS 103，no. 1（2012）：83 - 87；Michael D. Gordin，"Translating Textbooks：Russian，German，and the Language of Chemistry," ISIS 103，no. 1（2012）：88 - 98；Adam R. Shapiro，"Between Training and Popularization：Regulating Science Textbooks in Secondary Education," ISIS，2012，103（1）：99 - 110.

② 王冰：《明清时期（1610—1910）物理学译著书目考》，《中国科技史料》1986 年第 5 期。

甚至被收录进后来颇具影响力的图书集中，比如《西学大全》。而本书中"教科书类"的 33 种书大多是 1900 年之后出版的教科书，很多自编和译自日文的教科书没有被收录。

《中国科学技术史·物理学卷》是重要的物理学史著作，由戴念祖编著。此书仅以很小的篇幅讨论了"物理学书籍的翻译"和"近代物理学教育"这两个问题，其中虽谈及物理学教育，但所论大多都是晚清时期译编的一些教科书，比如《重学》《格物入门》《光学揭要》《电学通标》等，且此书仅关注西方物理学知识的传入和影响，而对这些书的成书过程及其影响则鲜有论及[1]。

近些年来，科学教科书越发受到研究者的重视，有些物理学教科书甚至成为学位论文的研究对象。2007 年，清华大学李嫣的硕士学位论文《清末电磁学译著〈电学〉研究》对傅兰雅（John Fryer，1839—1928）翻译的《电学》进行了考查[2]。《电学》是我国近代第一部系统介绍西方 19 世纪中叶电磁学进展的中文译著，也是一部非常重要的教科书。该书由英国传教士傅兰雅口译、徐建寅笔述，1879 年由江南制造局首次出版发行。此书英文底本为出版于 1867 年的电磁学著作《学生用电学教科书》（*The Student's Textbook of Electricity*），作者是英国物理学家与化学家亨利·M. 诺德（Henry Michin Noad）。李嫣在论文中对《电学》的英文底本和中译本进行了探讨，主要通过梳理章节内容、对比分析英文底本和汉译本、对比分析同时期著作等方式开展研究。2010 年，内蒙古师范大学聂馥玲的博士学位论文《晚清科学译著〈重学〉的翻译与传播》对《重学》的翻译与传播进行了研究[3]。论文考查了《重学》的底本《初等力学教程》（*An Elementary*

①戴念祖：《中国科学技术史·物理学卷》，科学出版社，2001，第 549 - 555 页。
②李嫣：《清末电磁学译著〈电学〉研究》，硕士学位论文，清华大学，2007。
③聂馥玲：《晚清科学译著〈重学〉的翻译与传播》，博士学位论文，内蒙古师范大学，2010。

Treatise on Mechanics),分析了该书的成书背景、各版本之间的区别、内容变化与编纂思想。2019 年,内蒙古师范大学冯珊珊的博士学位论文《近代西方热学在中国的传播(1855—1902)》着重考查了阿道夫·加诺(Adolphe Ganot,1804—1887)的《基础物理学》(*Elementary Treatise on Physics,Experimental and Applied*)中热学知识在中国的传播。赫士译编的《热学揭要》、李杕编著的《形性学要》、伍光建译编的《最新中学教科书·热学》等书均以《基础物理学》为底本译编而成。冯珊珊对这些书中的热学知识做了详细的考查①。上述研究主要讨论了早期出版的教科书,致力考查教科书的成书背景、名词术语的演变及传入的物理学知识等问题,缺乏对中国近代物理学教科书总体发展脉络的梳理。

科学教科书事关科学教育。最近出版的科学教育史论著主要关注科学教育的外在因素,考查相关的重大历史事件和重要人物的科学思想,很少涉及科学教科书的发展情况。这方面比较有代表性的是曲铁华和李娟所著的《中国近代科学教育史》②。孙宏安的《中国近现代科学教育史》一书虽涉及一些物理学教育问题,但对早期物理学教科书的演变和发展很少讨论③。相比较之下,一些讨论近代中日教育关系的论著对译自日本的科学教科书有详细论述。例如,日本学者实藤惠秀所著的《中国人留学日本史》④ 和中国学者汪向荣所著的《日本教习》⑤ 分别对近代科学教科书翻译的始末进行了讨论,其中涉及很多物理学教科书编译、印刷和使用等重要环节,对近代物理学教科书的研究有一定参考价值。

---

① 冯珊珊:《近代西方热学在中国的传播(1855—1902)》,博士学位论文,内蒙古师范大学,2019。
② 曲铁华、李娟:《中国近代科学教育史》,人民教育出版社,2010。
③ 孙宏安:《中国近现代科学教育史》,辽宁教育出版社,2006。
④ 实藤惠秀:《中国人留学日本史》,谭汝谦、林启彦译,三联书店,1983。
⑤ 汪向荣:《日本教习》,中国青年出版社,2000。

教科书的文化含义逐渐引起学者关注。如王建军所著的《中国近代教科书发展研究》一书①，将近代教科书的发展分为"清末教科书的传入""清末的自编教科书"和"民国初期的自编教科书"三个阶段，着重考查了中文教科书的产生和演变过程。汪家熔撰写的《民族魂——教科书变迁》一书，从教科书出版史的角度探讨了近代中文教科书的发展演变。汪家熔曾长期供职于商务印书馆，一直从事印刷业，对图书目录学非常熟悉，尤其是近代教科书。他坚持"研究出版史，必须见到书"的治学原则，所得结论比较可靠。石鸥编著的《百年中国教科书论》对中国近代教科书整体的发展演变做了梳理②。毕苑所著《建造常识：教科书与近代中国文化转型》一书③，讨论了近代教科书的诞生和发展对近代中国人"建造常识"的影响，探讨了教科书发展与近代文化转型的关系。

以上这些论著，对近代科学教科书发展演变的关注明显不足，有些表述甚至存在错误。如《民族魂——教科书变迁》第一章谈及益智书会编辑的教科书，说"如《眼科指蒙》《天文揭要》《百鸟图说》等都是普通随便看看的书，谈不上学校教科书"，甚至说"他们自己办的学校也不用"。此结论并非汪家熔的杜撰，而是基于顾长生《从马礼逊到司徒雷登——来华新教传教士评传》一书中有关狄考文（Calvin Wilson Mateer，1836—1908）的一段表述："请一位刚刚入教的穷书生张干臣教识字启蒙，读《三字经》等。"这当然不符合实际情况。实际上，《天文揭要》是由美国传教士赫士和周文源根据路密司（Elias Loomis）的《天文学基础》（*A Treatise on Astronomy*）编译而成，于1891年出版。而当时的登州文会馆即已分备斋和正斋两级，备斋三年，相当于蒙学程度，主要包括国学经典、算术及一些宗教类课程；

①王建军：《中国近代教科书发展研究》，广东教育出版社，1996。
②石鸥：《百年中国教科书论》，湖南师范大学出版社，2013。
③毕苑：《建造常识：教科书与近代中国文化转型》，福建教育出版社，2010。

正斋六年，开设一些理化课程。据赫士在《天文揭要》序言中说，登州文会馆先以英文版的《天文学基础》为教科书，而后找到合适的笔述者将其译成中文。另据傅兰雅在《中国教育指南》中所述，《天文揭要》在出版后颇受欢迎，多所教会学校以此书为标准教科书①。

　　总体而言，学界有关中国近代物理学教科书的研究大体可以分为三类：第一类，近代物理学史方面的考查。由于物理学教育在近代物理学发展中起了重要作用，而物理学教科书在近代物理学教育中占核心地位，因此，有关近代物理学史和物理教育史的论文或论著也多会论及物理学教科书的发展和演变。但现有的研究还远远不足，甚至对物理学教科书的界定和分类还不清楚。近年来，虽有一些研究生以一些有影响力的物理学教科书为案例进行研究，但这些研究比较单一、零散，仅关注译本和底本的考证、译者生平经历的介绍，以及科技术语的创制等方面，缺乏对中国近代物理学教科书演变历史的整体考查。第二类，学术界关于科学教育史的研究，主要关注科学教育中的主要人物和重大历史事件，对物理学教科书的讨论非常简略。第三类，近年来教育史界非常注重从文化方面对中国近代教科书进行研究，涌现出不少论著，但这些论著大多关注中文或历史等文科教科书，对物理学教科书虽有提及，但非常有限。

第二节　研究问题和方法

　　本书试图综合物理学史、科学教育史、科学文化史等多方面来讨论近代物理学教科书的形成、演变、使用和影响等问题，从"书的历

---

①John Fryer，*The Educational Directory for China*（Shanghai：The American Presbyterian Mission Press，1895）.

史"这一角度考查具体物理学教科书的编写、出版、发行和阅读等过程。

物理学教科书是近代物理学知识传入中国的主要载体，这从王冰所列的论著中可见一斑。文中所列的很多"学术类著作"和"通俗类读物"其实就是教科书，当时在物理学知识的传播、物理观念的形成过程中起了重要作用。但还有一些问题有待研究，比如近代传入的物理学知识是如何通过中文物理学教科书这一全新的载体建构和呈现的？不同阶段的物理学教科书所载物理学知识的结构有何不同？与物理学发展呈现出怎样的互动关系？总的来看，影响物理学教科书所载知识结构变化的原因大体可归为物理学的发展演变、科学教育政策的变迁、科学共同体的形成及发展三类。

第一类，物理学的发展演变。19 世纪末至 20 世纪初，正值物理学发展经历深刻变革之际，这些日新月异的知识和理论也或多或少地体现在中文物理学教科书中。比如美国传教士赫士编译的《光学揭要》，首版于 1894 年，4 年之后，第二版即由上海美华书馆出版，附录部分增加了"然根光"一节。"然根光"其实就是 X 射线，是德国物理学家伦琴（Wilhelm Conrad Röntgen，1845－1923）于 1895 年发现的一种有非常强的穿透力的射线，这在当时是最前沿的物理学发现。对此，《光学揭要》用五六页的篇幅介绍了"然根光之有无"、产生然根光的"虚无筒"及"然根光之用"等问题，非常详细①。当时，不仅光学，电磁学、热学的发展也非常迅速，这些最新的物理学发现和知识是如何体现在教科书中的，其本身就是一个非常有意义的研究对象。

第二类，科学教育政策的变迁。中国近代经历多次教育变革。陈

①王广超：《赫士译编〈光学揭要〉初步研究》，《或问》2016 年第 29 期，第 53－68 页。

宝泉（1874—1937）认为，从 20 世纪初到 1927 年，近代中国学制经历了五次变迁，分别是无系统教育时期、钦定学堂章程时期、奏定学堂章程时期、民国新学制颁布时期和学校系统改革案颁布时期①。这一划分基本依据颁布的政策进行，比较机械，不符合实际。王凤喈（1896—1965）将中国近代学制的发展归为三个阶段：第一阶段是新教育萌芽时期，起于 19 世纪中叶，终于光绪二十七年（1901 年）。第二阶段为新教育发展时期，从 1902 年至 1921 年，约 20 年。此阶段学制之根本精神依循日本学制。第三阶段是学校系统改革时期，自 1922 年至 1949 年，此阶段学制的基本精神转为模仿美国学制。有关学制的变迁将于第三章详细讨论。各学制章程大多涉及物理学教科书知识体系的规定，这些规定也体现在了不同时期的教科书中。

第三类，科学共同体的形成及发展。科学共同体的一个重要工作就是编订教科书，为科学新生代传播必要的知识和技能。然而，科学共同体所编订的科学教科书却从根本上误导了人们对于科学的认知，因为要获得一个真实的科学的概念，需要借助科学活动的历史记录，同时需要提出全新的问题。这是库恩（Thomas S. Kuhn，1922—1996）的《科学革命的结构》一书阐述的主要观点。可见，教科书与科学共同体之间有密切的关系。库恩等西方学者所关注的主要是西方科学共同体和教科书的互动。欧洲是科学形成和发展的原发地，科学教科书是在科学共同体形成过程中或形成之后自发形成的。而近代中国是科学的输入国，先翻译教科书，后来才逐渐形成了科学共同体。一般认为，中国的科学共同体自 1920 年才逐渐形成②。一般而言，科学共同体的形成没有明显的标志。对于近代中国来说，早期的中国科学社、科学名词审查会及后来的中国物理学会，这些或许可以成为中

---

① 陈宝泉：《中国近代学制变迁史》，北京文化学社，1927。
② 施若谷：《"科学共同体"在近代中西方的形成与比较》，《自然科学史研究》1999 年第 1 期，第 1-6 页。

国物理学共同体形成的标志。也正因如此，科学教科书与中国科学共同体之间的关系更为复杂：一方面，物理学教科书的使用和推广为培养新式人才、形成科学共同体起了关键作用；另一方面，逐渐形成的科学共同体对中文物理学教科书的形成和演变起了重要的推动作用。因此，中国物理学共同体和教科书的互动关系或可成为物理学教科书研究的一个突破点。

由此，本书试图从更为广泛的文化史角度讨论物理学教科书。这方面，罗伯特·丹顿（Robert Darnton）提出的"书的历史"这一概念具有一定的启发意义。丹顿认为，任何书的历史都可以描述为一个"交流回路"（communication circuit），这一回路由作者、出版者、印刷者、出版商、书商及读者组成。① 实际上，任何书均由作者撰写，后经出版社的出版、印刷厂的印刷、出版商和书商的销售，最终到达读者手中。读者在阅读后提出意见，作者根据这些意见进行修改，这就形成了"交流回路"。丹顿所强调的，是这种透过印刷而形成的社会交流及文化史（the social and cultural history of communication by print）。探讨"书的历史"的目的，在丹顿看来，是要理解观念如何通过印刷这一媒介传播，进而影响到人类的思想和行为本身。

实际上，教科书与一般图书不同：一是教科书的读者并不是一般读者，而是学生和教师这两种特殊群体，可以说教科书是学生学习和教师施教的重要媒介；二是近代中文物理学教科书大多是翻译而成的，因而在回路中还应添加译者和底本这两个项目。而关于教科书的编书者，有多种情况，或是具有一定影响力的传教士，或是普通留日中国学生，或是物理教师，或是专业编书人。不同的身份决定了编书者的知识结构，进而影响了书的质量及受欢迎的程度。当然，有关教科书

---

①Robert Darnton，"What is the History of Books？" *Modern Intellectual History* 4，no. 3（2007）：495 - 508.

历史的研究与一般图书历史的研究也可以提出共同的问题：物理学教科书出版时是双面印刷还是单面印刷，所用的纸张是传统的薄纸还是较厚的纸张，还有与文字和插图相关的印刷技术等问题；发行路径也是一个问题，由哪家出版社出版，又是如何印刷，经何种途径最终到达读者手中；教育界对教科书是如何评价的，有没有具体的标准，标准本身是否有变动；等等。对以上问题的追踪和讨论，无疑将拓宽我们关于物理学教科书乃至物理学教育的研究视野。

第三节 各章概述

本书共分十章：第一章为绪论，主要是引出问题，介绍研究现状、研究方法及各章概述等；第二章介绍 19 世纪西方物理学教科书的发展演变；第三章对中文物理学教科书发展的历史背景进行讨论；第四至第七章分别对 19 世纪口译笔述、日译、英译和自编等较具代表性的几部教科书做案例分析，第八章和第九章讨论物理学术语和书面语的演变；第十章为综述，对近代物理学教科书的发展演变进行综合的讨论，涉及物理教育目标、知识结构、表述形式等方面。

第一章主要介绍研究现状和方法，并概述各章内容。物理学教科书无论是在中国还是在外国，都是新教育的产物，与科学教育、科学传播和国家政策有复杂的关系。通过综合物理学史、科学教育史等讨论近代物理学教科书的编写，可拓宽我们关于教科书乃至物理学教育的视野。

第二章主要讨论 19 世纪西方物理学教科书的形成及发展。最初的中文物理学教科书直接或间接译自西方物理学教科书。西方物理学教科书的发展和演变也体现在不同阶段翻译的中文物理学教科书中。因此，在具体讨论中文物理学教科书之前，需先考查西方物理学教科书的发展演变。英美两国的物理学教科书对中国的影响最深。这主要是由于英美两国的教会更支持科学教育，当时的传教士也多将在其国内流行的物理学教科书译成中文。尤其是在民国时期，中国教育制度从向日本学习转而向美国学习，相应的物理学教科书也多译自美国物理学教科书。本章首先介绍19世纪之前物理学的发展情况，进而讨论英美物理学教科书的演变。19世纪英美物理学教科书大体经历了四个阶段，分别是1830年之前、1831—1850年、1851—1870年、1871—1900年。然后，以惠威尔有关力学第三定律的阐述为中心，讨论物理学教科书中规律表述的演变过程。

第三章主要讨论近代中文物理学教科书发展的历史背景。涉及四个问题：其一是中国近代的历史分期。着重讨论何以将"近代"的起点定为19世纪50年代这一问题。其二是学制的创建及演进。在本书所论的时间段内，学制的发展大体经历了三个阶段：1850—1901年为新教育萌芽期；1902—1921年为新教育发展期；1922—1949年为学校系统改革期。其三是讨论近代中学物理学教科书的发展演变。本书主要从翻译和术语的创制方面对教科书的发展进行分析，分三个阶段，与学制发展不同：1850—1895年为第一阶段，以口译笔述教科书为主；1896—1912年为第二阶段，以日译教科书为主；1913—1949年为第三阶段，以英译和自编教科书为主。其四是"中文物理学教科书"的由来。这一问题将前三个问题串联起来，聚焦于物理学教科书在近代的演变及发展。

第四章讨论赫士译编的三部"揭要"教科书，借此对早期口译笔述类物理学教科书的情况进行考查。1882年，赫士受美国长老会派遣来到登州文会馆。当时由于缺乏合适的教科书，赫士直接用加诺的英文版物理学教科书授课，后来根据讲义编译成三部"揭要"，这三本书在教会学校和后来的官办大学堂有一定影响。本章将对这些书的底本和译本进行考查，包括其翻译的经过、使用的术语和表述的语言、内容及特色。

第五章以谢洪赉（1873—1916）翻译的《最新中学教科书·物理学》为案例，讨论译自英美物理学教科书的情况，考查其底本及译本，探讨此书在清末民初物理学教科书流变中的作用和意义。谢洪赉翻译的《最新中学教科书·物理学》于 1904 年由商务印书馆出版，底本是司麻华大学教授乔治·A. 何德赉（George A. Hoadley，1848—1936）编写的《简明物理学教程》（*A Brief Course in General Physics*）。此书编写于 1900 年，从书名、章节名称和知识的表述方式等方面来看，其在美国物理学教科书历史上是承前启后的作品，在当时具有一定的影响力。尽管《最新中学教科书·物理学》属于商务印书馆出版的"最新中学教科书"系列，但实际上其介绍的知识点的难度远远高于中学程度，尤其是当时新学制刚刚施行，大学堂和中学校正在建立过程中，如此难度的物理学教科书很难被中学生理解。但此书对于理工科大学堂来说难度又显得过低，因而此书真正适用于大学预科学生。民国时期，随着新学制的推行，一系列贴合新学制的教科书脱颖而出，此书很快淡出教科书市场。

第六章对王季烈（1873—1952）译编的《近世物理学教科书》和《共和国教科书·物理学》进行讨论。王季烈是清末教育改革中具有一定影响力的人物。他翻译的《近世物理学教科书》重视实验，注重从生活常识入手引介物理规律。此书因译笔畅达而广受好评，被学部评为教科书之善本，又因学部权威而行销甚广。王季烈后来编著的《共和国教科书·物理学》也多参照日本物理学教科书，体量相比《近世物理学教科书》大为缩减。为贴合学生学习数学的进度，他将较为复杂的"运动学"和"能"两篇置于书的末尾。此书载有大量的演示实验，大多通过插图展示。这些插图的标注非常详细，相应的讨论和叙述文字比较精练。《共和国教科书·物理学》在当时是一部优秀的物理学教科书，于 1924 年经周昌寿修订，1929 年通过教育部审批，成为国定教科书。总的来说，王季烈编译的教科书质量远超那些粗通日文、略知近代科学的留日学生所编的教科书。

第七章对陈榥自编的《物理易解》进行讨论。陈榥（1872—1931）曾于1898年以浙江高才生身份公费留学日本，入东京帝国大学造兵科，成绩优异。陈榥毕业后留在日本，其间编著《物理易解》，于1902年出版。此书可能是第一本国人自编的中学物理学教科书。《物理易解》是陈榥根据其在东京清华学校的授课讲义整理而成，其中术语及物理学公式的表述方式大都直接使用了日本教科书的程式，并在书中加入了一些驱除鬼神之说的例题，希望借物理理论破除流传于民间的鬼神之说。

第八章讨论物理学名词的创制及演变。19世纪后半叶，物理学教科书经历了所谓的"黄金时期"，其主要体现是物理学术语得以统一。物理学名词和术语的统一历经半个多世纪，最初由西方人与中国人的口译笔述，后来直接从日语借词，同时也有中国人自己的翻译、整理和审定，经中国科学共同体的审定和国立编译馆的颁布，最终才得以统一。另外，本章以矩（moment）中文译名的创制及演变为例进行讨论。矩是物理学中的一个基本概念，来华传教士与中国学者合作创译的中文译名混乱且不统一。20世纪初，日译名词"能率"被广泛采用，这一译名可能源于《重学浅说》。伍光建（1867－1943）最先在《力学》（1904年）中使用"矩"译名，但在当时影响不大。20世纪30年代，"能率"被"矩"替代，当时逐渐形成的科学共同体和后来成立的国立编译馆在此过程中起了关键作用。

第九章讨论物理学书面语文法的嬗变。最初的中文物理学教科书主要译自西方论著，而早期的西学译著以文言文为主，传教士曾试图使用浅显文理表述，但并未实现。对传教士来说，物理书面表述语采用浅显文理与其说是一种文体形式，不如说是一个努力的方向。20世纪初，随着日语物理学教科书的大量译介，物理书面表述表现出较为明显的欧化倾向。此后，直接译自英文的物理学教科书增强了这一变化。20 世纪 20 年代，白话文运动兴起，白话成分加入了物理学书面语。这一变化最先体现在初中物理学教科书中，随后波及高中物理学教科书，物理学书面语逐渐形成一种以长句和复句为中心的欧化表述文体。

第十章试图综述中国近代物理学教科书演变的脉络。总体来看，物理学教育的目的经历了为国之富强到必备常识的转变，这是由中国的实际情况及物理学内在的发展趋势所决定的。中国中等物理学教科书知识结构的演变，取决于物理学的新发展、新发现，以及中国学制的变迁和新教育理念的推行。本章最后讨论了教科书所载知识的外在表述形式的演变，包括知识的组织形式、名词术语等。

第二章
19世纪西方物理学教科书的发展

本章分三部分。第一部分讨论西方物理学的形成及发展演变过程，着重于19世纪前自然哲学与物理学共存的阶段。实际上，物理学经过长时间的发展和演变才成为一个独立的学科，大体经历了三个阶段：第一阶段，早期对中世纪时期自然哲学的重新界定和改造，此阶段以《自然哲学的数学原理》的出版为终点；第二阶段，一些实验物理学分支如光学、电学和热学的迅速发展和定量化改造的过程，这一阶段到19世纪初告一段落；第三阶段，实验物理学经历了力学化和能量概念的转化，形成一个概念清晰、逻辑自洽的整体物理学，此阶段至19世纪中叶基本完成。

第二部分着重对19世纪英美中等物理学教科书的演变和发展进行讨论，主要以从自然哲学向物理学的转变为线索。物理学作为一门独立自洽的学科到19世纪中叶基本形成，而物理学教科书的发展要滞后一些。之所以讨论英美物理学教科书，主要出于两方面考虑：一是中国近代大部分中文物理学教科书是从英美物理学教科书直接或间接翻译过来的。直接翻译的暂且不论，那些19世纪末到20世纪初译自日本的物理学教科书也多源自英美国家。可以说，19世纪英美物理学教科书是中国物理学教科书直接或间接的源泉。二是当时的中等物理学教科书在物理学真正成为一个学科的过程中起了关键作用，其重要性甚至超过了大学物理学教科书。实际上，中等物理学教科书影响了大学物理学教科书的设计和编写，而不是相反的过程。[1]

大体来说，19 世纪英美物理学教科书的发展可以分为四个阶段：1830 年之前是较为原始的阶段；1831—1850 年为早期阶段；1851—1870 年是相对比较成熟的阶段，更多的大学教授开始编写中等物理学教科书，那时的名称大多是"自然哲学"；19 世纪最后 30 年是成熟阶段，出现了以物理学（physics）为名的教科书。

第一、第二部分主要讨论物理学及物理学教科书的发展进程，第三部分将着重讨论物理学理论的发展演变。具体来说，将着重讨论牛顿第三运动定律表述的发展和演变。众所周知，牛顿力学三大定律奠定了动力学研究的基础，甚至为热学、电学和光学等实验物理学分支提供了研究范式。其中，牛顿力学第三定律争议最大，表述形式至 19 世纪 50 年代左右才得以定型。第三部分将着重以惠威尔编著的物理学教科书为中心梳理牛顿力学第三定律表述的演变。

第一节　物理学的形成

现代物理学起源于欧洲。物理学在古代西方世界是一门重要的学科，甚至是中世纪时期很多大学的必修课程。但是，古代物理学课程与当今的课程有很大差异，其内容以亚里士多德的理论为主。自 12 世纪以后，亚里士多德的理论主宰了中世纪科学的内容和概念，他关于

---

[1]Kathry M. Olesko, *Physics as a Calling: Discipline and Practice in the Königsberg Seminar for Physics* (Ithaca and London: Cornell University Press, 1991); Josep Simon, *Communicating Physics: The Production, Circulation and Appropriation of Ganot's Textbooks in France and England, 1851 - 1887* (London: Pickering and Chatto, 2011).

世界的结构及其物理机制的解释在当时颇为盛行。[①] 按照中世纪盛行的亚里士多德理论，科学可以分为理论科学和实践科学两种。理论科学进而可以划分为形而上学、数学和物理学。而物理学主要研究独立存在的、可变的、运动的事物，这些包括有生命的生物和无生命的物体。因此，从一定意义上说，亚里士多德的物理学与自然哲学比较接近。中世纪时期的自然哲学注重考查发生变化的物体，或一切可运动的事物。[②] 亚里士多德的一些论著在中世纪大学中是标准教科书，这些论著包括《物理学》（*Physica*）、《论天》（*De Caelo*）、《论生灭》（*De Generatione et Corruptione*）、《气象学》（*Meteorologica*）和《论灵魂》（*De Anima*）。因此，中世纪时期的物理学试图用普遍的哲学理论解释自然，致力考查物体的自然属性和决定物体变化的自然条件。毫无疑问，中世纪时期的自然哲学与当今物理学存在共性：试图考查运动变化的原因，而不仅对现象进行描述和考查。这就构成了物理学与其他学科的主要区别。然而，现代物理学致力形式因和动力因的探究，而较早的自然哲学所探寻的原因要广泛得多，包括亚里士多德提出的四因说——质料因、形式因、运动因、目的因。[③]

至 17 世纪时，物理学发生了一场深刻的变革。随着伽利略（Galileo Galilei，1564—1642）和笛卡儿（Rene Descartes，1596—1650）的新概念和新理论的盛行，大学中的自然哲学教科书改变了仅对形而上学理论进行讨论的情况，开始讨论具体的实验科学。雅克·罗奥（Jacques Rohault，1620—1672）编著的《物理学教程》（*Traité de*

---

① 爱德华·格兰特：《中世纪的物理科学思想》，郝刘祥译，复旦大学出版社，2000，第 1 页。
② 爱德华·格兰特：《近代科学在中世纪的基础》，张卜天译，湖南科学技术出版社，2010，第 166 - 167 页。
③ 戴维·林德伯格：《西方科学的起源》，王珺、周文峰等译，中国对外翻译出版公司，2001，第 53 - 57 页。

Physique）（1671 年）比较具有代表性。书中讨论了笛卡儿的物理学理论，试图以无处不在的以太来解释自然。不过，《物理学教程》与当今物理学教科书还是有很大不同，现代我们所认为的化学、生物学等知识还被收录其中。实际上，按照当时的标准，物理学是一门关注物质与变化的学科，与关注永恒的数学形成了鲜明对比。天文学、几何光学、声学等领域在 17 世纪时还归在数学门类内，但正是这些研究领域，在 17 世纪的科学革命之后，反过来影响了整个物理学的发展进程。促使这一演变发生的并不是中世纪时期的大学，而是当时欧洲的科研机构[1]。

1662 年，英国成立了伦敦皇家学会。1666 年，在法国成立了巴黎皇家科学院。此后，德国和荷兰也相继成立了类似的科研机构。欧洲当时的大学致力传播既有的科学知识，而新成立的科研机构则更关注发现新知识。大学教授和这些机构中的主要成员所采用的方法和旨趣不同。前者主要通过口授方式讲授亚里士多德理论，试图给出诸现象背后的形而上学解释；后者则试图通过实验探究新知识，用当时盛行的力学理论解释观察或观测到的现象，这些人对亚里士多德理论已有怀疑。在法国，还存在另一类人，即所谓的"笛卡儿式哲学家"（Cartesians）。这些人与大学教授关注相同的问题，即现象及其背后的形而上学解释，但他们却试图采用实验方法进行考查，用力学理论对这些现象做出解释。[2]

18 世纪初期的法国，人们对有关科学原理的公共讲演非常着迷，这些讲演中常伴有精彩的科学实验，一些实验甚至进入了巴黎大学的课堂。皮埃尔·波利尼埃（Pierre Polinière，1671—1734）是比较典型的一位学者。他每年要做很多次科学讲演，设计了多种演示实验，

[1]Roy Porter，*The Cambridge History of Science*，*Vol 4*（Cambridge：Cambridge University Press，2008），p.356.
[2]同上书，第 357 页。

这些讲演及演示实验为他赢得了很好的名声。1722 年，路易十五甚至成为皮埃尔讲演的观众。皮埃尔还将这些讲演稿整理成书，于 1709 年首版，成为当时颇具影响力的自然哲学教科书。由此可知，当时科学实验已经进入法国科学教育体系。此后，皮埃尔编著的教科书还多次再版。这些书越发使人们认识到通过实验获取知识的重要性。

其实，在通过实验获取知识方面，伦敦皇家学会不逊色于巴黎皇家科学院。早在 1704 年，约翰·克里（John Keill，1671—1721）就已经将自然哲学实验课程引入牛津大学。不久之后，剑桥大学也开设了类似课程。上述雅克·罗奥编著的《物理学教程》曾由牛顿亲自注解，此书在英语国家很快成为颇具影响力的物理学教科书。

在荷兰的莱顿大学，演示实验从 17 世纪 70 年代开始就已成为自然哲学课程的一部分。1715 年，威廉·格雷弗桑德（Willem Jacob's Gravesande，1688—1742）曾游历伦敦，多次参加实验哲学的讲演。1717 年，他成为莱顿大学校长。之后，他将之前的讲演稿整理成书出版，名为《牛顿哲学导论：物理、基础数学和实验实证》（*Physices Elementa Mathematica，Experimentis Confirmata Sive Introductio ad Philosophiam Newtonianam*），并附有演示实验插图。这本书成为莱顿大学正式的物理学教科书。此书在重新界定物理学方面做出了重要贡献，其试图将植物学、动物学和心理学等学科与物理学区分开来①。

这些教科书，连同早期的课程讲义，是欧洲较早的物理学教科书，其内容包括了运动定律、简单机械原理，以及液体力学、气体力学、热学、光学、声学、磁学、电学等领域。早期教科书中已经出现了实验插图，这些插图多根据现场演示的科学仪器绘制。实际上，大学教

①Willem Jacobo's Gravesande，*Physices Elementa Mathematica，Experimentis Confirmata Sive Introductio ad Philosphiam Newtonianam*（Leiden：Apud Joannem Arnoldum Langerak Et Joannem and Hermannum Verbeek，1942）.

科书的盛行推动了新型科学仪器的创制。波义耳（Robert Boyle，1627—1691）设计的空气泵曾风靡一时。在巴黎和伦敦，科学讲演层出不穷，不同报告甚至相互竞争，新型的科学仪器成为吸引观众的主要噱头。在报告会上，报告人一般会说他所展示的这些实验是基于已经发现的原理制造出来的；而在他们编著的讲义或教科书中，往往将所陈述的原理归结于他们在演讲会上展示的实验。其目的是使人们相信，物理学原理源自科学实验。这就与之前的自然哲学家形成了鲜明对比，自然哲学家们认为物理学解释源于更为普遍的哲学原理。

17 世纪实际上发生了一场观念革命，亚里士多德的理论被机械论哲学取代。这种哲学认为，通过粒子的运动和相互作用可以解释所有的自然变化，这一思想在牛顿时代发展到高峰。牛顿（Isaac Newton，1643—1727）试图用其一生的工作证明机械论哲学的正确性。在《自然哲学的数学原理》（*Philosophæ Naturalis Principia Mathematica*）（1687 年）一书中，牛顿创建了一套动力科学，即将所有的运动和变化归于力的作用。他用引力理论成功地解释了天体的运动，还试图将力学解释推广到其他领域。1704 年，牛顿的《光学》（*Opticks*）出版；两年后，他又在新版本中更新了一些内容。这是牛顿留给世人的第二部伟大作品。书中，牛顿提出可通过粒子之间的相互作用来解释光学现象。牛顿认为，正确的科学方法应该起始于对自然界中现象的考查，然后过渡到力学研究。牛顿放弃了以哲学为前提的对自然进行普遍讨论的尝试，实现了与传统自然哲学的决裂。至 18 世纪中叶，牛顿的科学方法和哲学理论在欧洲获得了主导地位。[①] 物理学接下来的发展，就是将光学、热学、声学等实验科学进行定量化改造的过程。

然而这些实验科学的定量化改造并不顺利。18 世纪中叶，大多数

①L. W. B. Brockliss, *French Higher Education in the Seventeenth and Eighteenth Centuries： A Cultural History*（New York：Clarendon Press of Oxford University Press，1987），p. 360.

物理学实验依然停留在定性研究阶段。一方面，将实验观察的结果进行定量化阐释还不准确，很难用数学进行处理；另一方面，当时的数学家和实验哲学家相互之间缺乏沟通和交流。不过，在 1760 年之后，更多的实验哲学家开始寻求定量化的描述和解释。到 18 世纪末，数学家也针对实验物理学中的一些实验构造出一些数学工具。自然哲学家和数学家这两个群体开始联手解决实验物理学的定量化研究问题。真实的情况是，把一个定性的实验做定量化处理并不容易，这也正是为什么最初许多研究者反对将实验结果进行数学处理的原因。不过，科学仪器的发展对促进实验物理学的定量化起了关键作用。但这一过程在初始阶段也并不顺利，因为伴随着新仪器精度的提升，又出现了实验误差的问题。而且，当时的实验哲学家根本无法处理这种问题。实际上，待 19 世纪发展出"实验误差"的概念、数据的统计方法之后，上述问题才得以解决。

进入 19 世纪，自然哲学家试图将实验物理学整合为一个充分定量化的研究领域，即将物理学变成一个概念准确、逻辑统一的完整学科。19 世纪初，在英国和法国，物理学的名称有所不同，英国主要用"自然哲学"（natural philosophy），而在法国是"物理学"（physique）。虽然名称不同，但内涵基本一致。其实，当时的物理学或自然哲学的界限并不清晰，且各自具体研究领域如光学、热学、电学等之间也缺乏统一性。19 世纪初，物理学家一般认为物理学包括两大领域：一个是普通物理学（general physics），另一个可以称为特殊物理学（particular physics）。普通物理学主要指力学，是自洽、精密、定量程度极高的研究领域。特殊物理学则包括电学、磁学、声学、光学等实验科学。最初，出于定量化的考虑，物理学家们曾假设热和电是不可称量的流体，认为组成这些流体的粒子之间存在着相互作用。

19 世纪，普通物理学和特殊物理学有机融合之后，物理学才成为一个完整、独立的学科。在此过程中，几种特殊物理学经历了两次重要的转变。第一次即经历了所谓的力学化的转变，电学、磁学等实验物理学定量化程度得以提升，可以使用力学的精确方法来建构和验证理论，这就使特殊物理学不仅仅停留在经验的定性层面上，而是逐渐演化为精密而严格的力学科学。第二次是随着能量的转化和守恒概念的提出与应用，物理学内部的隔阂彻底消除，从而凝聚成一个统一的学科。19世纪70年代，《不列颠百科全书》第九版出版，麦克斯韦（James Clerk Maxwell，1831—1879）曾为此书编写"物理科学"条目，他将物理学解释为"用力学纲领解释的科学"，确立了17世纪以来逐步形成的"世界的机械论图景"的历史地位。约翰·伯恩哈德（John Bernhard Stallo，1823—1900）在1881年出版的《近代物理学的概念和理论》（*The Concepts and Theories of Modern Physics*）一书中，对物理学做如下界定：

> 物理科学，除力学的普遍定律及这些定律在固体、液体和气体间相互作用的应用外，还包括不可称量物质的理论，包括光学、热学、电磁学等。所有这一切，眼下都可还原为运动形式，亦即作为相同能量的不同表现形式来对待。①

哈曼（P. M. Harman）认为，19世纪前50年，以下四个方面的发展为物理学的统一奠定了坚实基础②：第一，拉普拉斯（Pierre-Simon Laplace，1749—1827）及其追随者形成的一种粒子间相互作用的数学理论，可以应用于力学、热学、光学等实验科学。在光学和热学领域，尽管拉普拉斯等人建立的理论被更新的理论所取代，但他在统一的数学化和公式化方面所做的贡献对物理理论的发展起了重要作用。

①John Bernhard Stallo，*The Concepts and Theories of Modern Physics*（D. Appleton and company，1888），p. 27.

②Peter M. Harman，"Energy，Force and Matter：The Conceptual Development of Nineteenth-Century Physics，" in *The Cambridge History of Science*（Cambridge：Cambridge University Press，2005），p. 2-4.

第二，1822 年，约瑟夫·傅里叶（Joseph Fourier，1768—1830）试图将热学定量化，将用于经典力学的数学分析方法应用在热学研究中。他的工作对整合物理学产生了广泛而深远的影响。威廉·汤姆逊（William Thomson，1824—1907）将傅里叶的理论推广到电学及流体力学方面：他一方面探索热学定律和电学定律之间的类似性，另一方面探索流体与弹性媒介之间的相似性。他在探索不同现象之间所用的类比方法，进一步展现了物理现象的统一性。第三，菲涅尔（Jean Fresnel，1788—1827）提出了光的波动理论，认为光通过以太这种介质传播，因而试图将光学纳入经典力学的范畴。大约在 19 世纪 30 年代，光的波动说战胜了粒子说，成为主导理论。第四，19 世纪 40 年代，能量守恒定律的建立彰显了物理学的统一性，进一步将光、热、电、磁等现象纳入力学解释框架。此后，能量守恒定律提供了一个全新的框架，该框架放弃了物质具有多样性的假设，认为物质中运动的粒子才是物理学所研究的对象。光学、热学、电学等问题被概念化为一种能进行数学分析的形式，这又在更深层次上推进了物理学的统一。

实际上，1850 年的物理学理论与 50 年前的理论形成了鲜明的对比。1850 年，物理学的研究范围及学科内容的协调性都相当完美，物理学作为一门完整、统一的学科，已经具备概念准确、逻辑统一的特性。正是在 1850 年，物理学的重大根基已经形成，即一切物理现象可以用一种统一的力学解释论框架来解释。具体操作是，先通过数学描述对物理现象做模拟并导出描述式的数学方程式，再用能量守恒定律这一普遍规律进行推演。[1] 伴随着新物理学的形成，物理学共同体也逐渐形成，为培养新生力量而撰写的物理学教科书也是在这一过程中发展而成的。

---

[1] Peter M. Harman，"Energy，Force and Matter：The Conceptual Development of Nineteenth-Century Physics".

第二节 19世纪英美中等物理学教科书的演变

由前文可知，物理学作为一门独立的学科，形成于19世纪，最初是从自然哲学中分化出来的。随着自然哲学内部的分化重组、物理学共同体的形成，物理学教科书也迎来了发展的黄金时期，在培养新生力量、传播科学知识的过程中起了重要作用。19世纪，英美物理学教科书最明显的变化，是书名经历了从"自然哲学"到"物理学"的转变。笔者利用谷歌学术的 Ngram Viewer 工具①，检索了19世纪 physics 和 natural philosophy 两词的出现频率，词频变化情况见图2-1。

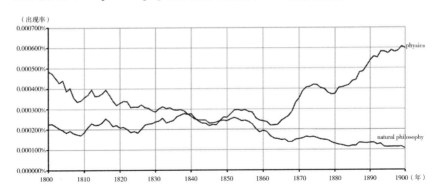

图 2-1　1800—1900 年谷歌图书中"自然哲学"与"物理学"词频变化

从图2-1中可见，physics 一词的出现频率基本上是不断攀升的，与之相应的是，natural philosophy 则逐渐减少。而分野的重要区间，是在1830—1870年。进一步检索可以发现，其底层书籍主要是当时在英美普遍流行的中等物理学教科书。因此，图2-1基本可以反映英美

---

①Google 公司对从1500年到2008年之间出版的书进行了 OCR 识别，建成了世界上最大的电子书数据库。程序设计者通过一系列算法从万亿级别的原始数据中识别出单个的词语和短语，构成了一个语料库。

物理学教科书名称的变化。实际上，正是中等物理学教科书而不是高等物理学教科书塑造了物理学这一学科①。

书名转变的背后，涉及更为复杂的名词术语、物理学内容和教育目标等方面的演变。本书将 19 世纪英美中等物理学教科书分为四个阶段：第一阶段是 1800—1830 年，为物理学教科书早期普及阶段。当时的物理学教科书大多由精通文字的非专业人士撰写，此阶段的主要意义在于物理学知识的普及，即把那些"居庙堂之上"的学院知识传播给普通大众。第二阶段是 1831—1850 年，为自然哲学教科书的重要发展阶段。在此期间，一些大学教授、专业人士开始撰写中等物理学教科书，不过当时的教科书仍以"自然哲学"命名。本阶段的主要特征是中等物理学教科书专业化的提升。第三阶段是 1851—1870 年，为物理学教科书重要的转折期，促成转折的主要原因是法国物理学教科书的输入。第四阶段是 1871—1900 年，为物理学教科书较成熟的阶段，主要表现在教学辅助手段的丰富。1875 年，欧美国家出现了以"物理学"命名的教科书；到 1900 年，这一命名得以全面普及。这一划分参考了约翰·艾尔弗雷德（John Alfred，1888—1970）在《1900 年前美国中等教科书的演变》(*The Evolution of American Secondary School Textbooks before* 1900) 一文②。文中，作者对英美一些较具代表性的教科书进行了讨论，但仅限于表象的分析，缺乏对变化背后原因的探讨和整体演进的剖析。本节试图从名称之变入手，考查 19 世纪英美物理学教科书的演变及其背后的原因。由于中国近代早期很多中文物理学教科书直接或间接翻译自英美，因此，对这段历史的研究将有助于

①Josep Simon, "Secondary Matters: Textbooks and the Making of Physics in Nineteenth-Century France and England," *History of Science*, September 1, 2012: 339 - 375.

②John Alfred, *The Evolution of American Secondary School Textbooks before* 1900 (Charles E. Tuttle Company; First Edition edition, 1966).

厘清早期中文物理学教科书的源头。

一、1800—1830年：早期普及阶段

一般认为，现代意义的科学教科书是19世纪的产物。在此之前，一些科学经典或演讲实验的讲义起着一定的教科书的作用，但这些只是作为口头授课的补充材料，与现代意义上的教科书有所不同。其实，早期现代意义上的物理学教科书是伴随着课程、学生笔记、教学笔记、板书及教学法一起形成的。从一定意义上说，教科书的出现得益于办学规模的扩大、科学和技术的发展、交流体系的扩展，以及出版和印刷技术的蓬勃发展。现代意义上物理学教科书的出现得益于以下条件的满足：在需求方面，是由于国家层面上教育结构的改变而导致的物理学读者的扩充；在提供者方面，教师、作家及精于出版之道的出版商的联合得以实现。另外，在教育学知识、科学、专业和金钱等条件驱动下形成了一个良性循环的市场，而教科书的出现进一步定义了教师、科学家和出版者。[1]

无论是英国还是美国，最初的自然哲学课程都出现在拉丁语学校。威廉·恩菲尔德（William Enfield，1741—1797）编著的《自然哲学概要》（*Institutes of Natural Philosophy，Theoretical and Practical*）一书具有比较大的影响力。在此书的序言中，恩菲尔德谈到之所以编写此书，是因为当时还没有合适的自然哲学教科书。该书1799年首次出版于伦敦，后来经塞缪尔·韦伯（Samuel Webber，1759—1810）改编，1802年在美国出版，1811年再版。[2] 恩菲尔德原本是要

①Josep Simon, *Communicating Physics：The Production，Circulation and Appropriation of Ganot's Textbooks in France and England，1851—1887*（London：Pickering and Chatto，2011），pp. 22 - 24.

②William Enfield, *Institutes of Natural Philosophy，Theoretical and Practical*（*Second American Edition*）（Boston：Published by Thomas & Andrews，1811）.

为中学编写的物理学教科书，经韦伯改编后主要用于大学的物理学教学。此书结构清晰，改编版采用大开本，7 卷共 448 页。各卷具体名称是：第一卷"物质"（Matter）；第二卷"力学或运动原理"（Mechanics，or the Doctrine of Motion）；第三卷"流体静力学和气体力学"（Hydrostatics and Pneumatics）；第四卷"磁学"（Magnetism）；第五卷"电学"（Electricity）；第六卷"光学或光和像的定律"（Optics，or the Laws of Light and Vision）；第七卷"天文学"（Astronomy）。书末还有一些附录，包括空气摩擦及一些化学原理。

1830 年之前，约翰·韦伯斯特（John Webster）的《自然哲学概要》（*Elements of Natural Philosophy*）具有一定影响力。此书最初在英国出版，后来于 1808 年在美国宾夕法尼亚州重印。[①] 这是一本大部头的教科书，共 709 页，内容包括力学（mechanics）、声学（sound）、热学（heat）、磁学（magnetism）、电学（electricity）、光学（optics）和天文学（astronomy）。其中，力学部分所占比重最大，超过一半。1824 年，自然哲学和化学教授阿摩司·伊顿（Amos Eaton，1776—1842）重新修订并出版了韦伯斯特的教科书，并将书名改为《韦伯斯特自然哲学概要》（*Webster's Elements of Natural Philosophy*），主要面向高中生及普通读者。为此，这本书还加入了一些插图，书中的标题采用斜体字，相关的解释非常清晰，这些改变使得此书颇具吸引力。

19 世纪上半叶，简·马西特（Jane Marcet，1769—1858）编著的《自然哲学对话》（*Conversations on Natural Philosophy*）是最受欢迎的物理学教科书，此书于 1819 年在英国出版[②]。与恩菲尔德编著的物

---

① John Webster，*Elements of Natural Philosophy*（Philadelphia，B. and T. Kite，Fry and Kammerer，printers，1808）.

② Jane Marcet，*Conversations on Natural Philosophy*（London：Printed for Longman，Hurst，Rees，Ormb，and Brown，Paternnoster-Row，1819）.

理学教科书相似，此书也是先在英国出版，后在美国改编和再版。马西特是一位富商的女儿，后来嫁给亚历山大·马西特（Alexander Marcet）。她擅长写作，在 1806 年曾编著《化学对话》（*Conversation on Chemistry*）一书，也是当时非常流行的教科书。据说法拉第（Michael Faraday，1791—1867）正是看了马西特编著的教科书才燃起了对科学的兴趣[1]。此书以艾米丽（Emily）和 B 女士（Mrs. B）之间对话的形式展开，采用非常浅显的语言表述科学知识，因而非常受年轻人的欢迎。1821 年，马西特的《自然哲学对话》分别在康涅狄格州和宾夕法尼亚州出版，但两版页数不同，前者 311 页，后者 256 页，内容基本相同。此书内容包括物体的性质（properties of bodies）、引力（gravity）、运动（motion）、静力学（mechanical power）、行星（planets）、地球（the Earth）、月亮（the Moon）、流体静力学（hydrostatics）、声学（sound）和光学（optics）。

美国的波士顿高中（Boston High School）于 1821 年最早开设自然哲学课程，当时这门课安排在三年级学习。之后不久，纽约高中（New York High School）也于 1826 年开设此课程。上述两所中学在美国具有一定影响力，其开设的课程多被同时期及后来的其他学校所效仿。实际上，大约在 1860 年之后，英国和美国几乎所有的高中均开设了自然哲学或物理学课程。随着自然哲学成为中学必修课程，相应的教科书也就成为紧俏之物。

总之，早期的自然哲学教科书一般先在英国出版，而后在美国改编和再版。这些书的作者并非专业的教师或自然哲学家，而是牧师。19 世纪初，英美两国的牧师一般受过良好的教育，具有较高的写作水平，他们擅长用浅显的语言表述深奥的自然哲学知识。但是，早期的

[1] M. Susan Lindee, "The American Career of Jane Marcet's Conversations on Chemistry, 1806—1853," *ISIS* 82, no. 1 (1991)：8‐23.

教科书缺乏专业性，表现为书中没有任何公式，数学在其中所占的分量也相当小。早期教科书虽包含例题和习题，但当时的学生很难独立完成。另外，早期的英美自然哲学教科书中没有示意图，后来随着自然哲学课程向低年级普及，一些教科书中开始出现了简单的示意图，这些示意图大多由学校教师绘制。在这些示意图中，力学类的居多，其次是光学、磁学和电学的。

二、1831—1850 年：专业化的提升

1830 年之后，英美两国的中等教育更为普及，出现了一些新式学校，并兴起了一场在中学课堂普及科学课程的运动。因此，相继有不少中学开设了自然哲学课程，自然哲学教科书的需求越来越大，销量激增。马西特的教科书尽管在 1830 年后还有一定影响力，但已呈现出将被专业化更强的教科书取代的态势。例如，美国人约翰·科姆斯托克（John Lee Comstock，1789—1858）和丹尼森·奥姆斯特德（Denison Olmsted，1791—1859）编写的物理学教科书具有更高的专业化程度。

科姆斯托克是美国本土人。高中毕业后，他开始修习医学，曾入伍参军成为一名外科军医。1820 年之后，科姆斯托克退役，大部分时间忙于编撰自然科学教科书。他写过动物学、植物学、矿物学、心理学、天文学、地理学等学科的教科书。1830 年，科姆斯托克出版了自然哲学教科书《自然哲学体系》（A System of Natural Philosophy）。此书曾于 1831 年、1838 年、1844 年、1848 年和 1852 年等多次修订再版，甚至被译成德文、希腊文在欧洲发行。截至 1860 年，此书的英文版已印刷 60 多万册，这在当时可谓是天文数字。此书序言中说地理学、数学、语法等学科的教科书已有了很大的提高和改善，然而自然哲学教科书还未成熟。他甚至提到了马西特的《自然哲学对话》，说自己的这本自然哲学教科书也借鉴了马西特教科书的风格。有 8 位当时

颇具影响力的专家为科姆斯托克编写的教科书写推荐信。从这些推荐信可以推知，当时评价美国中学物理学教科书的标准主要包括知识是否准确、插图是否美观、解释是否符合普通学生的阅读等方面。

　　1830 年之后，一些具有较强专业知识的专家和学者加入中等物理学教科书的写作中，其中比较有影响力的是丹尼森·奥姆斯特德。奥姆斯特德是耶鲁大学自然哲学教授，其大部分时间是在耶鲁度过的。他就读于耶鲁大学，毕业后留校任教，1825 年晋升为教授。1831—1832 年，奥姆斯特德出版了两卷本的《自然哲学》（*Natural Philosophy*），此书是大学物理学教科书，此后多次修订。1833 年，奥姆斯特德编著的《自然哲学纲要》（*A Compendium of Natural Philosophy*）出版，此书为一般读者或高中生编写①。奥姆斯特德在此书序言中说，希望能以简单的形式呈现出自然哲学中的重要研究成果。此书的内容包括基本原理（preliminary principles）、运动与力（motion and force）、运动定律（law of motion）、大气（atmosphere）、声学（acoustics）、电学（electricity）、磁学（magnetism）、光学（magnetism and optics）。值得一提的是，此书开始使用一些教学辅助手段，如标题采用斜体字与正文区分，标题后紧跟解释和应用。此书有一些习题，大多安排在每页的底部。书中对所介绍的原理进行了编号，且大多数插图采用了木板雕刻。此书非常畅销，到 1844 年已出版了 20 个版本。

　　1840 年，奥姆斯特德将《自然哲学》改名为《自然哲学导论》（*An Introduction to Natural Philosophy*），此书为大开本，共 592 页②。奥姆斯特德对原书进行了修订，增加了 60 页。他在序言中明确说明此书主要面向两类读者：一类是受教育的新学生，另一类是希望

①Denison Olmsted，*A Compendium of Natural Philosophy*（New Haven：Published and Sold by Hezekiah Howe & Co.，1833）.

②Denison Olmsted，*An Introduction to Natural Philosophy*（New York：Collins，Keese & Co.，1840）.

查阅原理说明的技术工人。修订本所增加的篇幅主要在附录部分，包括为年轻学生提供指引、一些精选实验及操作说明。1851 年，奥姆斯特德重新修改了《自然哲学纲要》，在其序言中说此书已销售 7 万余册。该修订版中包括六部分，与早期版本有较大区别。这些章节分别是：第一部分"力学（Mechanics）"；第二部分"水力学（Hydrostatics）"；第三部分"空气动力学（Pneumatics）、气象学和声学（Meteorology and Acoustics）"；第四部分"电学（Electricity）"；第五部分"磁学和电磁学（Magnetism and Electro-magnetism）"；第六部分"光学（Optics）"。附录部分与 1844 年的版本基本相同。此书到 1858 年还在出版。①

专业性增强的一个重要体现是实验性的加强。约翰·W. 德雷伯（John W. Draper，1811—1882）和戈尔丁·博德（Golding Bird，1814 —1854）对他们的自然哲学教科书进行了大幅修改。1847 年，德雷伯出版了《自然哲学教科书》（*A Text-Book on Natural Philosophy*）。② 之前他编著的化学教科书非常成功，因而对编写自然哲学教科书也相当自信。此书最大的特色是突出了实验环节。在序言中，德雷伯说物理学课程应该将课堂实验置于首要位置，而数学运算应居于相对次要的位置。此书载有多幅木板雕刻图，目的是展示科学仪器和科学实验。另外，此书也配有不少习题，置于每页的底部。

戈尔丁·博德的《自然哲学概要》（*Elements of Natural Philosophy*）先是在英国出版，1848 年其第三版在美国宾夕法尼亚州出版③。在序言中，博德说编写这本教科书的目的是当时还没有更合适、更好

---

①Denison Olmsted，*A Compendium of Natural Philosophy*（New York：Clark，Austin & Smith，1858）.

②John W. Draper，*A Text-Book on Natural Philosophy*（New York：Harper & Brothers，Publishers，82 Cliff Street，1847）.

③Golding Bird，*Elements of Natural Philosophy*（London：Hohn Churchill，Princes Street，Soho，1848）.

的自然哲学教科书。此书最大的特点也是对课堂实验的加强，其副标题"作为物理科学学习的实验指导"（*Being an Experimental Introduction to the Study of the Physical Science*）就充分体现了这一点。整本书包括13章，有372幅插图。

1831—1850年，英美物理学教科书发展的主要特点有四个：第一，英美中等学校的数量剧增，与之相应的是，更多的学校开设了自然哲学课程，因此对相应教科书的需求也迅速增加；第二，教科书的编写具有更强的专业性，这主要得益于具有更强专业背景的大学自然哲学教授参与教科书的编写；第三，数学化程度进一步加深；第四，课堂演示实验的比重逐渐增加。

三、1851—1870年：法国教科书影响下的转变

1850年是物理学发展的关键节点。在此前后，物理学的学科范围及学科内容的协调性都相当完美，作为一门完整的学科，已经达到了概念准确、逻辑统一的新阶段。当时，学科的根基已经明确：物理现象可以用一种统一的框架来解释，即以力学解释为基本出发点，通过数学描述对物理现象做模拟并导出描述式的数学方程式，通过能量守恒定律这一普遍规律加以解决。[①]伴随着新物理学的形成，物理学共同体也逐渐成形，相应的为培养新生力量而出现的物理学教科书也逐渐成熟。

但是，当时英美两国自然哲学教科书的发展却相对滞后。1851年，哈佛大学的数学和自然哲学教授约瑟夫·洛夫林（Joseph Lovering，1813—1892）指出，当时的英语国家还缺乏合适的物理学教科书。他认为物理学教科书是物理学教学的重要工具，阅读物理学教科

①Peter M. Harman，"Energy，Force and Matter：The Conceptual Development of Nineteenth-Century Physics，" pp. 2 - 4.

书连同观摩演示实验构成了物理学教育的核心。洛夫林提出，优秀的物理学教科书应该具有如下特点：易读，准确地展示实验事实，清晰准确的写作风格。以此标准来衡量，洛夫林认为当时的英美两国还缺乏好的物理学教科书，这与法国的情况形成了鲜明的对比。[①] 正是在充分引入法国物理学教科书的过程中，英美两国的自然哲学教科书发生了巨大的变化。在此，我们有必要介绍一下法国物理学教科书的演变。

实际上，法国自 1802 年之后就已经形成教育网络，科学教育已经成为中高等教育的重要部分。在政治、经济和教育力量的共同作用下，法国教科书的生产已经成为拿破仑主政时期的重要事业，当局甚至推出了各学科的教学大纲。19 世纪初，法国出现了一批教科书的编写者，他们中有不少是相关领域的顶尖专家，编写的教科书在欧洲乃至全世界都产生了相当大的影响力。[②] 物理学教科书方面，早期比较有影响力的有在里昂高等师范学校任教的霍伊（René‑Juste Haüy，1743—1822）编著的《基础物理学教程》（*Physique Élémentaire*）（1803 年），此书共出版 5 次，曾被翻译为英语在英美两国流行。此后，让·巴蒂斯特·比奥（Jean-Baptiste Biot）撰写的《物理实验及数学教程》（*Traité de Physique Expérimentale et Mathématique*）和《物理实验基础教程》（*Précis Élémentaire de Physique Expérimentale*）在法国乃至欧美都颇具影响力，甚至有学者认为这两本书在将物理学界定为一个独立完整的学科过程中起了关键作用。比奥的教科书后来被洛夫林译成英文，成为哈佛大学最重要的自然哲学教科书。此后，法

①Joseph. Lovering, "Elementary Works on Physical Science," *The North American Review*, April, 1851: 358‑395.

②D. P. Newton, "A French Influence on nineteenth and twentieth-century physics teaching in English secondary schools," *History of Education*, 12 (1983): 191‑201.

国还涌现出好几位颇具影响力的中学物理学教科书撰写者，如昂让·佩克勒特（Eugène Péclet，1793—1857）、克洛德·普耶（Claude Pouillet，1790—1868）、塞萨尔·德普雷（César Despretz，1789—1863）、奥古斯特·皮诺（Auguste Pinaud，1812—1847）、尼古拉斯·德甘（Nicolas Deguin，1809—1860），他们中大多在里昂高等师范学校任教。这些人所著的物理学教科书对英美两国产生了巨大影响。

1850年之后，阿道夫·加诺的《基础物理学》在法国最具影响力。从一定意义上说，此书是19世纪后半叶物理学教科书的范本，具有重塑物理学科之功。加诺是法国著名的物理学教育家，1804年生于一个中产阶级家庭，1829年获得科学学士学位，曾经在巴黎的一所私立学校任教，其间当过家庭教师。1848年，加诺加盟巴黎理工协会（Association Philotechnique），担任物理教师。此后，他开办了一所新的学校，亲自担任物理学和植物学的教学工作。1851年，加诺出版了他的第一部物理学教科书——《基础物理学》。截至1913年此书修订再版25次，有近12种语言的译本问世。① 英译本由英国物理学家阿特金森（Edmund Atkinson，1831—1901）翻译，书名为 *Elementary Treatise on Physics，Experimental and Applied*。阿特金森的译本在英语国家也颇具影响力，基本上每3年更新一次，自1863年至1914年从未间断，成为新式物理学教科书的范本。加诺的教科书之所以如此受欢迎，是因为他在书中引入了一些新元素：一是书中专设习题部分，所列习题与教学大纲和真实的考试相关；二是通过一种可视化的语言表述抽象的物理概念；三是及时地将一些前沿的科学仪器和设备通过插图的形式展现出来。当然，最后一点能够实现，得益于当时蓬勃发展的印刷业和制图技术。

---

①Josep Simon，Pedro Llovera，"Between teaching and research：Adolphe Ganot and the definition of electrostatics（1851‐1881），" *Journal of Electrostatics*，67（2009）：536‐541.

在法国教科书的影响下，1850 年之后的英美物理学教科书发生了很大变化。理查德·G. 帕克（Richard G. Parker）撰写的自然哲学教科书是比较典型的。帕克于 1837 年晋升为波士顿中学校长，当时校委会决定采购一批实验仪器用于教学。1848 年，帕克为这些新仪器撰写使用指南。1853 年，帕克出版了《自然和实验哲学概要》（*A School Compendium of Natural and Experimental Philosophy*）一书，此书主要基于之前的仪器使用指南编写，面对的主要读者是中学生①。此书包括 25 页实验设备插图（图 2 - 2）。帕克精心考虑了此书的结构，充分借鉴了法国教科书的素材。书中附有自然哲学习题，与之前的教科书不同，这些习题放在了每章之后，且均采用斜体字，以数字编号。值得一提的是，这本书显示了当时正在发生"自然哲学"向"物理学"的转变，开头即谈到"自然哲学或物理学，是研究自然物体的力量、性质及相互作用的一门学科，是考查物质世界的规律的学问"②。

戴维·A. 威尔斯（David A. Wells，1829—1898）编著的自然哲学教科书在当时也有一定影响力。威尔斯本是一位经济学家，在一家出版社担任经济顾问期间，萌生了撰写教科书的兴趣。1857 年，他出版了《日常事物的科学》（*The Science of Common Things*）和《威尔斯自然哲学》（*Wells's Natural Philosophy*）两本自然哲学教科书。

---

① Richard G. Parker, *A School Compendium of Natural and Experimental Philosophy* (New York: A. S. Barnes & Co., 1853).

② 同上书。

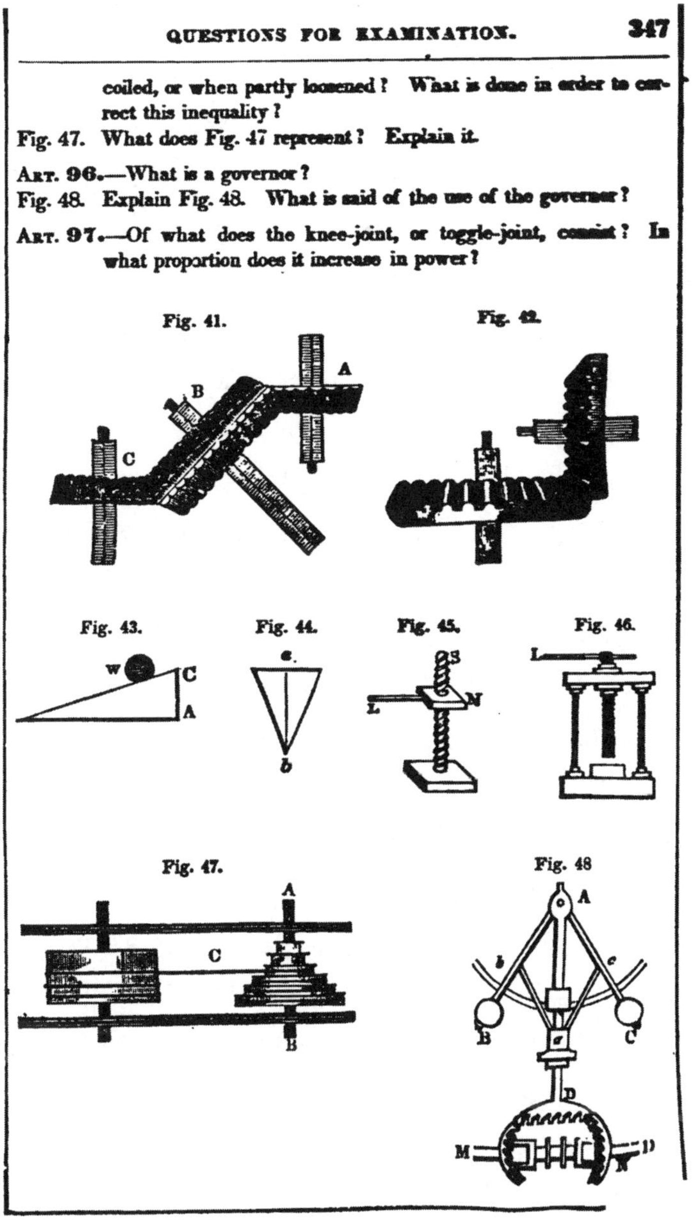

QUESTIONS FOR EXAMINATION.　　347

coiled, or when partly loosened?　What is done in order to correct this inequality?

Fig. 47.　What does Fig. 47 represent?　Explain it.

ART. 96.—What is a governor?

Fig. 48.　Explain Fig. 48.　What is said of the use of the governor?

ART. 97.—Of what does the knee-joint, or toggle-joint, consist?　In what proportion does it increase in power?

Fig. 41.　　　　　　　　　　Fig. 42.

Fig. 43.　　　Fig. 44.　　　Fig. 45.　　　Fig. 46.

Fig. 47.　　　　　　　　　　Fig. 48.

图 2-2　《自然和实验哲学概要》中的仪器插图

《日常事物的科学》的副标题是"物理科学的第一原理"（*First Prin-*

ciples of Physical Science)①，书中开始使用较为简单的名词术语如
Sound、Light 和 Heat 来指称声学、光学和热学等物理学中的研究领
域。相比较之下，《威尔斯自然哲学》一书的内容更加丰富，还包括一
个详细的索引②。与《日常事物的科学》不同，《威尔斯自然哲学》删
掉了天文学部分，增加了热学和气象学两部分。这很可能也是受到了
法国教科书的影响。在那些扩充的章节，威尔斯介绍了生活当中的一
些现象，诸如暖气与通风设备，风、雨、雷、电现象等。这本书中，
威尔斯依然使用传统的术语如 pneumatics、acoustics 等，与《日常事
物的科学》不同。

威廉·佩克（William G. Peck）是物理教师，曾在哥伦比亚学院
讲授自然哲学和力学。1859 年，他编著《力学概要》（*Elements of
Mechanics*）一书并出版，主要面向大学生和高中生，内容包括运动、
力、机械、流体、气体和水蒸气、气泵等部分③。此书的影响力不大。
佩克后来基于《加诺物理学》（*Ganot's Physique*）改编的《自然哲学
入门课程》（*Introductory Course of Natural Philosophy*）更具影响
力，此书于 1860 年出版。与《加诺物理学》不同的是，佩克改编的书
另外添加"机械应用"一章。此书一共 500 页，可以说是比较晚的仍
以"自然哲学"命名的教科书。

乔尔·史砥尔（Joel Steele，1836—1886）也是自然哲学教师，曾
在纽约的多所中学任教。在任教时，他对编写教科书不感兴趣。后来，
他离开教师岗位，专注于撰写教科书。他曾编纂多种学科教科书，包
括哲学、化学、地质学、生理学、天文学及美国史等。他编著的《自

---

①David A. Wells，*The Science of Common Things*（New York：Ivison & Phin-
ney，321 Broadway，1857）.

②David A. Wells，*Wells's Natural Philosophy*（New York：Ivison & Phinney，
321 Broadway，1858）.

③William G. Peck，*Elements of Mechanics*（New York and Chicago：A. S. Barnes
& Company，1872）.

然哲学十四周课程》（*Fourteen Weeks in Natural Philosophy*）于 1871 年出版，在当时颇具影响力。这本教科书装帧精良，一共 340 页。[①] 在其序言中，史砥尔说自然哲学应该是学校中学习的首要学科，建议初学者对这门抽象的学科要有充分的耐心。全书内容包括物质、引力、运动、机械功、液体和气体、声学和光学。每部分均有习题，附于书末。书的结尾部分还附有 20 页的实验和仪器插图（图 2-3），每一个仪器均与书中介绍的原理相对应。此书自首版之后每年都重印，1878 年版有比较大的改动。

图 2-3　《自然哲学十四周课程》中的凹面镜成像插图

　　1851—1870 年是传统自然哲学教科书向新式教科书转变的关键期，法国物理学教科书的传入起了重要的作用。尽管早期的教科书在 1850 年之后还继续出版，但是后来出版的新自然哲学教科书有了很大的变化，主要体现在四个方面：第一，封面的变化，1850 年之后的教

①Joel Steele，*Fourteen Weeks in Natural Philosophy*（New York and Chicago：A. S. Barnes & Company，1871）.

科书很少再用皮革封面；第二，后来的作者更加关注所介绍知识的展示形式，教学辅助手段更加丰富，比如在每页的底部设置问题，标题采用不同字体及更多的木刻版画等；第三，作者在行文中开始使用"physics"特指物理学，尽管之前的自然哲学教科书中已有这样的指称，但在 1851—1870 年的新书出现得更加频繁；第四，实验部分所占的比重逐渐增大。

四、1871—1900 年：教辅手段的丰富与运用

1870 年前后，经典物理学体系已基本形成。此后，法国教科书的影响还在加剧，一个主要的表现就是书名从"自然哲学"变为"物理学"。1870 年，悉尼·A. 诺顿（Sidney A. Norton，1835—1918）的《自然哲学概要》（*The Elements of Natural Philosophy*）一书出版。之后，诺顿于 1875 年出版了《物理学概要》（*The Elements of Physics*）（图 2-4）一书。就笔者所见，这是在英美两国中最早使用物理学（Physics）作为主标题的物理学教科书。诺顿在其序言中说，此书是应物理学教师和中学生的需求而编写的，试图从学生的角度出发，给出清晰、准确的科学观念。[1]

---

[1] Sidney A. Norton, *The Elements of Physics* (Cincinnati, New York, Van Antwerp, Bragg & Co., 1875), preface.

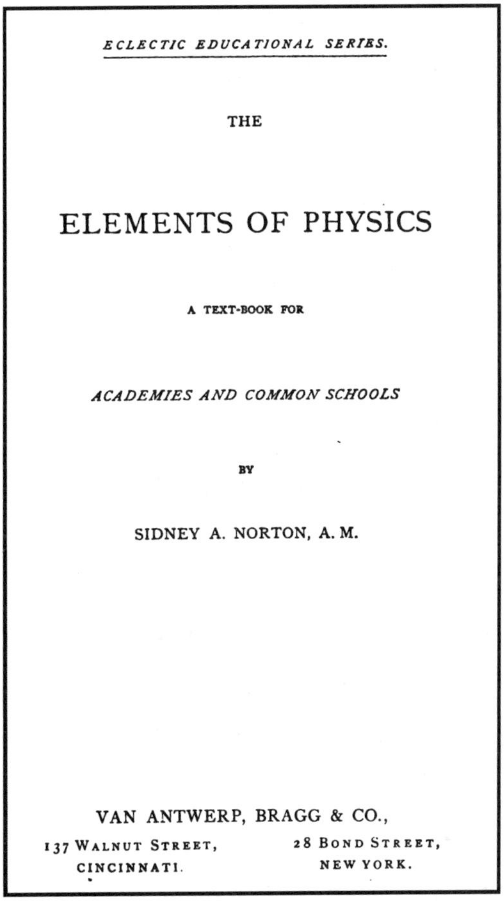

ECLECTIC EDUCATIONAL SERIES.

THE

ELEMENTS OF PHYSICS

A TEXT-BOOK FOR

ACADEMIES AND COMMON SCHOOLS

BY

SIDNEY A. NORTON, A. M.

VAN ANTWERP, BRAGG & CO.,
137 WALNUT STREET,　　28 BOND STREET,
CINCINNATI.　　　　　　NEW YORK.

图 2-4　《物理学概要》的封面

不过，1875 年之后还有不少物理学教科书依然以"自然哲学"为名。埃尔罗伊·艾佛理（Elroy M. Avery，1844—1935）编著的《自然哲学概要》（*Elements of Natural Philosophy*）于 1878 年出版，全书共 456 页①。尽管此书以"自然哲学"为主标题，但是此书的第一部分就冠以"物理学的范围"（Domain of Physics）。另外，值得一提

①Elroy M. Avery，*Elements of Natural Philosophy*（New York and Chicago：Sheldon and Company，1878）.

的是，书中各部分使用了新式名词，如液体使用了 liquids，热学用的是 heat，光学是 light，声学为 sound。相比之前的物理学教科书，这本书拥有更为丰富的习题和实验。艾佛理说这些题主要为教师而非学生准备的。这本书还包含了 400 幅雕版插图，每幅插图后均有解释。书中介绍的原理均采用斜体字，关于原理的解释则采用不同的字体。此书曾多次重印，1885 年时，艾佛理将其扩充了 150 页。

艾佛理编著的《自然哲学的第一原理》（*First Principles of Natural Philosophy*）于 1884 年出版，这本书体量相对较小，仅有 402 页[①]。他在序言中说，此书是为那些没有充足时间学习自然哲学的学生而编写的。1897 年，艾佛理重新修订了此书，书名改为《基础物理学》（*Elementary Physics*），体量进一步缩减。

艾尔弗雷德·P. 盖奇（Alfred P. Gage，1836—1903）是波士顿高中的一名物理教师，他对哪些知识适合高中生学习比较了解。1882 年，他编著的《物理学纲要教科书》（*A Textbook on the Elements of Physics*）出版。[②] 如艾佛理那样，盖奇比较关注实验教学。在书中，他说当时大部分学校都有化学实验室，但物理学实验室的配备严重不足。为此，盖奇在书中对实验室建设提出了一些意见。后来，盖奇编著的《物理科学导论》（*Introduction to Physical Science*）于 1887 年出版，此书的体量更小。1890 年，盖奇编著的《物理实验室操作手册》（*Physical Laboratory Manual and Note Book*）得以出版[③]。此书的封面上引用了威廉·汤姆逊的名言：当人们能够对他们所讨论的问题进行测量，而且可以用数字表示测量的结果时，人们才开始真正掌

---

①Elroy M. Avery, *First Principles of Natural Philosophy*（New York, Cincinnati, Chicago：American Book Company, 1884）.

②Alfred P. Gage, *A Textbook on the Elements of Physics*（Boston：Ginn & Company, 1890）.

③Alfred P. Gage, *Physical Laboratory Manual and Note Book*（Boston：Ginn & Company, 1897）.

握了科学知识。由此可见，盖奇对实验科学尤其是科学测量非常重视。这本书在当时颇为盛行，有多个版本行销于世。1895 年，盖奇编著的《物理学原理》（*Principles of Physics*）出版，这是一本大部头的物理学教科书，盖奇试图用一本书囊括之前编著的两本教科书。在此书中，盖奇提出物理学课程应该包括课堂教学和演示实验，还需要设置非正式的习题课和研讨会。①

何德赉编著的《简明物理学教程》于 1900 年出版。全书比较完善，有 10 章 522 节及序言、绪论和附录，包括力学（固体、液体、气体三部分）、声学、热学、磁学、电学、光学等章。书中有丰富的插图和课堂实验。每章均附有习题，共 373 题，且有答案。书末还附有物理公式、单位转化表、重率表和导线表。此书最大的特点是将可靠的文本、课堂演示实验、物理规律的实用问题及实验室中的操作等四方面知识进行了有机整合。此书后来由谢洪赉译成中文，书名为《最新中学教科书·物理学》，1904 年由商务印书馆出版。

众所周知，牛顿开创了物理学的一个新时代，《自然哲学的数学原理》成为构建经典物理学"大厦"的根基。但是，昔日的辉煌并没有成为英国物理学进阶的基础，而是变成其进一步发展的羁绊。牛顿之后，是法国人发展了牛顿力学的定量化计算，推动了物理学实验的发展，而英国人则一直在牛顿制造的光环之下裹足不前。19 世纪初，英法物理学的差距已相当明显，这从物理学教科书的发展可见一斑。整个 19 世纪，英美物理学教科书的发展大体可概括为不断地借鉴法国的过程。

最明显的变化当属书名上的转变。早期英美物理学教科书一直以"自然哲学"（natural philosophy）为名，而法国教科书均以"物理学"（physique）命名。1850 年之后，一些英美教科书在行文中开始用"物

---

①Alfred P. Gage, *Principles of Physics*（Boston and London：Ginn & Company，1895）.

理学"（physics）定义"自然哲学"（natural philosophy），到 19 世纪 90 年代时，"物理学"已从总体上取代了"自然哲学"，成为普遍的书名。当然，这个变化是相当缓慢的。1870 年前后出现了"自然哲学"和"物理学"混用的局面，这也体现在同时期的中文教科书当中。1862 年，清政府开办京师同文馆，丁韪良等专门编纂了中文物理学教科书《格物入门》，之后又在此基础上编著数理程度更高的《格物测算》。由傅兰雅编纂的《中国教育指南》（*The Educational Directory for China*）可知，《格物入门》的英文名是 *Natural Philosophy*，《格物测算》名为 *Mathematical Physics*①。由此可见，在当时的传教士心中，物理学（physics）要比自然哲学（natural philosophy）的专业性更高。

19 世纪英美物理学教科书的变化不仅体现在书名方面，也体现在物理学具体分支的名称上。早期文本多使用经典的专用名词，比如动力学（dynamics）、水力学（hydrostatics）、空气动力学（pneumatics）、声学（acoustics）、光学（optics）等。这些都是相对比较典雅的词汇，带有浓重的学院色彩。而后来的教科书则采用更为通俗的名词如 power、liquids、air、sound 和 light 等，更贴近现实生活。与此相应，另一个的重要转变是数学难度的加深和实验比重的提升。②

在名称变化的背后，是实质性转变。为讨论这些转变，本节将 19 世纪教科书分成四个阶段，并对每一阶段的主要特征进行了概括：1830 年之前的教科书，主要是通俗化的转变，这体现在语言、封面、知识的表述等方面；1830 年之后，英美自然哲学教科书呈现出专业化

①John Fryer, *The Educational Directory for China*（Shanghai: The American Presbyterian Mission Press, 1895）, p. 13.

②Shank L. Paul, "The Evolution of Natural Philosophy（Physics）Textbooks Used in American Secondary Schools Before 1880,"（Unpublished doctoral dissertation, University of Pittsburgh, 1951）.

的倾向，更多的大学教授开始编写中等物理学教科书；1850年前后，正是物理学发展的关键节点，同时一些教授表现出对英美物理学教科书的不满；1870年之后，变化更多地体现在教辅手段进一步丰富和广泛应用上。当然，以上的划分和概括并不绝对。其实，科学知识的普及与专业化的提升，这个看似相互矛盾的趋势，一直贯穿于19世纪英美物理学教科书的发展演变中。当然，教科书的演变是一个复杂的过程，不仅牵涉物理学自身的发展，还受到外在因素的制约和影响，如科学教育在19世纪成为教育的重点、教学大纲的编写、印刷和制图业的蓬勃发展等。总体来看，英美物理学教科书当然有其独特的演变轨迹，但同时也融合和借鉴了外来的元素。

第三节　牛顿第三运动定律阐释的演变

一般认为，18世纪和19世纪是经典物理学的世纪。牛顿的《自然哲学的数学原理》中的三个运动定律提供了此时期内主流物理学家分析问题所用的概念工具和理论依据。然而，一方面，由于惯性（inertia）、质量（mass）、力（force）、运动的改变（change of motion）、作用和反作用（action and reaction）等表述运动定律的一些基本概念的内涵在著作中并未界定清楚；另一方面，后来与牛顿传统物理学不同的法国数学物理学得到了充分的发展，至18世纪末期，物理学家对牛顿运动定律的表述多有批判和修改①。这一趋势至 19 世纪初期变得越来越明显，甚至在遵循牛顿传统的英国也出现了改变牛顿著作中运动定律叙述的教科书，问题的焦点集中在第三运动定律上。一些法国物理学教科书或受法国物理学影响的英国教科书提出：第一、第二运动定律足以构建动力学体系，不需要第三运动定律。当然，当时更多的英国教科书还是基本按牛顿著作中的叙述表述三个定律。惠威尔对第三运动定律的阐述比较特殊，他不赞同以上两种做法，而是主张修改第三运动定律，改阐述作用与反作用的关系为"加速力（或动力）与压力的关系"。他对运动定律的阐述集中体现在《初等力学教程》中。惠威尔后来撰写了《归纳科学的哲学》（*The Philosophy of the Inductive Sciences*），把对运动定律的阐述纳入他的科学哲学理论中。而由于其哲学理论经历了一个渐变的过程中②，对第三运动定律的阐述及讨论也经历了一些转变，这些转变恰好投射到不同时期出版的《初等力学教程》中③。

　　据笔者所知，目前还没有关于惠威尔对牛顿运动定律之阐述的专门研究。哈曼在《牛顿到麦克斯韦：原理和英国物理学》（*Newton to Maxwell：The Principia and British Physics*）一文中提到惠威尔对

---

①至 18 世纪末，英法物理学教科书已存在很大的差异：英国传统教科书通常基于几何模型分析物理问题，而法国教科书则使用抽象的分析方法，一些书中甚至没有一个几何图形。英国教科书主要使用"比率"（ratio）表达数量关系，而法国教科书使用"方程"（equation）来表达。英国教科书关注具体问题的物理基础（specific physical foundation），而法国教科书则关注数理归纳（mathematical generalization）。参见：Maurice Crosland and Crosbie Smith, "The Transmission of Physics from France to Britain：1800 - 1840," *Historical Studies in the Physical Sciences*, Vol. 9 (1978), pp. 1 - 61.

②Harold T. Walsh. "Whewell on Necessity," *Philosophy of Science* 29, no. 2 (1962)：139 - 145.

③《初等力学教程》有七个版本，笔者找到了其中的第一、第五和第七版。这三个版本均出版于惠威尔思想转型的关键时期，能够切实地反映他不同时期的思想对第三运动定律的阐述和讨论的影响。

牛顿第一、第二运动定律的解释，指出惠威尔在引入法国分析力学的同时，在第一、第二运动定律的叙述方面保持了牛顿力学传统；而霍普金斯（William Hopkins，1793—1866）在惠威尔的课堂上所做的笔记曾被开尔文（Lord Kelvin，1824—1907）和麦克斯韦传抄，影响了他们对运动定律的阐释①。哈曼此文关注作为运动定律之基础的哲学观念的发展流变，突出了惠威尔在此流变中的重要性，这是值得肯定的。但是，他并没有注意到惠威尔不同时期著作中有关表述的变化，且局限于第一、第二运动定律，而置第三运动定律于不顾，导致其分析存在一定偏差。实际上，惠威尔对第一、第二定律的阐述确实与牛顿著作中的叙述比较接近，但对第三运动定律的阐述却有很大差异。而这些并未被开尔文和麦克斯韦接受。本节试图以惠威尔几个版本的《初等力学教程》中与第三运动定律相关的论述为中心，结合他的科学哲学和科学史著作，探讨惠威尔对第三运动定律独特阐释的原因，厘清此阐释转变的过程，以及其在当时和后来的影响。

一、从牛顿第三运动定律到达朗贝尔原理

惠威尔对第三运动定律的阐述基于他对当时英法物理学教科书相关叙述的批判。1828 年，他在发表的《论动力学的原理》一文中指出，关于动力学原理的陈述，在法国作者和英国作者间存在明显的分歧②。英国作者遵循牛顿力学传统，将三个运动定律置于动力学的基础地位。而外国作者，特别是一些法国人，在他们的教科书中，基本定律却以多种形式呈现，较为明显的是采用了两个定律：第一运动定

---

①P. M. Harman，"Newton to Maxwell：The Principia and British Physics," *Notes and Records of the Royal Society of London* 42，no. 1 (1988).

②1819 年出版的第一版 *An Elementary Treatise on Mechanics* 一书的序言中也表露出同样的意思，相比较之下，此文中的叙述更加详细。

律，即所谓惯性定律；第二运动定律，速度的改变正比于力的变化。①
在惠威尔看来，法国人的第二运动定律相当于牛顿第三运动定律，尽
管依据此定律可以推演出"加速力正比于压力""动力正比于压力"这
两条规律，但却不足以推演出牛顿第二运动定律。惠威尔认为，法国
物理学家之所以如此叙述运动定律，是因为错误地将静力学中力的合
成规律应用于动力学的运动合成，且构建了瞬时力、冲力等不符合实
际的物理概念。惠威尔所认为的第二、第三运动定律分别是：

第二运动定律：力作用于一个物体上，运动改变的大小与产生此
变化的力的大小成正比，方向相同。

第三运动定律：压力作用于物体上使其运动变化时，动力正比于
压力。②

惠威尔的第二运动定律与牛顿的叙述基本相同，而第三运动定律
却有很大差异。需要注意的是，尽管惠威尔不赞同将第二、第三运动
定律合为一个定律，但事实上，他对第三运动定律的叙述与上文所论
的基于法国教科书中第二运动定律推演的第二推论基本相同。由此可
见，惠威尔对第三运动定律的阐述受到法国物理学的影响。

实际上，19 世纪初期的法国物理学相当复杂，至少存在三个支
流：第一，以电学为中心的实验物理学；第二，数学物理学，尤其是
分析力学，在当时的法国达到了相当高的程度；第三，拉普拉斯基于

---

① W. Whewell, "On the Principles of Dynamics, Particularly as Stated by French Writers," *Edingburgh Journal of Science*, no. 8 (1827 - 1828): 27 - 38.

② 笔者认为原句中的"is as"应译为"正比于"或"正比"。惠威尔在其著作中多次用到这一词组，均表达这一个意思。如第一版的 *An Elementary Treatise on Mechanics* 中第三运动定律为：the accelerating force is directly as the pressure and inversely as the quantity of matter moved. 其中 accelerating force 与现在所谓的加速度 (acceleration) 所表示意思相同，这句话可译为"加速力正比于压力，而反比于物质量"。

万有引力定律建构的宇宙物理学①。其中，后两个方面涉及动力学的
内容。拉普拉斯宇宙物理学的一个主要取向是将自然中的现象归为相
互吸引或排斥的作用，受此影响的教科书中的动力学部分以万有引力
定律为中心，将牛顿运动三定律置于次要的位置，甚至一些教科书中
根本就没有运动定律的提法。霍伊的《物理学基本教程》就是这样。②

　　上文中，惠威尔所论的法国教科书是指以分析力学为中心的教科
书。此类教科书遵循欧拉（Leonhard Euler，1707—1783）、达朗贝尔
（D'Alembert，1717—1783），拉格朗日（Joseph Louis Lagrange，
1736—1813）的分析力学传统③，注重力、运动的测量及运动规律的
定量化描述，并不提及牛顿或牛顿运动三定律④。以在英国较有影响
力的法国科学家泊松（S. Denis Poisson，1781—1840）所著的《力学
教科书》（A Treatise of Mechanics）为例，其中将力学（mechanics）
分为静力学（statics）和动力学（dynamics）两部分。动力学部分着
重讨论了力、质量和运动的测量及相互关系公式，并没有专门阐述运
动定律。此书中关于力与运动关系的公式已接近现代形式：$f = m\varphi$，
其中 φ 界定为速度的增量（increase of the velocity），$\varphi = \dfrac{dv}{dt}$。⑤

　　事实上，尽管牛顿早在撰写《自然哲学的数学原理》之前就已经

─────────────

①Maurice Crosland and Crosbie Smith，"The Transmission of Physics from France
　to Britain：1800‒1840，" *Historical Studies in the Physical Sciences*，no. 9
　(1978)：1‒61.

②其中动力学部分仅有重力相关的规律，见此书目录。*An Elementary Treatise on
　Natural Philosophy*，Translated by Olinthus Gregory. London，1807.

③关于法国分析力学传统的介绍可参见：David H. Ray，*A History of Mechanics*
　(Lancaster，1910)，pp. 77‒117.

④P. M. Harman，"Newton to Maxwell：the Principia and British Physics," *Notes
　and Records of the Royal Society of London* 42，no. 1 (1988).

⑤S. Denis Poission，*A Treatise of Mechanics*，translated by Henry H. Harte (London，
　1842)，p. 180.

通过流数方法发展出微积分方法，但《自然哲学的数学原理》中依然使用传统几何方法解决和讨论问题。而在此后相当长的一段时间内，英国物理学遵循牛顿力学传统，直到 1817 年剑桥大学数学课程才正式引入微积分理论。① 英国物理学家开始引入法国的分析物理学是从 18 世纪末、19 世纪初开始的。爱丁堡大学是较早引介法国数学和分析力学的重要大学。一些较早介绍法国数学物理学的英国教科书基本上还保留了英国传统，即将运动定律置于动力学的核心，基本按《自然哲学的数学原理》中的叙述来陈述牛顿运动三定律，而将有关力、质量和运动的测量及描述力与运动关系的数学公式夹杂在其中。如 1774—1805 年在爱丁堡大学任自然哲学首席教授的约翰·罗比森（John Robison，1739—1805）曾撰写《机械论哲学》（*Elements of Mechanical Philosophy*）一书，基本上就采取了上述方式②。但是，罗比森对牛顿运动三定律有不同于其他人的看法。他认为，牛顿第一、第二运动定律看起来似乎足以构建动力学的基础，几乎可以解决所有的动力学问题；且这两个定律是基于人自身判断的规律，并将其归为两个恒真命题，即所有的变化都有（是）结果，原因由变化的结果衡量。③

值得注意的是，惠威尔在其后来的著作中指出牛顿运动三定律可归为三个基本公理，其中前两个公理与罗比森的这两个恒真命题比较接近。关于第三运动定律，罗比森认为作用力和反作用力的规律不属于公理，只是一个经验性的普遍规律。④

在法国分析物理学的影响下，出现了一些明显偏离英国传统的教科书。如罗比森在爱丁堡大学的继任者约翰·普莱费尔（John Play-

---

① David H. Ray, *A History of Mechanics* (Lancaster, 1910), p. 85.

② John Robison, *Elements of Mechanical Philosophy* (Edingburgh, 1804). 有关于三定律的叙述分别见此书：第 99 页（第一运动定律）；第 106 页（第二运动定律）；第 124 页（第三运动定律）。

③ John Robison, *Elements of Mechanical Philosophy*, pp. 100 - 106.

④ 同③，第 124 - 126 页。

fair，1848—1819）撰写的《自然哲学纲要》（*Outlines of Natural Philosophy*）中没有明确的牛顿运动三定律的提法，且将作用和反作用关系的规律放在"冲力作用下的运动交换"（*Communication of Motion by Impulse*）一节，称其为第二定律①。但是，关于静力学与动力学关系的问题，普莱费尔和罗比森的观点一致，都认为静力学属于动力学的一个分支，只是研究平衡状态下物体的受力问题②。巴塞洛缪·劳埃德（Bartholomew Lloyd，1772—1837）在其《机械论哲学基础》（*An Elementary Treatise of Mechanical Philosophy*）中只列出了构建动力学体系的第一、第二运动定律③。他所谓的第一定律就是惯性定律，而第二定律提供了测量力大小的依据。此书第一版于1828年出版，与惠威尔发表《论动力学的原理》一文同年。

实际上，如惠威尔所述，当时大多英国教科书遵循牛顿力学的传统，将运动定律置于动力学的核心位置，且基本按牛顿《自然哲学的数学原理》中的原话叙述。在此，我们有必要看一看牛顿对第三运动定律的陈述：每一个作用总存在相等且相反的作用，相互作用的两物体间的作用总是大小相等且方向相反。④

牛顿在《自然哲学的数学原理》中讨论了此定律适用的两种情况，即分别作用于两个物体上的相互作用情况，以及在"批注"（Scholium）部分讨论的多个物体或力作用于一个物体上的情况。如两个物体（A和B）作用于杠杆的两端，杠杆受两个力的作用，这两个物体

---

①John Playfair，*Outlines of Natural Philosophy*（Edingburgh，1812），p. 31. 第一运动定律在第24页。

②Crosbie Smith，"'Mechanical Philosophy' and the Emergence of Physics in Britain：1800‑1850，"*Annals of Science* 33（1976）：3‑29.

③Bartholomew Lloyd，*An Elementary Treatise of Mechanical Philosophy*，2th Edition（Dublin，1835），p. 276.

④Isaac Newton，*The Mathematical Principles of Natural Philosophy*，translated by John Machin（London，1803），p. 15.

（A 和 B）通过杠杆间接作用，这一对作用的关系如何？在牛顿看来，可以将间接作用问题转化为直接作用问题，即用一个作用力（A 对杠杆一端的作用力）和因此而产生的速度的乘积表示作用（action），而用另一作用力（B 对杠杆一端的作用力）和相应的速度表示反作用（reaction），作用和反作用大小相等且方向相反。[1] 事实上，牛顿所论第三运动定律的第二种情况在后来曾引起一些物理学家的困惑[2]。大多数英国物理学教科书只讨论第一种情况[3]。

惠威尔对第三运动定律的改述可归为他对上述问题解决历程的一个反思，其在后来所著的《归纳科学的历史》（1837 年）一书的"运动第三定律的归纳"一节中追述了这一历史过程。书中讨论了第三运动定律的两种适用情况，指出牛顿所谓的作用与反作用律适用于直接作用的两物体，用于间接作用的情况是有局限的[4]，并为此举出历史上的一个经典难题，即一根穿过两重物的刚性杆（rigid rod）一端置于某固定点，来回摆动，它的摆心在哪儿[5]？惠威尔认为，牛顿解决此问题时错误地将运动量限定为物体的速度，且错误地运用了直接作用情况下所适用的作用与反作用规律[6]。这一问题曾引起许多著名物理学家的兴趣，如惠更斯（Christian Huyghens，1629—1695）、两位伯

---

[1] Isaac Newton, *The Mathematical Principles of Natural Philosophy*, p. 29.

[2] V. F. Lenzen, "Netwon's Third Law of Motion," *ISIS* 27, no. 2 (1937): 258 - 260.

[3] 如当时较有影响力的威廉·埃默森（William Emerson，1701—1782）的《力学，运动学说》（*Mechanics, or The Doctrine of Motion*）一书中第三定律叙述为 "Action and reaction, between any two bodies, are equal and contrary"，只讨论了相互作用的情况。参见：William Emerson, *Mechanics, or The Doctrine of Motion* (London, 1769).

[4] W. Whewell, *History of the Inductive Sciences* (London, 1837), p. 79.

[5] 此处的"摆心"是指假定有一个重物置于刚性杆的某一位置，其摆动周期与两重物相等。

[6] 同[4]，第 80 页。

努利（Jacod Bernoulli，1654—1705；Johann Bernoulli，1667—1748），最终由达朗贝尔通过分析力学的方法解决，且为此提出了达朗贝尔原理①。此原理是将动力学问题转化为静力学问题，然后通过作用与反作用的方式表现的一个物理学原理，可表述为物体所受主动力（实际所受合力）与因加速而产生的有效力（惯性力）大小相等且方向相反。事实上，惠威尔在《论动力学的原理》一文中所论的法国教科书的第二运动定律就是基于达朗贝尔原理推演出来的。所以，如果寻根溯源的话，惠威尔对第三运动定律的阐述源自达朗贝尔原理。有意思的是，他并不赞同达朗贝尔用静力学方法处理动力学问题的分析方法，这还要从他最初改述第三运动定律说起。

在《初等力学教程》（1819年）第一版序言中，惠威尔讨论了动力学与静力学的关系问题，认为力学（mechanics）的首要问题就是分清楚静力学（statics）和动力学（dynamics），这一区分并不是任意而为的，而是基于对力学这一学科本质的理解。静力学和动力学尽管紧密联系，但它们的基本原理及相关的概念都是不同的。② 惠威尔认为，当时的教科书撰写者并没有很好地区分这两个学科，导致出现了一些严重的问题，其中之一就是将第三运动定律叙述为"作用和反作用相等相反"的规律。在他看来，作用力和反作用力规律属于静力学的范畴，动力学的第三定律则应是加速力和压力关系的规律。此书知识点的安排体现了他的这一观点。在第一版的《初等力学教程》，作用和反作用的规律作为第16个知识点被安排在"静力学"部分。

首版《初等力学教程》对第三运动定律的陈述如下：

第三运动定律：压力作用在物体上使其运动发生变化时，加速力正比于压力而与物体质量成反比。（Third Law of Mo-

---

① W. Whewell，*History of the Inductive Sciences*（London，1837），p. 89.
② W. Whewell，*An Elementary Treatise on Mechanics*（Cambridge，1819），p. iv.

tion: When pressure communicates motion to a body, the accelerating force is directly as the pressure and inversely as the quantity of matter moved.)

可见，此时的叙述与后来的《论动力学的原理》有些许不同。此时关注的是加速力与压力和物体质量的关系，而后来阐述的是动力与压力的关系，但大体原理是相通的。另外，惠威尔在此书中还给出了第三运动定律的定量化公式，即：$f \propto \dfrac{F}{Q}$。其中，F 表示产生运动的压力，而 Q 表示物体质量。需要指出的是，在惠威尔的著作中，加速力（accelerating force）类似于现在的加速度概念。如在讨论速度的改变率时，惠威尔认为 $f = \dfrac{dv}{dt}$，而这里的 f 被界定为加速力。

叙述完第三运动定律后，惠威尔集中讨论了证明第三运动定律成立的实验。他的论述是这样的：先从第三运动定律的叙述推演出一些定量数据，然后用实验验证，以此证明定律的正确性。[1] 可以看出，此时的惠威尔更关注第三运动定律的数学表述，以及验证此规律的实验。在惠威尔看来，与牛顿《自然哲学的数学原理》中的叙述相比，他对第三运动定律的叙述使得此定律和前面定律的关系更加明晰，对静力学中作用和反作用规律做了区分，并且这是一个较为简单的表述形式，其间没有加入更多的如动力（moving force）、动量（momentum）、作用和反作用（action and reaction）、惯性（inertia）等概念。[2]

以上讨论了惠威尔早期关于第三运动定律的阐述，当时他正在剑桥大学担任大学生导师的工作，致力将法国分析数学引入剑桥大学，

---

[1] W. Whewell, *An Elementary Treatise on Mechanics* (Cambridge, 1819), pp. 273-281.
[2] 同[1]，序言第 9 页。

且为此撰写了一些教科书和教育手册（*pedagogical tracts*）①。从上文可见，尽管惠威尔对法国教科书关于运动定律的叙述并不赞同，但实际上，他对第三运动定律的描述就源自法国教科书。从一定意义上说，他对第三运动定律的改述是在法国传统和英国传统之间做了一个折中，一方面并没有削掉第三运动定律，起码在形式上保留了牛顿力学传统；另一方面则引入了法国传统。他的这一做法多多少少与其所处的环境有关。可以说惠威尔与上文提及的在爱丁堡大学任教的几位教授不同，他所在的剑桥大学非常注重牛顿经典力学的教学，当时剑桥大学数学课程的最终目的是解读牛顿的"原理"。② 所以，可以想象，在此环境中学习、工作的惠威尔很难完全与剑桥传统决裂。后来的惠威尔发展了一套独特的科学哲学思想，对之前有关第三运动定律的阐述重新进行了解释。

二、惠威尔对第三运动定律的阐述和解释

惠威尔后来涉足哲学领域，将对运动定律的阐释纳入他的哲学理论中。他最早的一本与哲学相关的论著是《涉及自然神学的天文学和普通物理学》。在本书中，他以宇宙设计的思想论证了神的存在和慈善，认为上帝用一个完美的方案设计了现在的宇宙及其规律，指出"基本运动定律，不管我们怎么叙述它，永远是最为简单的。而这一简单性在人的头脑当中会产生一定的效果，尽管也许这些效果是令人错

---

① H. W. Becher, "William Whewell and Cambridge mathematics," *Historical Studies in the Physical Sciences* 11, no. 1 (1980): 1–40.

② 当时数学课包括如下课程：计算（arithmetic）、代数（algebra）、三角函数（trigonometry）、几何（geometry）、流数（fluxions）、力学（mechanics）、流体静力学（hydrostatics）、光学（optics）和天文学（astronomy）。参见：H. W. Becher. "William Whewell and Cambridge mathematics", pp. 1–40.

解的，但表现出来依然很自然"。① 后来，惠威尔在此基础上发展出了必然真理（necessary truth）的概念②，并以此构建了"基本观念—公理—定律"的理论体系，用以解释运动定律发现和形成的过程。这些理论和解释集中体现在 1840 年出版的《归纳科学的哲学》一书中。

第五版《初等力学教程》（1836 年）对第三运动定律的阐释在形式上与《论动力学的原理》中的相同。尽管惠威尔在此书序言中依然坚持将静力学和动力学区分开来，认为这是两个不同的支流，遵循不同的基本原理；并进一步明确，将第三运动定律叙述为作用和反作用是混淆动力学和静力学所致。而且，与第一版相同，第五版在具体陈述第三运动定律时着重讨论了证明此规律成立的观测试验，以及与此相关的数学表达。但是，与第一版不同，第五版推演第三运动定律时，不再坚持作用与反作用的规律只适用于静力学的初衷，而是指出第三运动定律也可表述为："在运动交换过程中，作用和反作用相等且相反。"③ 而在此书中，作用与反作用律并没有专门安排在"静力学"部分。究其原因，这与惠威尔当时正逐渐形成的科学哲学理论有关。在日后逐渐成熟的理论中，作用与反作用律被置于更为基本的公理范畴，而公理是发展出动力学和静力学规律的基础。第五版序言中，惠威尔提出一个问题：在物理学中，是否存在如在几何学中的空间这样的必然真理？他的回答是肯定的。此书中运动定律部分的第一小节就是"公理"，列出了作为运动三定律之基础的三个基本公理，其中的前两个是：

---

① W. Whewell，*Astronomy and General Physics Considered with Reference to Natural Theology* （London：William Pickering，1833），pp. 231 – 232.

② Harold T. Walsh，"Whewell on Necessity," *Philosophy of Science* 29，no. 2 （1962）：139 – 145.

③ W. Whewell，*An Elementary Treatise on Mechanics* （Cambridge，1836），p. 150，p. vi，p. 152.

没有原因，则没有变化。（No change can take place without a cause.）

原因由其结果度量。（Causes are measured by their effects.）①

他认为，为了构建整个运动定律，还需要加入一个公理，关于运动的原因及运动的趋向（tendency to motion）方面的。最终惠威尔将其归纳为：

作用总是伴随着与其相等且相反的反作用。②（Action is accompanied by an equal and opposite reaction.）

惠威尔认为这些公理是动力学的基础，但是要发展成具体运动定律还需要进一步地界定并通过实验和观测揭示。

更为详尽的讨论见于他后来所著的《归纳科学的哲学》（1840年）一书中。在此书中，惠威尔提出真理可分为两类：一类是必然真理，一类是有条件的真理（contingent truth）。必然真理是不证自明的，可根据基本观念（fundamental ideas）发展出来；而有条件的真理则需借助经验发现。在他看来，必然真理源自人们的一些基本观念，如几何学有空间这一基本观念一样，力学中也有基本观念，那就是因果观念。正是借助这些基本力学观念（fundamental mechanical ideas），人们确立了一系列的力学公理。在惠威尔看来，动力学有三个基本公理：

①没有原因，则没有变化。

②结果正比于其原因，原因由结果衡量。

③作用与反作用相等且相反。③

此三个公理的提法与第五版《初等力学教程》基本相同。应该说，将第一、第二公理归入"原因与结果"这一基本观念是显而易见的，

①W. Whewell, *An Elementary Treatise on Mechanics* (Cambridge, 1836), p. 138.

②同①。

③W. Whewell, *The Philosophy of the Inductive Sciences* (London, 1840), pp. 170 - 175.

而第三公理与因果关系有何关联? 惠威尔认为, 因果关系是相互的, 而作用与反作用的公理恰是因果相互的体现。这一关系不能得自经验, 而源自作用与反作用这两个概念的界定。①

那么, 运动定律和公理之间是什么关系呢? 惠威尔认为运动定律是公理的具体体现, 而在由公理发展成定律的过程中, 经验和观测起了指引的作用, 没有经验和观测, 定律是不可能被发现的。② 因此, 在惠威尔看来, 运动定律属于有条件的真理。

事实上, 惠威尔关于公理和规律的论述是受康德 (Immanuel Kant, 1724—1804) 先验哲学的影响。在 "有关原因之观念的现代观点" (Modern opinions respecting the idea of cause) 一节中, 惠威尔追述了因果观念形成的过程, 提到洛克 (John Locke, 1632—1704)、休谟 (David Hume, 1711—1776) 和康德③, 并指出他有关因果关系的论述源自康德的理论。在他后来的《论发现的哲学》(*On the Philosophy of Discovery*) 一书中, 惠威尔甚至承认 "《归纳科学的哲学》中有关空间与时间的基本观念一章几乎是照康德的《纯粹理性批判》一书的相关部分逐字翻译的"。④ 但事实上, 他并不完全赞同康德的观点, 只是在 "主观的必然因素 (subjective, necessary element) 和客观的经验因素 (objective, empirical one)" 等基本观念方面与康德的相同。他并没有引入康德所谓 "分析 (analytic)" 和 "综合 (synthetic)" 等术语, 而对这些术语的忽视也导致他放弃了康德的一些重

---

① W. Whewell, *The Philosophy of the Inductive Sciences* (London, 1840), p. 175.

② 同①, 第 240 页。

③ 同①, 第 163 - 169 页。

④ W. Whewell, *On the philosophy of discovery* (London: John W. Parker, 1860), p. 335.

要观念。① 惠威尔并没有如康德那样更多地关注"先验"或基本观念的讨论，而是将焦点集中于科学知识的发现方面。他认为科学发现是通过"归纳方法"（discoverers induction）来实现的 。在这一点上，他认为自己是培根的追随者，试图恢复培根的归纳方法。当然，他并不赞同之前狭义的枚举式归纳，为此引入了"综合"（colligation）这一概念。在他看来，综合是一个思想活动（mental operation），这一活动通过植入一个使事实联系起来的概念而把事实整合起来。② 就此来说，后人评价惠威尔的哲学是康德哲学和培根哲学的混合，这是有一定道理的③。

惠威尔强调归纳思想在他的《初等力学教程》第七版（1847 年）中尤为明显。在"第三运动定律"一节中，他先给出了动量和动力的定义，进而给出了与压力相关的三条公理：

  ①相等的压力以同一方式作用于相同物体上，产生的速度相同。

  ②由相等且分离的质点组成的系统，其不同的部分受到相等且平行的力的作用，其运动效果与将这些部分紧密相连且在相同力的作用下的运动效果相同。

  ③这些平行力也可以加在一起看成一个力，其运动也不会变化。④

其目的是引出如下命题：两个压力作用于两个物体上，若压力比与质量比相等，则两压力在相等时间内产生的速度将相等。在此基础

①Harold T. Walsh，"Whewell on Necessity," *Philosophy of Science* 29，no. 2（1962）：139 – 145.

②W. Whewell，*The Philosophy of the Inductive Sciences*（London，1840），pp. 45 – 46.

③Alexander Macfarlane，*Lectures on ten British physicists of the nineteenth century*（New York：John Wiley & Sons，Inc.），p. 89.

④W. Whewell，*An Elementary Treatise on Mechanics*（Cambridge，1847），p. 164.

上，给出第三运动定律。其表述与前几版有些不同：

第三运动定律：当压力作用于一个物体上时，使之产生运动或使运动消失，加速力正比于压力。（The Third Law of Motion：When pressure generates or destroys motion in a given body，the accelerating force is as the pressure.）

与前几版不同，惠威尔给出了为获得此命题而收集归纳的案例：

①当压力产生运动时，压力越大，速度越大。

②沿斜面自由滑下的物体产生的速度和沿同样高度自由落下的物体的速度相等。

③当 P、Q 两个不同质量的物体横跨于一个定滑轮两侧，较重的物体 P 将下降，一定时间内产生的速度与两物体"压力差"成正比，与"压力和"成反比。

④单摆振动周期与摆长的平方根成正比。

⑤两物体发生碰撞，一物体动量的增加量即等于另一物体动量的减少量。

⑥相互吸引的两物体，重心保持不变。①

惠威尔指出，这些结果可以通过引入匀加速力的概念来解释和推演。可以看出，与之前关注规律的证明不同，此时惠威尔更关注规律的发现过程，即如何通过经验和观察归纳出规律。同时，力学公理已不仅限于上面提到的三个，而是可以根据规律叙述的需要为压力概念构建一系列公理。

事实上，惠威尔有关基本观念的思想此时正经历着变化。他在撰写《归纳科学的哲学》第一版时还认为基本观念是内在的，不能通过经验获得；力学的基本观念是因果观念，通过此观念可以发展出三个基本公理。而在 1848 年时，惠威尔发表文章指出："观测的事实也可

---

① W. Whewell, *An Elementary Treatise on Mechanics* (Cambridge，1847), p. 165.

以转变成必然真理，成为基本观念。"① 惠威尔这一观念是逐渐发展转变的②，到后期撰写《论发现的哲学》时，他甚至提出"后验真理也可以转变成先验的真理"（a posteriori truths become a priori truths）③。这就可以理解为什么惠威尔在第七版的《初等力学教程》中构建了更多的公理，且更关注定律的发现而非定律的证明。

三、惠威尔所述第三运动定律的影响

惠威尔有关第三运动定律的陈述并未被后世的物理学家接纳。据哈曼研究，霍普金斯在剑桥大学曾参加惠威尔讲授的动力学课程，留下的笔记被开尔文和麦克斯韦传抄。可以肯定的是，他们应该比较熟悉惠威尔的力学理论。然而，关于运动定律，他们则坚持应采用牛顿《自然哲学的数学原理》中的陈述。开尔文和泰特（Peter Guthrie Tait，1831—1901）合著的《自然哲学教程》（*Treatise on Natural Philosophy*）在 19 世纪后期影响较大，其中指明"应该使用牛顿的原话叙述三定律"。在"动力学规律和原理"一章中，作者列出了牛顿《自然哲学的数学原理》中的拉丁文原文，并在下面给出了英文翻译，他们给出的原因是，"两个世纪过去了，似乎还没有看出有何必要去修改或增加牛顿原来对运动定律的陈述"。④

不但如此，在此书的"动力学定律和原理"一章中，作者还专辟一节讨论第二、第三运动定律表述的问题：

---

①W. Whewell，"Second Memoir on the Fundamental Antithesis of Philosophy," *Transactions of the Cambridge Philosophical Society* (1848)：7.

②Harold T. Walsh，"Whewell on Necessity," *Philosophy of Science* 29，no. 2 (1962)：139 – 145.

③W. Whewell，*On the Philosophy of Discovery* (London：John W. Parker，1860)，pp. 357 – 358.

④Kelvin William Thomason and Peter Guthrie Tait，*Treatise on Natural Philosophy* (Oxford：The Clarendon Press，1867)，p. 178.

后来，出现了一个趋势，就是将第二运动定律分为两个定律，而将原来的第三运动定律完全置之不理，尽管在解决每一个动力学问题时总是使用它。所有这样叙述的人，为保持牛顿体系的完整性，都不得不引入达朗贝尔原理，这是牛顿所抛弃的第三运动定律的另外一种叙述形式。实际上，牛顿对第三运动定律的叙述不但可以直接推演出达朗贝尔原理，而且可以推演出现代所谓的功（动）能原理。①

上文提到，牛顿在《自然哲学的数学原理》中给出了第三运动定律的两种适用情况，一种是作用于两个物体上的相互作用，另一种是多个物体或力作用于一个物体上。开尔文认为达朗贝尔原理正是基于第二种情况推演出来的，并认为这一原理曾被牛顿发现，但却弃之不用，而是采用了较为简单的叙述形式。② 不过，开尔文等对此的讨论含混模糊③，其真实的用意是想将达朗贝尔原理附会到牛顿第三运动定律上，以抬高牛顿在物理学中的地位。

实际上，从惠威尔几个版本的《初等力学教程》及《论动力学的原理》中可以看出，惠威尔的第三运动定律是他从所谓法国教科书的第二运动定律推演出来的，尽管后来他用哲学理论将作用和反作用置于公理的范畴，但自始至终坚持第三运动定律应该是关于压力与加速力或动力关系的规律。从一定意义上说，压力和加速力的关系是达朗贝尔原理的另一种表现形式（压力即为产生加速度的主动力，加速力或动力则可理解为由加速度和物体惯性而产生的惯性力）。由此看来，开尔文的批评很有可能针对的是惠威尔。

----

①Kelvin William Thomason and Peter Guthrie Tait, *Treatise on Natural Philosophy* (Oxford：The Clarendon Press，1867)，p. 178.

②同①，第 185 - 186 页.

③V. F. Lenzen, "Netwon's Third Law of Motion", *ISIS 27*，no. 2（1937）：258 - 260.

麦克斯韦在其所著的《物质与运动》（*Matter and Motion*）一书中曾论及牛顿运动定律，其中对第三运动定律的叙述与牛顿《自然哲学的数学原理》中的基本相同[①]。但是，对此规律的论述却仅限于相互作用的两个物体的情况。麦克斯韦认为，牛顿第三运动定律的陈述不是基于经验和观测，而是从第一运动定律推演出来的。他主要以地球上的山与地球相互吸引的二力这一理想实验进行了论证。[②]另外，19世纪中后期，英国大多数物理学教科书依照牛顿的叙述表述第三运动定律，未见采用惠威尔陈述方式的教科书。

　　《初等力学教程》曾由李善兰与艾约瑟合译成中文，书名为《重学》，于 1859 年出版发行，有多个版本流行于世。据考查，《重学》的底本是 1836 年第五版的《初等力学教程》。[③] 其中，有关于运动三定律和作为定律之基础的三个公理的翻译。下面，先来看一下译者对公理的翻译，原文在书的 138 页，对应第 109 节（目录中标题为 Axioms）。译文中没有译出公理的意思，具体翻译如下：

　　　　①事有本有末，故凡变动，俱有根源，设无根源，绝无
　　发生。

　　　　②故发生为根源之率。如动及动势之根源为能力，能力
　　在重学中可作抵力论。

　　　　③凡抵力与对力必等，有抵力在一点，必另生相等对力
　　于本点以阻之，然非测验不能明也。[④]

　　可以肯定的是，译者并未按原文忠实地翻译，他们的翻译是有选择的。尽管将三个公理都翻译了，但是却将原书中公理的作用和意义

─────────────

①James Clerk Maxwell, *Matter and Motion* (London, 1876), p. 46.
②同①，第 49 页。
③聂馥玲：《〈重学〉底本考》，自然科学史研究，2010 年第 2 期，第 158–165 页。
④惠威尔：《重学》，艾约瑟口译，李善兰笔述，参见：袁俊德辑《富强斋丛书》
　第 5 册，上海宝善斋，清光绪二十七年（1901 年），第 38 页。

置之度外。另外，原文中流露的第三公理是后来为处理动之理与动之势而加上去的，这一意思在译文中没有体现出来。

相比较之下，对第三运动定律的翻译则比较恰当："动理第三例：凡抵力正加生动，动力与抵力比例恒同"①。需要指出的是，此句后紧跟着一句话："此抵力、对力相等之理也。"这句话实际上指的就是作用与反作用律，认为动理第三例是此律之理。这句话可作两种解读：一是反映了第三例和第三公理的关系；二是作者在对这一例动理做补充说明。如果是第一种解读，意味着译者已理解且希望表达原书作者对动理（laws）与公理（axioms）之间的关系的描述。但是如果这样的话，前两个定律也应该在后面附属"此……之理也"的话语，而实际上并没有。所以第一种理解可能性不大，更有可能是第二种理解，即作者在此补充说明前例表述。

总的来看，惠威尔对第三运动定律的阐述基于他对当时英法教科书相关叙述的批判。他既不赞同法国教科书将三个运动定律归为两个的做法，也没按牛顿《自然哲学的数学原理》中的叙述来表述第三运动定律，而是将此定律表述为加速力或动力与压力的关系。由上文的分析可知，他的这一叙述源自法国教科书的第二运动定律，实际上是这一定律的另一种表达形式。然而，惠威尔并不赞同作为推演其第三运动定律之基础的将动力学问题归入静力学的研究方法，认为动力学和静力学分属不同的领域，遵循不同的物理规律。他甚至认为，正是将两者混淆导致了当时叙述第三运动定律有误。在第一版的《初等力学教程》中，作用力与反作用力律属于静力学部分。

后来，惠威尔将三定律的叙述纳入了他的"基本观念、公理、定律"的科学哲学理论中，将作用与反作用律归为公理，认为凭借这些

————————

① 惠威尔：《重学》，艾约瑟口译，李善兰笔述，参见：袁俊德辑《富强斋丛书》第 5 册，上海宝善斋，清光绪二十七年（1901 年），第 40 页。

公理并借助实验和观测就可得出他的第三运动定律。这一说法在第五版的《初等力学教程》中就有体现。尽管于此版中，惠威尔还强调不能将动力学与静力学混淆，但作用与反作用律并未安排在静力学部分。第一版和第五版有关第三运动定律的讨论基本相同，即主要点放到了规律的证明方面。而第七版的《初等力学教程》相较之前有很大的变化，一是不再强调动力学与静力学的区别；二是动力学公理已不仅限于三个，而是可以根据实际情况构建；三是有关三定律的论证集中于规律发现方面。这些变化与惠威尔后来越发偏向归纳方法的哲学思想有关。

惠威尔对第三运动定律的阐述并未得到开尔文和麦克斯韦的认可，他们更愿意用牛顿的原话叙述运动定律。开尔文甚至在他和泰勒合著的教科书中批评如惠威尔那样改述第三运动定律的做法，认为这样的表述尽管源于牛顿第三运动定律，但远不如牛顿表述得恰当。《初等力学教程》于 1859 年被译成中文，尽管译者较忠实地翻译了原书的三定律及三个公理，但并未译出惠威尔关于公理与定律关系的深层内涵。

本章小结

19 世纪初期，英国物理学正值急剧转变时期，一个主要特点是大力引进和吸收法国数学和物理学。在此过程中，惠威尔起了很重要的作用。他的《初等力学教程》在剑桥大学的影响很大，一些学者甚至认为此书的第一版是剑桥大学"分析革命"（analytic revolution）的顶峰。① 但事实上，此书在引进分析力学的同时，也在相当程度上保留

---

①J. M. Dubbey，"The Introduction of the Differential Notation to Great Britain，" *Annals of Science* 19（1963）：37–48.

了英国的传统①，比如倾向于使用"比率"表示物理量的关系、使用几何图形而非纯分析方法分析物理问题等。其中对第三运动定律的描述也体现了这一特点：一方面，没有如法国教科书或一些受法国影响的英国教科书那样改三定律为二定律，至少在形式上保持了牛顿传统；另一方面，却采纳了法国教科书的叙述内容。从一定意义上说，惠威尔采取了一种折中方案。折中不仅体现在惠威尔对第三运动定律的阐述中，还体现在他的科学哲学思想中。他的科学哲学思想深受康德和培根的影响，甚至可以说是两者混合的哲学。这种混合经历了一个渐变的过程。从不同版本的《初等力学教程》的相关讨论可知，惠威尔科学哲学思想的转变影响了他对第三运动定律的阐述和讨论。

总之，19 世纪，英美物理学教科书的名称经历了从"自然哲学"向"物理学"的转变，其发展大体经历了四个阶段，分别以 1830 年、1850 年和 1870 年为分界，至 19 世纪与 20 世纪之交时才基本成熟。这些教科书是中国早期物理学教科书直接或间接的源泉，在中国早期物理学教科书的发展中起了关键作用。因而，我们以惠威尔编著的物理学教科书为中心，梳理第三运动定律表述的演变，借此考查在物理学分化定型这一大的背景中物理学规律表述的演变。牛顿力学三大定律奠定了动力学研究的基础，后来甚至为热学、电学和光学等领域提供了研究范式，然而在三大定律中，第三运动定律颇受争议，其在教科书中的表述形式到 19 世纪中叶以后才得以确定。惠威尔认为牛顿对第三运动定律的界定并不清晰，后来发展的分析力学则澄清了牛顿的问题，且汤姆逊等人对惠威尔的说法不以为然。由此可以窥见，教科书中一些重要的科学规律的表述往往不是一蹴而就的，很可能会经历一个曲折的过程。

---

①Becher 在 *William Whewell and Cambridge mathematics* 一文中指出此问题，参见：H. W. Becher, "William Whewell and Cambridge mathematics," *Historical Studies in the Physical Sciences* 11, no. 1 (1980): 1-40.

第三章
中国近代中学物理学教科书
发展的历史背景

　　本章主要讨论与中国近代中学物理学教科书相关的四个问题，这些问题在一定程度上构成了中国近代教科书发展的历史背景。第一，中国近代的历史分期。这一部分将讨论本书所称"近代"所涉及的时间界限问题。第二，学制的演进。教科书与学制息息相关，书名中的"中学"一词是在学制确立前后才出现的。第三，近代中文物理学教科书的发展阶段。中文物理学教科书的发展一方面受学制变迁的影响，另一方面与物理学科的发展也有关系，这一部分将着重讨论中学物理学教科书发展的几个阶段。第四，中文物理学教科书的由来。先考查"物理学"名词的由来及演变，进而论及"教科书"这一名词形成的过程，最后介绍"物理学教科书"名称的由来。

第一节　中国近代历史分期

　　关于中国近代的历史分期，终点是中华人民共和国成立的1949年，这基本没有争议，争议主要出现在起点上。欧洲与中国历史的汇合在16世纪就已经开始，其作用一直到19世纪中叶才显现出来，在政治、经济方面是这样，在科技方面也如此。因此，史学界对于把16世纪还是19世纪看作是近代中国历史的开端这个问题颇有分歧。有些学者认为，第一次鸦片战争是近代中国历史的起点，因为这意味着外国在华活动的加剧，打破了中国长期以来的封闭局面，客观上促使中国开创了一个具有革命性变化的时代。另外一些学者则主张以明清鼎革传教士来华那段时期作为近代中国历史的起始。因为就内部事态而言，该时期正值清王朝的建立；就外部局势而言，这一时期西学开始传入中国。尽管西方的影响在 19 世纪发挥了巨大的作用，但这只不过是两个半世纪前业已启动的进程的延伸和强化，而且鸦片战争之后的 100 多年时间，也难以体现中国的近代时期。此外，这一界定可以使近代中国历史的开端与近代欧洲历史的开端趋于一致。

从影响来看，19 世纪西方的冲击在促使传统中国向近代中国转型上所起的作用，肯定比 16 世纪和 17 世纪传教士来华所起的作用更大。诚然，这些传教士带来了天文学、数学、地理学、制图学和建筑学等西方科学，但其影响仅局限于极少数的士大夫，几乎没有给中国科学的发展带来实质性的影响。从这个角度来说，以第一次鸦片战争为分界的理由似乎更为充分。但是，如果我们对前期的发展不甚了解，可能很难全面认清 19 世纪和 20 世纪科学所发生的变化。从历史回顾的角度来看，16 世纪和 17 世纪欧洲传教士的到来，为 19 世纪西方科学的大规模传入铺平了道路。

因此，有学者认为，应该将上述两种观点加以调和。一方面，把鸦片战争界定为近代中国的起点；另一方面，仍需介绍中国传统的国家和社会形态，因为这些形态制约了中国对 19 世纪外来挑战所做的反应。西方的入侵可以视为一种"催化剂"，客观上促使传统中国转化为近代中国。但是，如果对早期的机制缺乏一定了解，就很难理解这种转化的效果。[①]

若以物理学教科书的发展而论，中国近代的断代也存在上述问题。明清之际，中国重要的变化即为西方科学的输入，传教士与中国士人合作翻译了大量天文、历算类书籍，其中不乏物理学方面的论著。比

---

① 徐中约：《中国近代史（上册）》，计秋枫、朱庆葆译，香港中文大学出版社，2001，第 3-4 页。

如《远西奇器图说录最》为传教士邓玉函（Johann Terrenz，1576—
1630）口译、中国士人王徵笔述并绘图，于 1627 年在北京出版发行，
是我国第一部介绍西方力学和机械知识的著作，具有不可忽视的影响
力。① 另外，传教士南怀仁和清钦天监官员刘蕴德等合作翻译的《新
制灵台仪象志》虽为天文学书籍，但其中不乏力学和机械学等物理学
知识。这些论著虽不是明确的教科书，但对 19 世纪中叶以后的物理学
教科书的编译也有重要影响。一方面，19 世纪以后的传教士依然采用
西方人口译、中国士人笔述的形式翻译论著，使得明清时期译著中一
些词汇得以流传；另一方面，明清之际的物理学译著传入日本后在 19
世纪与 20 世纪之交又返回来，影响了中国的科学教科书。若以物理学
教科书而论，近代中国的起点定在 19 世纪中叶比较合适，因为新式西
方物理学教科书的传入正是从这时开始的。鸦片战争前后，新教传教
士虽然翻译了一些科学著作，但内容浮浅，质量不高。到 19 世纪 50
年代，墨海书馆翻译出版的几本科学译著具有较高的水平。如李善兰
与英国传教士艾约瑟合作的《重学》一书，底本是英国物理学家惠威
尔编著的教科书《初等力学教程》。李善兰还与伟烈亚力合作翻译了
《谈天》（1859 年），其底本为英国天文学家赫歇尔（John Frederic
William Herschel）的《天文学纲要》（*Outlines of Astronomy*）。此书
也是教科书，介绍了牛顿的物理学理论。因此，总体来看，我们对近
代教科书考查起于 19 世纪 50 年代，但对于一些具体问题如名词术语
和文法等，还需要追溯到明清之际。

----

① 王冰：《明清时期（1610—1910）物理学译著书目考》，《中国科技史料》，1986
年第 5 期，第 3 - 20 页。

第二节　学制演进

　　所谓"中学"，其实是在学制确定前后才出现的概念。学制的产生及演变直接或间接影响到教科书的内容及编排形式，因此需专辟一节讨论。陈宝泉（1874—1937）认为，中国近代学制可以分为五个阶段：一是无系统的教育时期；二是《钦定学堂章程》时期；三是《奏定学堂章程》时期；四是民国新学制颁布时期；五是学校系统改定学堂章程时期[①]。这一划分未免机械，且不切合实际。如《钦定学堂章程》并未施行，如果深入考查，此章程与随后颁布的《奏定学堂章程》并无实质不同。另外，在此时间内还有关于学制改革的章程或政策颁布。如光绪末期对《奏定学堂章程》进行的修订，以及1931年新学制的修正。

　　相较之下，王凤喈的三阶段论更为合理。第一阶段是新教育萌芽时期，起于19世纪中叶，至光绪二十七年（1901年）。此时期有单个的新式学校，无完整的新式学制。但这一阶段新式学校不多，大部分学校仍为传统的旧式学校，科举制度仍为这一时期教育的核心。第二阶段是新教育发展时期，从1902年至1921年，约20年。此时期不但有新式学校，而且有完整的新式学制。20年中，学制虽经多次改变，但重大改变不多，学制之根本精神依循日本学制。新式学校的数量逐渐增加，旧式学校数量逐渐减少，千余年来传统的科举制度在此期间被废除。第三阶段是学校系统改革时期，从1922年至1949年，此阶段学制的基本精神为之一变，转为模仿美国学制。[②]

---

①陈宝泉：《中国近代学制变迁史》，北京文化学社，1927，第1-2页。
②王凤喈：《中国教育史（下册）》，福建教育出版社，2011，第9页。

一、新教育萌芽时期

1850—1901 年是新教育萌芽时期。王凤喈将此阶段又分为两期，以 1894 年为界。前期有单个新式学校，多为专门学校，未设预备级。学生大多是旧教育出身，对学校开设的课目不甚了解。学校本身开办不认真，办学收效不大。1894 年以后为新教育阶段，虽也只有单个的学校，但学校本身组织较为严密，有了较为合理的运作程序。经甲午战争失败，有识之士深感过去所谓的新政新学不足以救亡，对于新教育有了进一步认识。此时期的学校，课程组织和分级分科等已有了较合理的安排，初具小学、中学和大学等分级制度。其中比较典型的是南洋公学的四院制和京师大学堂的三级制。

南洋公学于 1897 年由盛宣怀奏请设立，内分四院：一为师范院，相当于现在的师范学校；二为外院，相当于现在的附属小学；三为中院，相当于现在的中学；四为上院，即高等专科学校。以师范院培养教学人才，以外院为中院的预备。正如现在由小学而入中学，由中学而入大学。中院相当于二等学堂，上院相当于头等学堂，皆四年毕业。由此可见，此学制已具有现代学制的雏形。

京师大学堂于 1898 年由军机大臣总理衙门奏请设立，梁启超草拟章程，孙家鼐主办。章程共分八章五十二条。关于办学总纲、课程、入学、学成出身、聘用教习、经费等，均有详细规定；明确规定大学、中学、小学三级制。规定普通学科与专门学科有分别：以经学、理学、掌故学、诸子学、初级之算数、格致学与地理学、文学、体操为普通学科；而以各国语言文字、算学、格致学、政治学、地理学、农学、矿学、工程学、商学、兵学、医学为专门学科。格致学同时列入普通学科和专门学科，可见其重要性。京师大学堂章程实为中国最早之近代学制纲要，在历史上的价值不亚于后来 1902—1903 年颁布的新学制。值得一提的是，戊戌变法后，慈禧太后将一切新政、新学推翻无遗，唯京师大学堂得以保留。①

　　相比之下，第一阶段官办学堂的办学效果不好，自然科学的教学方面尤甚。郑观应在1893年曾说："方言馆及同文馆不过学习语言文字，至于天文舆地、算学、化学，真不过粗习皮毛而已。他如水师武备学堂仅设于通商口岸，为数不多，且未能认真学习，世家子弟皆不屑就，又以督理非人，教习充数，专精研习，曾无一人。"② 官办学堂教学效果之差可见一斑。然而，同时期的教会学校却取得了不错的成绩。当时，教会学校发展到2000多所，中学占1/10。这一时期甚至出现了教会大学，多是在中学的基础上添加大学班级而成，大学生总数不到200名③。其中，较具影响力的有1845年美国圣公会在上海创立的约翰书院，1866年在武昌设立的文华书院学校，至光绪末年，两校均改为大学；1864年美国长老会在山东登州设立文会馆，1871年发展成为当时水平一流的完全制中学，次年定名为"Tengchow College"，译成中文是登州书院或登州大学④；1888年美国美以美会在北京设汇文书院，1893年公理会在通县设潞河书院，后来两校合并为燕京大学；1881年美国督理公会在上海设中西书院，1897年在苏州设中西书院，后来两校合并为东吴大学；1885年美国长老会在广州及澳门等地设立学校，后来合并为岭南大学。这些学校，虽以传教为主要目的，但课程中注重自然科学教育⑤。也正因此，理化教学取得了很大进展，登州文会馆所用的几本"揭要"教科书所载物理知识水平远超同时期其他教科书。

---

①王凤喈：《中国教育史（下册）》，福建教育出版社，2011，第16-17页。

②同①，第13页。

③顾长声：《传教士与近代中国》，上海人民出版社，2013，第190页。

④韩同文：《广文校谱》，青岛师专印刷厂，1993，第33-34页。

⑤同①。

二、新教育发展时期

1902—1921 年是新教育发展时期。此时期新教育继续不断地发展，而学制也在持续改进中：一为《钦定学堂章程》，二为《奏定学堂章程》，三为《奏定学堂章程》的修正，四为民国初期学制的修正。

《钦定学堂章程》于 1902 年由张百熙奏拟，将整个教育分为三段七级。第一段为初等教育，分蒙学堂、寻常小学堂和高等小学堂三级；第二段为中等教育，只有一级；第三段为高等教育，分高等学堂或大学预备科、大学堂和大学院三级。中学堂以府治设置为原则，修业期限为四年，为高等学堂的预备。课程为修身、读经、算学、辞章、中外史学、中外舆地、外国语、图画、博物、物理、化学、体操。第三年起，设实业科，为高等实业学堂的预备，有文实分科的意味。中学之外，另设中等农工商实业学堂，以容纳高小毕业生中不能升入中学的学生。又附设师范学堂，造就小学教师，课程依照中学，只是每周减去外国语学习 3 小时，加设教育学及教授法。《钦定学堂章程》对于学校建筑、设备、学生出身等均有详细的规定，可称为中国第一次正式颁布的新学制。但颁布以后，未及施行，旋即废止，而代以新制。

《奏定学堂章程》系张百熙、张之洞、荣庆所奏定，于 1903 年制定，1904 年公布施行。该章程与《钦定学堂章程》基本相同，均以大、中、小三等教育划分，且年限大体相同；均以"中学为体，西学为用"为基本精神。两个章程的不同主要体现在《奏定学堂章程》在课程方面加重经学分量，如中学及师范每周授课 36 小时，其中经学占 9 小时，占全部课程的 1/4，较前加重了很多。另外，《奏定学堂章程》对于师范教育及实业教育规划更为周详，且较富有弹性。总之，《奏定学堂章程》基本沿袭了《钦定学堂章程》，上述不同只是微调。

《奏定学堂章程》颁布两年后，学部成立，学制方面有些许调整。宣统年间《中学章程》亦有修改，最重要的是文实分科。课程仍照原章程教授，分主课与通习两类：文科以读经、中国文学、外国语、历史、地理五科为主课，以修身、算学、博物、理化、法制、理财、图画、体操为通习；实科以外国语、算学、物理、化学、博物为主课，以修身、读经、中国文学、历史、地理、法制、理财、图画、手工、体操为通习。主课各门授课时间较长，通习各门学时较短，学生初入学时即分科学习，皆以五年毕业。1911 年又改订文、实两科课程，减少读经课时，增加外国语学习时长，每周授课时间仍为 36 小时。

1912 年 4 月设置教育部，7 月召集临时教育会议，首颁教育宗旨为"注重道德教育，以实利教育，国民教育辅之，更以美感教育完成其道德"。9 月颁布学制系统，称为"壬子学制"，距第一次颁布的"壬寅学制"正好 10 年。后来，陆续颁布各种学校令，与前次系统略有出入，综合起来可成一系统，称为"壬子·癸丑学制"。儿童自 7 岁入学，至 24 岁大学毕业，共 18 年，相较清末学制少 2 年。中等教育基本没变，只有一级，共 4 年。中学以"完足普通教育，造成健全国民"为宗旨，废止文实分科之制，课目为修身、国文、外国语、历史、地理、数学、博物、物理、化学、法制、读经、图画、手工、乐歌、体操等。1915 年，中学又实行文实分科。1919 年 4 月，教育部通令中学可以酌量地方情形而增减部定课目及时间，中学自由改制者渐多，实行分组分科者也不少。

此期之初，新学制已正式产生，未及施行，即已修正。其后又经数次修正，如读经分量的减少，女子教育的列入，毕业年限的缩短，均系合乎事实的需要。此期学制，大体模仿日本，虽经数次修正，但始终未能脱离日本学制色彩。就中国近代科学教育的发展历程来看，新学制的推行是一个重要的分界线。随着新学制的推行，科学教育纳入了中国的基础教育体系，这就使中国的读书人普遍接受了基本科学知识教育，中国的知识阶层逐步建立起近代科学观念。五四运动的参与者和民国初年留学回国的科学家，大都是在这一时期在国内接受了中等教育。如果没有这一段科学教育的基础，他们在国外的专业学习或许难度更大、费时更长。

三、学校系统改革时期

1922—1949 年是学校系统改革时期。清末民初，因为地理与文字比较接近，留学者以留日居多。然而，民国六七年（1917—1918 年）后，留学美国的学生逐渐多起来，在社会上的影响也逐渐增大，倡导美国"六三三"学制的声音也逐渐增强，发展个性、分目选课等教育理念日渐普及。此为 1922 年学制改革的时代背景。

1922 年，教育界不少人士对"壬子·癸丑学制"提出很多批评：第一，预科制阻碍学制统一；第二，小学年限太长，不适合国民的经济能力；第三，中学科目太笼统，使升学与就业均感困难；第四，各级学校科目过于硬性，缺乏选择自由。当年，教育部召开学制会议，对联合会草案加以修正。新学制也分三段，即初等教育、中等教育和高等教育，主要以青少年身心发展为依据来划分。童年期：6～12 岁，对应初等教育段；青少年时期：12～18 岁，对应中等教育段；成年时期：18～24 岁，对应高等教育段。中学修业年限为 6 年，分为初、高两级，初级 3 年，高级 3 年。高级中学与初级中学可以并设，但在特别情形下，也可单设。初级中学施行普通教育，视地方需要，兼设各种职业科。高级中学分普通农、工、商、师范等科，但地方得酌量实际情形，单设一科或兼设数科。1926 年，国民革命军北伐，第二年定都南京，对学制又有修正。中等教育最大的变动是将普通中学、职业学校、师范学校分别单独设立。

总之，自 1902 年颁布新学制后，学制有多次变革。但这些变革，很少是根据实际的需要、基于客观的考查，大部分是根据执政者的意见，奉外国学制为圭臬。清末民初学制以日本学制为参考，1922 年的新学制又以美国学制为模板。因此，将学制的发展分为三期陈述比较合适：最初 50 年为新教育萌芽时期，有新式之学校而无新式之学制；次 20 年为新教育发展时期，已有正式之学制；第三阶段为学校系统改革时期。①

第三节　近代中文物理学教科书的发展

物理学教科书尽管受到学制变迁的影响，但两者的发展并不完全重合，因为物理学教科书还受到物理学发展的制约。自 19 世纪后半叶到 20 世纪初，物理学已发展成科学中最为重要的学科之一。因此，物理学教科书在诸多门类科学教科书中颇具代表性。物理学作为一门独立的学科，形成于 19 世纪中叶，最初是从自然哲学中分化出来的。②至 20 世纪初，物理学已成为"自然科学之王"，是揭示自然规律、探索宇宙奥秘最重要的学科之一③。与此同时，随着科学内部学科的分化重组、物理学共同体的形成，物理学教育逐渐成为西方科学教育的重要部分。从一定意义上说，19 世纪中叶的物理学教科书正经历发展的黄金时期，在培养新生力量、传播科学知识的过程中起了重要作用。④ 实际上，物理学共同体的形成与物理学教科书的发展是相辅相成的。一方面，日趋完善的物理学共同体催生了新式物理学教科书，使其向着共同体所期望的方向演进；另一方面，逐渐成形的物理学教

①王凤喈：《中国教育史（下册）》，福建教育出版社，2011，第 42-43 页。

②Robert H. Silliman，"Fresnel and the Emergence of Physics as a Discipline," *Historical Studies in the Physical Science* no. 4（1974）：137-162；Maurice Crosland and Crosbie Smith，"The Transmission of Physics from France to Britain：1800—1840," *Historical Studies in the Physical Sciences* no. 9（1978）：1-61.

③Iwan Rhys Morus，*When Physics became King*（Chicago：University of Chicago Press，2005）

④Adam R. Shapiro，"Between Training and Popularization：Regulating Science Textbooks in Secondary Education," *ISIS* 103，no. 1（2012）：99-110.

科书则为共同体塑造了源源不断的后备人才。

　　然而，19世纪后半叶的中国，正面临巨大的内忧外患。当时中国有识之士逐渐认识到，非大力培养人才、积极学习西方文化而无以求存图强。在西方文化中，西方科技最具吸引力。而在西方科技中，多认为物理学最为关键。1862年，清政府开办京师同文馆。1869年，丁韪良擢升为同文馆总教习，在其推动下，格物学（即物理）成为正式课程。1888年，同文馆增设格物馆，专设格物一席。据《同文馆提名录》记载，光绪二十四年（1898年）增设此馆的理由是："察格致一门，为新学之至要，富国强兵，无不资之以著成效。总教习于稽察各馆功课之暇，向以此学教馆生，旋于光绪十四年，因馆课日繁，申请堂宪专设格物一席，以英文教习欧礼斐充补，俾广其传，以启后进。"① 引文的"格致"即泛指科学，而"格物"则特指物理。为此，丁韪良等还专门编纂了中文物理学教科书《格物入门》，之后又编成《格物测算》。此后，一些教会学校也积极开设物理课程，编写了一些颇具影响力的物理学教科书。可惜，当时中国闭塞保守，国人虚骄自大的心态犹未消泯，以致包括物理在内的科学教育事业一向不为社会所重视，收效不大②。甲午战争战败之后，国人开始觉悟，知日本之强大是其善于学习西洋科学所致。故此，包括物理学在内的科学教育逐渐受到清政府的重视。20世纪初，随着废科举、兴学堂、推行新学制等一系列改革举措的实施，物理课程成为新式学校教育的重要部分。严复在20世纪初发表《论今日教育应以物理科学为当务之急》一文，提出"物理科学一事，不独于吾国为变化士民心习所不可无，抑且为

---

① 朱有瓛：《中国近代学制史料·第一辑（上册）》，华东师范大学出版社，1983，第18页。
② 徐一士：《一士类稿一士谈荟》，书目文献出版社，1984，第382页。

富强本计所必需"①。严复所谓的物理科学，与现代意义上的物理学虽有不同，理解为自然科学或更为贴切，但其希望清政府加强以物理为首的科学教育的想法是显而易见的。可见，物理学在当时士大夫心中已占据相当重要的位置。

清末民初，随着物理学教科书的翻译和引进，其在物理学知识传入中国的过程中起了重要作用。一方面，在一些官办学校中，由于缺乏精通物理的教员，大多数学生只得根据教科书的内容学习物理。一般情况是，教师在讲台上读教科书，学生在下面附和。因此，字数是否合适成为评价物理学教科书的一个重要标准。有些教科书甚至直言每堂课念多少字为宜。因此，早期的物理学教科书承载了主要的物理教育功能。另一方面，在学校外，物理学教科书作为科普读物也颇为盛行。一些心向西学的有志之士纷纷购买此类书籍学习西方物理知识。比如，钱锺书的父亲钱基博在其《自我检讨书》中就说：由于条件所限，无法接受正式西方科学教育，为学习西方科学知识，利用《国粹学报》征文所得 20 元奖金购买了饭盛挺造（1851—1916）所著《物理学》自学，后来自发组织理科研究会，聘请教师，购买物理仪器和设备进行自学。当时他们用的是日文原本，中文译本还未出版。为给其他学生提供方便，钱基博还主动翻译此书。② 由此可见，物理学教科书在当时物理学知识传入中国的过程中有重要作用。

近代中国的物理学教科书经历了早期的口译笔述、后来的译自日本，以及直接英译等发展过程，经过多次学制变迁和教育改革，最终至 20 世纪二三十年代才基本定型。起初，为推行科学教育，一些教会学校编译了多种科学教科书。据不完全统计，早期物理学教科书有 40

---

①严复：《论今日教育应以物理科学为当务之急》，载冯克诚主编《清代后期教育思想与论著选读（下）》，人民武警出版社，2011，第 302 - 309 页。

②钱基博：《自我检讨书》，载傅宏星编撰《钱基博年谱》，华中师范大学出版社，2007，第 263 - 286 页。

余种，其中大多以西方人口译、中国人笔述的方式编译而成。从现代的角度看，这些教科书尽管存在不足，但它们开创中国物理学教科书之先河，为此后物理学教育的发展奠定了基础。

甲午战争后，随着大量中国人留学日本，大量日本科学教科书被译成中文。1902 年，清政府颁布《钦定学堂章程》，但未施行。1904年 1 月，颁布《奏定学堂章程》。这是中国第一个正式在全国范围内推行的学制，科学教育从此正式纳入了中国的教育体制。新学制颁布不久，各级学堂特别是小学学堂和中等学堂、师范学堂在全国各地兴办起来。从此，自然科学知识成为中国学子们的必修课程。"癸卯学制"是日本学制的翻版，随之而来的是日本教科书的翻译运动，大量的日文教科书被译成中文，成为各级学堂的主要科学教材。为了规范教科书的内容，1905 年新成立的学部自 1906 年起实行教科书审定制度，试图使教科书的编撰逐步规范化。王有朋编辑的《中国近代中小学教科书总目》收录了现存的 1900—1910 年译自日本的物理学教科书近 20 种①，几乎涵盖了当时日本出版的所有物理学教科书。当时这些书在国内颇为流行，一方面供新型学堂使用，另一方面是社会普通读者学习物理的主要媒介。日译物理学教科书无论在名词术语、语言表述及知识结构等方面远胜之前的口译笔述教科书，揭开了中国新式教科书的新篇章。

民国初期，学制经过两次比较大的调整，中小学科学教育进一步完善。经广泛采用"教育部审定教科书""共和国新教科书"等几批流行的教材，教科书进一步定型，商务印书馆、中华书局、世界书局等成为教科书的主要出版社和供应商。其间，随着国内精通英语的人日渐增多，一些西方的物理学教科书被直接译成中文。然而，真正使中

①王有朋：《中国近代中小学教科书总目》，上海辞书出版社，2010，第 688 – 700 页。

文物理学教科书成形的还是自编教科书。自编教科书相对比较复杂，可以说各个时期都有，深浅程度不一。比如，在自强运动时期，口译笔述的教科书大多是编译而非直接翻译，这些书大多基于多种底本译成。1895年后，一些留日学生在翻译日本教科书之余，也自编了一些书，这些书大多是基于几种日本教科书东拼西凑而成。民国时期，随着国内精通英语的科学人才的增多，自编教科书日趋成熟，且逐步适应了国内教育。

总之，中文物理学教科书历经口译笔述、译自日本、译自英美及自编等阶段而最终定型。近代几次学制的变革为中文物理学教科书的发展提供了重要的外部环境，而西方物理学知识的发展和传入成为中文物理学教科书发展的重要内在因素。总的来看，物理学教科书的编译、编撰，首先要解决名词术语的翻译和统一问题。从翻译的语言和名词术语的特征来看，从1850年至1949年近百年间，教科书的发展大致可以划分为三个阶段：第一阶段为19世纪后半叶。此阶段教科书的编译工作，主要以来自西方的英美教科书为蓝本，以中外人士的合作翻译为主，由外国人口译为汉语，中国人笔录整理定稿，名词术语的翻译各行其是，未能统一。实际上许多重要术语的翻译也并不准确，如物质名词和一些重要术语与概念主要采用音译处理，少量的意译也未能规范，读者难以理解。第二阶段为甲午战争后至辛亥革命前后。此阶段以译自日本的教科书为主，大量的日译名词术语概念引入中国，取代了19世纪后半叶的大多数教科书。学部开始审定教科书，颁布数理化等基本术语标准，但教科书仍呈多样化的形态。这一时期的名词术语主要借自日本，也未能统一。第三阶段为中华民国建立至中华人民共和国成立前。此阶段与前两个阶段教科书以编译为主不同，国人编撰的教科书成为主流，在内容的取材、名词术语的统一方面，经过教育界和政府教育机构的努力，教科书基本完成了本土化，形成了有我国特色的现代中小学科学教科书体系。然而，物理学教科书并非单

一、孤立的，其发展演变与多种因素息息相关。作为传播物理学知识的主要载体，近代物理学的演进势必影响物理学教科书的知识结构；物理学名词术语及物理书面语等表述形式也经历了颇为复杂的演变历程。此外，作为书的一个门类，物理学教科书的发展也受到出版、印刷等方面的影响。

第四节　中文物理学教科书的由来

我们在此讨论"物理学教科书"名称的由来。从字面上看，物理学教科书由"物理学"和"教科书"两个名词构成，因此有必要先搞清楚这两个词的产生及演变脉络。学界关于"教科书"和"物理学"的命名及演变已有相关研究，这些将是下面讨论的基础。本节先讨论"教科书"名称的由来，进而介绍"物理"和"物理学"名称的历史源流，最后讨论"物理学教科书"名称的产生及演变。

一、"教科书"名称的由来

中国古代文献中没有"教科书"一词，"功课""课业""课本""教材""读本"等名词倒是曾出现在古代文本中，有着与"教科书"相近的指代。古代中国，隋唐时期就已存在天文、算学类的"教科书"。《隋书·天文志》中有载："高祖平陈，得善天官者周坟，并得宋氏浑仪之器。乃命庾季才等参校周、齐、梁、陈及祖暅、孙僧化官私旧图，刊其大小，正彼疏密，依准三家星位，以为盖图。旁摘始分，甄表常度，并具赤黄二道、内外两规。悬象著明，缠离攸次，星之隐显，天汉昭回，宛若穹苍，将为正范。以坟为太史令，坟博考经书，勤于教习，自此太史观生，始能识天官。"① 可见，绘制这些星图的主要目的是为太史官认星，从一定意义上说具有教科书的功能。唐初李淳风等人注释十部算经，于高宗显庆元年（656 年）完成，作为国子监算学馆的教学用书。此后出现的星图、星表等专门资料，具有现代教科书的功能。但从总体上看，科举奠定了中国古代的考试制度，但并没有相应的学校制度。国子监可谓是中国古代最高的教育机构，但却没有一个如现在这样的教室用于教学，而包括《周髀》在内的"算经十书"与现代教科书也还有相当差距。

发表在《第一次中国教育年鉴》中的《教科书之发刊概况》一文对教科书这一名词的出现过程有介绍："清同治光绪年间，基督教会附设学堂传教，光绪二年举行传教士大会时，传教士之主持教育者，以西学各科教材无适用书籍，决议组织'学堂教科书委员会'。该委员会所编教科书，有算学、泰西历史、地理、宗教、伦理等科，以供教会学校之用，间以赠各地传教区之私塾。教科书之名目是始于我国矣。"② 其中所说的"学堂教科书委员会"其实就是"学校教科书委员会"，英文名为"The School and Textbook Series Committee"，最初译为"益智书会"。清末时期，益智书会出版了不少教科书，但未使用"教科书"一词，而是用传统称谓"读本""纲要""入门""基础"等名词指代。因此，最迟到 19 世纪七八十年代，还没有明确使用"教科书"一词。③

"教科书"一词大概出现在 19 世纪末。在《建造常识：教科书与近代中国文化转型》一书中，毕苑将"教科书"名词的定名和使用分

① 魏徵等撰：《隋书·天文志》，载《历代天文律历等志汇编·第 2 册》，中华书局，1975，第 543 页。
② 中华民国教育部：《教科书之发刊概况》，载《第一次中国教育年鉴》，第 115 页。
③ 毕苑：《建造常识：教科书与近代中国文化转型》，福建教育出版社，2010，第 3 页。

为三个阶段：第一阶段是 1900 年之前，"教科书"一词首次出现，有了初步的接受、使用；第二阶段是 1901—1911 年，在清末新政时期，"教科书"名词出现在官方文牍中，仍与其他近义词如"课本""教材"等混用，使用频率相较第一阶段有明显提升；第三阶段是中华民国以后，"教科书"这一名词得到广泛的认同和使用，成为官私行文中的常用名词，其他的如"功课书"和"课本"之类的名词迅速减少甚至绝迹。[①] 但毕苑在该书中并未讨论"教科书"一词在中国是如何出现的。

实藤惠秀（1896－1985）认为，"教科书"一词源自日本，清末凡以"教科书"为名的书籍，都可看作"从日文翻译过来的东西"[②]。笔者认为此说法与史实不符。比如，清末商务印书馆翻译的《最新中学教科书·物理学》（1904 年）是谢洪赉从美国教科书直接翻译过来的，而伍光建编译的《最新中学教科书·物理学》主要基于法国物理学家加诺编著的《基础物理学》。但说"教科书"一词源于日本，这个结论应无异议。实际上，在 1869 年之前出版的《日本教科书制度提要》即已提到"教科用图书"，比较接近"教科书"；1875 年已有《教科书字引》《上野国地志概略：小学教科书》出版。日本在 19 世纪 80 年代已出现以"教科书"命名的书籍，如《实物算数教科书》和《笔算教科书》等。

实际上，甲午战争之前，中国士人虽发起自强运动，希望通过引入西方的科技使国家富强，但在中国士大夫内心深处，还没有足够的意愿放低姿态去真心学习西方科技。甲午战败对中国士人的冲击之大是前所未有的。那时的中国人开始意识到，有必要认真学习西方的科学技术，而通过日本学习西方是一个相对比较简单的途径。在此之前，

①毕苑：《建造常识：教科书与近代中国文化转型》，福建教育出版社，2010，第 3-9 页。
②实藤惠秀：《中国人留学日本史》，谭汝谦、林启彦译，北京大学出版社，2012，第 193 页。

"教科书"一词在中国并未出现在书名当中。而此后，1897 年，南洋公学成立，开始使用《笔算教科书》，之后董瑞椿翻译了《物算教科书》，这两本书很有可能译自日本。

20 世纪初，"教科书"一词的使用更加频繁。最终，这一名词成为主导有两个主要原因：一是"教科书"名词在官方文牍中频繁使用，二是出现了大量颇具影响力的以"教科书"命名的教材。1901 年，刘坤一、张之洞的奏折中使用了"教科书"名词。同年 5 月，罗振玉在《教育世界》第一号中称，该杂志将介绍日本各种"教科书"。在后续的文章中，他的确介绍了日本小学使用的"教科所用图书"和中学使用的"教科书"。夏谐复（1874—?）曾在《教育世界》发表文章，将教科书定义为："教科者，教育之标目；教科图书者，教育之材料。"①商务印书馆和文明书局是 20 世纪初兴起的两个重要出版机构，出版了大量教科书，大多是以"×××教科书"命名。比如，文明书局的"蒙学教科书"系列，商务印书馆的《矿质教科书》《格致教科书》，后来还出版了"最新教科书"系列。"最新教科书"系列颇具影响力，被当时大多出版社模仿，后来创建中华书局的陆费逵曾回忆说："其时学部所出教科书，听各省翻译，然编法体例，完全仿商务最新本，其太深、太多、欠联络、欠衔接更有甚焉。但因政府的势力，销数却占第一。"②

1912 年，中华书局诞生，出版了一系列教科书，以"中华教科书"命名。同时，商务印书馆出版"共和国教科书"系列。这两个出版机构的教科书占据了当时教科书市场的大半份额。正是因此，"教科书"名词深入人心，成为教育用书的标准指代词。

---

① 毕苑：《建造常识：教科书与近代中国文化转型》，福建教育出版社，2010，第 5 页。
② 陆费逵：《六十年来中国之出版业与印刷业》，载俞筱尧、刘彦捷编《陆费逵与中华书局》，中华书局，2002，第 472-480 页。

二、"物理"和"物理学"名称的历史源流

"物理"和"物理学"这一名称的产生经历了一个曲折的过程。在古代欧洲，"物理学"等同于"自然哲学"，是通过理性分析和形而上学来研究的理论科学①。欧洲物理学是从中世纪的自然哲学中分化出来的一门学科，大体经历了三个阶段：第一阶段是近代早期对中世纪时期传统自然哲学的重新改造和界定，到牛顿的《自然哲学的数学原理》一书出版为止；第二阶段是几门实验物理学如光学、电学和热学的力学化和定量化过程，到 18 世纪末为止；第三阶段是特殊的实验物理学经历能量概念和定律的转化及改造，形成一个概念清晰、逻辑自洽的整体物理学，到 19 世纪中叶完成。

欧洲物理学论著译成中文可以追溯到 17 世纪。当时正值明清之际，一些西方自然哲学论著被译成中文，如《西学凡》《空际格致》《名理探》等，这些书中有不少涉及"physica"或"physics"的翻译，有"格致""格物""穷理""形上学"等译名。《职方外纪》将"physica"音译为"费西卡"，还有的译为"费西伽""涑尼渣"等②。以上这些书基本上是以亚里士多德的所谓"物理学"为主，译名主要指代中世纪后期、近代前期未分化的"物理学"。因此，当时的物理学基本等同于自然哲学。③

较早将"physica"和"physics"译成"物理学"或"物理"的是 20 世纪初的教科书。藤田丰八翻译了饭盛挺造的《物理学》三册，此书由王季烈校点、润色，于 1901—1903 年出版。藤田丰八最初希望用

---

① 爱德华·格兰特：《近代科学在中世纪的基础》，张卜天译，湖南科学技术出版社，2010，第 234 页。

② 王冰：《我国早期物理学名词的翻译与演变》，《自然科学史研究》1995 年第 3 期，第 215-226 页。

③ 同①，第 166 页。

中国传统的"格致"对应日文的"物理学",但王季烈认为"物理学"更精准,他的意见被采纳,自此物理学之名开始在中国流传①。当今科学史研究者在讨论"物理学"名词的由来时多以王季烈校点的《物理学》为起点②。这时的物理学指代已经完成分化转型的"physics"。

其实,"物理"一词在中国可以追溯到战国时期,但其基本含义与现代意义上的物理不同。中国古代"物理"一词泛指事理、道理或万物之理。古代有以"物理"为名的书,如晋代杨泉所著的《物理论》,明末王宣撰写的《物理所》,以及明末清初方以智(1611—1671)所著的《物理小识》,后两部书名"物理"的含义与亚里士多德所讲的"物理"比较接近,属于大物理的范畴。可见,我们现代所用的"physics"译名"物理学"是从日本传入的。当然,日文"物理学"一词的翻译和形成很可能借用了古代中国的"物理"一词。③

三、"物理学教科书"名称的产生及演变

那么,早期"物理学教科书"这一名称又是如何产生和变化的呢?早期的物理学教科书多为专门用书,只介绍物理学的某一分支,如光学、力学、热学、声学等。李善兰和艾约瑟合译惠威尔的《重学》属比较早的这类书。此书于1852年开始在上海翻译,首版由墨海书馆于1859年出版。此书专业程度较高,因而研究学者多将其归入学术类著作。④ 实际上,《重学》的底本是英国物理学家惠威尔的《初等力学教程》第五版,是剑桥大学物理学教材。所以严格来说,此书应属物理学教科书。另外,较早的具体门类的物理学教科书还包括金楷理(Carl

---

① 王季烈:《共和国教科书·物理学》,商务印书馆,1914,序言。
② 胡升华:《"物理学"名称考源》,《科学》,1999年第1期,第42 - 44页。
③ 张秉伦、胡化凯:《中国古代"物理"一词的由来与词义演变》,《自然科学史研究》1998年第1期,第55 - 60页。
④ 王冰:《明清时期(1610—1910)物理学译著书目考》,《中国科技史料》1986年第5期,第3 - 20页。

T. Kreyer）和赵元益合译的《声学》《光学》，分别于 1874 年、1876 年由上海江南制造局出版发行。后来赫士编译了三本物理学"揭要"，即《声学揭要》《光学揭要》和《热学揭要》，也属于此类物理学教科书。

丁韪良编著的《格物入门》和《格物测算》是较早的综合性物理学教科书。这两本书包括液体、气体、光学、热学、电学、力学等门类，还包括一些化学知识，且另设"测算举隅"一卷，包括测算水学、气学、光学、力学等部分。《格物入门》于 1868 年初刻，七册大开本，线装书。后来，丁韪良又以《格物入门》中的"格物测算"为基础，编成八卷本的《格物测算》，每章末附有"演题""附题"及答案，于 1883 年出版。《格物入门》对应的英文名是"natural philosophy"，《格物测算》对应的英文名为"mathematical physics"。可见，在当时传教士心中，"physics"和"natural philosophy"有不同含义，"physics"是指以测算为主的物理学，而"natural philosophy"则指测算程度较低的物理学。

丁韪良编著的这两本书最初是作为京师同文馆的教科书编写的。从这两本书的书名看，丁韪良显然是将"natural philosophy"和"physics"都译成了"格物学"，这一译名在当时的传教士中似乎达成了一定程度的共识。比如，1879 年林乐知翻译的《格致启蒙·格物学》，底本是斯图尔特（Steward Balfour，1828—1887）的 *Science Premer Series*，*Physics*。由此可知，中文的"格致"对应着英文的"science"，而格物学对应着"physics"。此书还曾被艾约瑟翻译，译名为《格物质学启蒙》，与林乐知的译名不同，艾约瑟将"physics"译为"格物质学"。"格物质学"译名被后来的潘慎文使用。《格物质学启蒙》于 1894 年由美华书馆出版，是西方传教士与中国人合译的物理学教科书中比较完整的一本，包括力、电、光、热等部分。此书在教会学校影响颇大，至 1902 年时还有再版。另外，传教士赫师慎译编《形性学要》，徐汇汇报馆于 1899 年再版，底本是《加诺大众物理学》

（*Ganot's Popular Physics*）。可见，作者将"physics"译成了"形性学"。

20 世纪初，大量中国学生留学日本。留日学生翻译了很多日文物理学教科书，这些书大多采用"物理学"这一名称，与日文名相同。如陈榥曾翻译日本物理学家水岛久太郎的《中学物理学教科书》，中文书名与日文书名相同，这是第一部直接以"物理学教科书"为名的教科书。此后，王季烈翻译的《近世物理学教科书》在当时也颇具影响力，行销甚广。

本章小结

总的来看，本书所谓的近代中国，主要是指从 1850—1949 年近100 年的时间。中国物理学教科书的发展受到学制的影响。在这段时间内，学制虽多次改变，但其实质仅发生三次主要变迁，分别是 1902年前的无系统学制时期；之后的 20 年，是受日本学制影响的时期；1922 年之后是普遍施行美国学制的时期。但教科书的发展与学制的演变并非同步。中文物理学教科书的发展大体可以分为三个阶段：甲午战争前，以传教士翻译的物理学教科书为主；之后到清政府被推翻的10 多年间，日译物理学教科书占主导地位；后来，以译自英美的物理学教科书和自编教科书为主。"物理学教科书"名称的出现大概是在第二个阶段，其产生和发展经历了曲折的过程。

第四章
赫士编译的《光学揭要》和《热学揭要》

　　清末，新教传教士来华传教，与明末清初耶稣会士相同，他们采用了科技传教的策略；不同的是，他们获得了开办学校的权力，开办了许多教会学校。教会教育是传教士布教及培养宗教人才的重要手段，自清嘉庆十二年（1807 年）新教徒（protestant missionary）东来之后，即十分重视教育工作。尤其在《南京条约》签订之后，上海、广州、厦门、宁波、福州五个通商口岸开放，传教士即向这些城市扩张；签订《天津条约》后，传教士更可自由至各处传教，教堂、学校也随之兴建。至 1877 年，传教士在中国已设有 347 所学校，收容学生达 5917 人①。当时的教会学校在开展宗教教育的同时，也推行了科学教育。伴随着学校和学生的增多，科学教科书的编纂和使用成为一个重要的问题。为此，传教士还成立了专门协调教科书编写的组织"益智书会"，其英文名翻译成中文是"学校教科书委员会"，主要致力教科书的编纂和科学术语的创制及统一工作。从一定意义上说，这些传教士编纂的科学教科书是中国最早的一批科学教科书，成为日后教科书的基础，对中国推行科学教育有很大的推动作用。然而，学界对这些书的研究还远远不足。本章试图以赫士编译的《光学揭要》和《热学揭要》为中心，探讨传教士口译笔述类物理学教科书。这两本书是赫士于登州文会馆执教期间根据授课讲义编译而成的，底本主要是加诺的《基础物理学》，曾在登州文会馆及其他教会学校和官办学堂使用，颇具影响力。本章结合一些原始史料，考查这两本书的底本及其作者、

①*Records of the General Conference of Protestant Missionaries of China Held at Shanghai* (Shanghai，1877)，p. 480.

使用的术语、使用和影响等问题。

第一节　教会学校与益智书会

　　伴随着中国旧制度的瓦解、西学的引进，近代中国教育也经历了新旧体制嬗变的过程。传统教育体制开始衰落，适应近代社会需要的新教育逐渐崛起和确立，传教士在华的教育活动构成了这一历史进程的重要部分。新教对华传教运动开始后不久，教会学校就伴随传教士的足迹在南洋和澳门等地相继出现。早期的教会学校"仅仅作为诱导学生前来的一种手段，其目的是让他们皈依基督"①。在这一思想主导下，教会教育一直没有太大起色，大多数学校停留在初等水平，根本没有西方科学教育，当然也就不需要相应的教科书。然而，19世纪60年代以后，伴随着洋务运动的兴起，中国社会改变了对西学的看法，洋务事业的兴办也刺激了国内对西式人才的需求。一些敏锐的传教士对传统的办学模式进行了反思，教会教育开始进入新阶段。②

　　1877年5月，在华新教传教士在上海召开第一次大会。会上，狄考文对当时教会学校的办学模式和理念提出批评，指出直接为福音布道服务的办学理念是片面且不完整的，它束缚了办学者的手脚，使教会学校停留在初等水平，教学内容也主要限于教义课本。他认为这种福音化的办学模式无法真正推进传教士传教，因而必须全面修正。狄考文说：

　　　　赞成设立学校者认为学校有两种不同目的，一是学校集

①Calvin W. Mateer, "The Relation of Protestant Missions to Education," *Records of the General Conference of the Protestant Missionaries of China Held at Shanghai*, May 10 - 24, 1877, p. 171 - 180.
②王立新：《美国传教士与晚清中国现代化》，天津人民出版社，2008，第118页。

合异教男女幼童，教以基督真理，冀其将来成为信徒或布道者。一是以学校为间接工具，先开拓民智，为基督真理铺路。

这两种目的，在我看来，均不完整。第一种见解最为普遍，但所见极其浅薄。正是这一观念的流行导致大部分教会学校一直还处于初等水平，所用的书籍也仅限于宗教书籍……另一种见解，即间接工具论，涵盖虽欠广，但已近乎真实。我认为教会教育之目的，在于培养幼童的智力、德行和宗教信仰。不仅使他们成为上帝的功臣，维护并宣扬基督真理，并借教会学校传播西方文化和科学知识，提供物质方面与社会方面的贡献。这种贡献最为重要，也最易证明，且最为实际，大众也乐意接受。我所知道的是，通过让他们花很多时间和精力来讨论外国及哲学、地理学、天文学等这些问题能够让他们交到朋友并摒除偏见。①

对此，狄考文提出五点建议，其中的三点对科学教育最为关键：第一，改革教学内容，提高教育层次。教会学校不仅要讲授圣经和汉文经典，还要培养好的学者，教授他们地理学、数学、历史和科学。为此要编写科学教科书。第二，提高教育水准，在中国建立一些高水平的学校。第三，为了取得更好的效果，教会学校应进行合作和分工，传教士个人零星办学的局面需要打破。狄考文说："西方文明与进步的潮流涌向中国，这股不可抗拒的潮流必将遍及全中国，许多中国人正在探索和渴望学习使西方变得如此强大的科学。"因此，"传教士要努力培养在中国的这场注定要出现的伟大变革中起带头作用的人才"。狄考文提出，教会学校承担西学的任务将大大有利于传教事业：第一，教会学校培养出来的"精通地理学、物理学、化学和天文学知识的中国牧师将取得其他途径无法得到的影响和声誉"，而且由于传教士掌握

①Calvin W. Mateer，*The Relation of Protestant Missions to Education*.

了科学知识，也会取得士大夫的尊敬和信任。第二，教会学校传播科学和艺术可以有效地根除迷信，为基督教的胜利开辟一条大道。第三，如果虔诚的人和基督徒不准备控制和指导这场潮流，它将会被异教徒和不信教的人所控制，科学、艺术和物质的改善就将堕入基督教敌人的手中，被用来作为阻碍真理和争议发展的强大武器。因此，基督教会的良机，就在于培养既能以基督教真理来影响又能领导这场伟大的精神和物质变革的人才。[1]

狄考文此论一出，深得马勘兹（Mackenzie）的赞许，他说："我钦佩狄考文的远见，赞成他的看法。传教士的职责，应该是培育正在中国成长的教会，使之成为有教养、有智慧的教会。我们应该尽全力提供高等普通的基督教教育。"[2]

为了达到提高科学教育的目的，科学教科书成为重要的途径。会中之文艺委员会（Committee on Literature）建议组织一个委员会，为当时各教会学校编撰一套学校用书，委员有丁韪良、威廉臣、狄考文、林乐知、利启勒和傅兰雅等人。大会接受此项建议，并任命丁韪良为这个新组建委员会的主席。此委员会定名为"The School and Textbook Series Committee"，中文名为"益智书会"。益智书会委员经过多次商讨之后，决定编撰两套学校用书，分别供初等学校和高等学校使用，包括数学、天文、测量、地质、化学、植物、历史、地理、语文、音乐等科目。益智书会的主要工作有两项：一是编辑出版教科书，二是统一译名。

1877—1890 年，教会学校无论从数量、规模还是质量和水平上都

---

[1] Calvin W. Mateer, *The Relation of Protestant Missions to Education.*
[2] *Records of the General Conference of Protestant Missionaries of China Held at Shanghai*（Shanghai，1877），p. 203.

有了进展，教会学校的学生从 5917 人增至 16830 人①。光绪十六年
（1890 年）的教会学校的数量，较光绪三年（1877 年）增加近 2 倍；
高等学校的数量也近乎翻倍，并成立了一些职业学校。当时的教会学
校各自为政，并没有统一的政策可循，也缺乏统一的考试标准，各教
会之间甚至相互攻击。而当时的益智书会，虽然在出版方面有所贡献，
但没有为从教的传教士提供更多的交流机会，随着学校和学生的增多，
教学问题也更加严重而复杂。光绪十六年（1890 年），在第二次在华
传教士大会之前，武昌一所教会中学校长巴克（Rev. W. T. A.
Barker）就提出："中国学习西学日增，每年皆有学校成立，其中教会
学校所占分量尤为重大，设立学会的需求也非常迫切。"第二次在华传
教士大会上，蒲纳（Rev. N. J. Plumb）再度呼吁教育界人士合作，
相互了解各自的工作情况、教学方法及教育计划等；统一译名、统一
管理和统一考试等，这些最为重要；同时共同设立师范学校。益智书
会的主编傅兰雅建议成立一个新的委员会，由实际从事教育工作人员
组成，代替原有的益智书会。大会采纳了傅兰雅的建议，决定在益智
书会的基础上成立一个新的组织，英文名为"The Educational Associ-
ation of China"（直译为"中国教育会"），中文名称仍沿用"益智书
会"，直到 1905 年才改称"中华教育会"。

改变益智书会的另一背景是中国社会的变化。19 世纪 80 年代中
期，部分改良主义者提出对科举制度进行"变通"，将科技和西学纳入
科举考试，称为"破格"。一些传教士认为中国教育制度的变革即将来
临，而如何控制和影响这场变革朝着有利于传教的方向发展成为他们
关注的问题。这一目标只有通过传教士的集体力量才能实现。但当时
的益智书会不过是一个编辑和出版机构，急需形成一个新的组织，以

①*Records of the General Conference of the Protestant Missionaries of China Held*
　at Shanghai，May 7 - 20，1890，p. 732.

实现影响中国教育变革的目的。1890 年 3 月，英国传教士巴伯（W.
A. T. Barber）建议将益智书会改为考试委员会（Examining Board），
同清政府，特别是官立学堂合作，对在华的西式学堂进行统一的考试，
并对中国整个西式教育进行指导①。实际上，中华教育会是希望其编
辑出版的教科书占据中国所有西式学校的课堂，通过教科书来影响中
国青年。在 1890 年第二次在华传教士大会上，威廉臣在代表教科书委
员会所做的报告中就提出，传教士不应仅为基督徒提供书籍，还应关
注非基督徒，特别是中国青年，努力为中国的青年提供教科书和其他
用书。威廉臣说："中国的希望在于青年，中国的未来也将由青年建
立，因此，我们的努力应该着眼于他们……当然，我们无法强迫中国
使用我们编辑的教科书，但是，我们至少可以使这些教科书在内容、
风格和装帧上富有吸引力，以便人们愿意购买它们。"②

吕达认为，教会学校开设西方自然科学的目的有三个：一是企图
说明科学源于基督教，以此抬高宗教的地位；二是通过传授一些科学
知识，企图培养教会的"知识干部"，以便取代旧士大夫在中国的统治
地位，或者以西学为媒介，来引诱、拉拢旧士大夫，以便为他们在中
国的传教活动扫清道路；三是通过传播西学来控制和垄断西学，防止
其他力量利用科学来反对基督教③。

1895 年傅兰雅编著《中国教育指南》（*The Educational Directory
for China*），其中列出了当时各在华教会所办的各种程度的教会学校，
并对某些学校开设的课程及相应的教科书有所提及，从中我们可以看
出当时教会学校使用物理学教科书的情况。需要注意的是，此书所收

---

①W. A. T. Barber，"A Public Examination for Western Schools in China，" *Chinese
Recorders*，1890，p. 129.
②Axleander Williamson，"What books are still needed，" *Records of the General
Conference of the Protestant Missionaries of China held at Shanghai*，May 7 -
20，1890，p. 519 - 531.
③吕达：《中国近代课程史论（第四版）》，人民教育出版社，1994，第 35 页。

录学校用的教科书并不全面，如卫理公会在南京成立的南京大学于1893 年设文学院，学院专设物理教室并配备了当时最为先进的物理学仪器和设备，很难想象其没有物理学教科书，而《中国教育指南》并未列出①。尽管如此，我们还是可以从中看出当时一些教会学校已经开设物理学，使用了一些专门的物理学教科书。从该书的列表可知，丁韪良编著的物理学教科书在当时最具影响力。

丁韪良，基督教新教教会长老派传教士，是清末在华外国人中首屈一指的"中国通"。丁韪良于 1865 年为同文馆教习，1869－1894 年为该馆总教习，曾担任清政府国际法方面的顾问。当时同文馆的五年制和八年制课程均设有物理课（格致）②，为此丁韪良专门编著了两套教材，搜罗泰西群书，摘取其简明而实用的知识编成七卷本《格物入门》。此书于 1868 年初刻，为七册大开本，线装书。每一册为一卷，分别是第一卷水学；第二卷气学；第三卷火学；第四卷电学；第五卷力学；第六卷化学；第七卷测算举隅，测算水学、气学、光学、力学。全书用问答体形式，前六卷附图 249 幅，第七卷每面都有图。③ 后来，丁韪良以《格物入门》中的"格物测算"为基础，编成八卷本《格物测算》，沿用问答体形式，每章末有"演题""附题"及答案，配有插图，"气学测算"后附声学测算④。丁韪良这两本书当时不但在官办学堂中使用，在教会学校也非常盛行。从表 4－1 可见，当时主要教会学校都在使用这两本书。由"同文馆师生辑译书籍表"可知，《格物入

①John Fryer，*The Educational Directory For China*（Shanghai：The American Presbyterian Mission Press，1895），p. 43.

②尽管《格物入门》包括化学一章，但实际上根据课程表所知，格物课程与化学还是分开的。八年制课程的第五年是讲求格物，几何原本……第七年是讲求化学，天文测算（参见"京师同文馆课程表"），陈学恂：《中国近代教育史教学参考资料（上册）》，人民教育出版社，1986，第 31 页。

③张晓：《近代汉译西学数目提要（明末至 1919）》，北京大学出版社，2012，第 446 页。

④同③，第 440 页。

门》的英文名是 *Natural Philosophy*，而《格物测算》名为 *Mathe-matical Physics*。博习书院所用 *Dr. Martin's Physics* 指的应是《格物测算》，其他学校使用的 *Dr. Martin's Natural Philosophy* 应为《格物入门》。

表 4 - 1　教会学校使用物理学教科书情况

学校英文名	学校中文名	所在地	所属差会	物理学教科书
Banyan City College	—	福州	American Board of Commissioners for Foreign Missions	*Dr. Martin's Natural Philosophy*
North-China College	华北协和学院	北京	American Board of Commissioners for Foreign Missions	*Dr. Martin's Physics*
St. John's College	圣约翰学院	上海	American Protestant Episcopal Mission	*Steele's Physics*（原本）
The Na-doa Training School	—	海南	American Presbyterian Mission	*Martin's Natural Philosophy*
The Hangchow High School	—	杭州	American Presbyterian Mission	*Physics*（Original lectures）
Lowrie High School	—	上海	American Presbyterian Mission	*Physics*（in English）
Truth Hall	—	北京	American Presbyterian Mission	*Martin's Natural Philosophies*
Tengchow College	登州文会馆	山东	American Presbyterian Mission	赫士物理学

续表

学校英文名	学校中文名	所在地	所属差会	物理学教科书
The Anglo-Chinese College	中西书院	福州	The Methodist Episcopal Church Mission	*Steele's Physics*
Buffington College	博习书院	苏州	The Methodist Episcopal Church, South	*Martin's Physics*

第二节　赫士与登州文会馆

　　赫士是美国长老会教士，1857 年出生于美国宾夕法尼亚州默瑟县，毕业于阿勒格尼学院（Allegheny College）。1882 年，美国长老会派遣赫士到中国传教，他携妻子美吉氏来到登州文会馆。[①] 登州文会馆由狄考文于 1864 年创建，最初名为"登州蒙养学堂"（Tengchow Boy's Boarding School），仅用于培养幼童；1873 年，学堂更名为"登州男子高等学堂"（Tengchow Boy's High School），开始招收年龄大些的学生；1877 年 1 月，再次更名为"登州文会馆"；1882 年，经山东长老会批准，登州文会馆改为登州大学；1884 年，美国长老会差会本部授权，英文校名改为"Shantung College"[②]。赫士精通科学知识，他的加入对充实登州文会馆的师资力量至关重要。来到登州文会馆后，赫士主要负责算学、天文、地质、物理等多门课程的教学工作。最初，

---

①Edgar Sutton Robinson, The Ministerial Directory of the Ministers in "*The Presbyterian Church in the United States（Southern）*", and in "*The Presbyterian Church in the United States of America（Northern）*" （Ministerial Directory Company）, p. 301.

②郭大松、杜学霞：《中国第一所现代大学：登州文会馆》，山东人民出版社，2012，前言。

赫士直接用加诺的《基础物理学》英文版授课。赫士后来出版的《声学揭要》《光学揭要》和《热学揭要》等三本教科书都是基于文会馆讲义编订而成的。

1887 年，英美基督教传教士在上海创办的出版机构——广学会，其前身是 1884 年成立的同文书会（The Society for the Diffusion of Christian and General Knowledge Among the Chinese）。1893 年，赫士先后担任广学会书记、会长，主要精力放在协定化学名目方面。1896 年，赫士担任登州文会馆馆长。当年，他还创办了山东第一份中文报纸《山东时报》。[①] 1900 年，受义和团运动影响，登州文会馆停办。1901 年，慈禧太后诏谕各省兴办大学堂，赫士应时任山东巡抚袁世凯之邀前往济南筹办大学堂。登州文会馆教习和毕业生随赫士来到济南，其中包括中方教习 6 人、西方教习 4 人，往届毕业生 6 人、应届毕业生 2 人[②]。他们的办事效率非常高，在短短的 1 个月之内就创办了山东高等学堂。赫士任山东高等学堂的海总教习，与袁世凯共同商定了新学堂所有试办章程。这所学堂的创办在全国具有一定的示范作用，慈禧太后曾颁谕全国各省仿行山东办学经验，并嘉奖赫士办学有功。此后，各省争相聘用登州文会馆毕业生为教习。另外，仿照登州文会馆，山东高等学堂的课程也设置了格物课程，包括热学、声学、水学、气学、光学、磁学等具体门类，赫士编译的几本"揭要"成为大学堂的正式教科书[③]。1901 年末，由于反对强迫学生祭拜孔子，赫士和 6 名中国基督徒教师辞去了大学堂的职位。

1904 年，登州文会馆迁至潍县，并入广文大学。1917 年，广文大

①刘玉峰：《赫士先生行年事略》，载郭大松、杜学霞编译《中国第一所现代大学：登州文会馆》，山东人民出版社，2012，第 61－62 页。

②崔华杰：《登州文会馆与山东大学堂学缘述论》，《山东大学学报》2013 年第 2 期，第 126－131 页。

③刘芳：《登州文会馆与近代教育》，硕士学位论文，山东大学，2011，第 37 页。

学由潍县西迁至济南南关，更名为齐鲁大学，赫士担任齐鲁大学神学院院长。1919 年，赫士因坚持保守信仰而离开齐鲁大学，在潍县创办华北神学院。1922 年，华北神学院迁至滕县，成为华北最具影响力的神学院。抗日战争爆发后，年迈的赫士夫妇和他们的儿子赫约翰（John D. Hayes，1888—1957）被日军俘虏，在潍县集中营拘押。期间，赫士拒绝被遣返原居住地，放弃了美日两国交换俘虏的机会，将此机会让给了其他年轻人。1944 年，赫士在集中营内病逝，享年 87 岁。

郭大松曾根据《登州文会馆志》编写"部分登州文会馆学生名录及简历"表，从中可看出，登州文会馆学生毕业后多服务于全国各省省办学堂或书院。

第三节　加诺、阿特金森及《基础物理学》

赫士的两本"揭要"主要基于加诺《基础物理学》的"光学"和"热学"部分编译而成。加诺是法国著名的物理教育家，1804 年生于一个中产阶级家庭。[①] 1829 年，他大学毕业，获得科学学士学位，曾在 College Communal of Bourn-Vendee 任教。加诺打算终生从教，为此曾长时间准备考取教师资格证，但并不顺利。最初，他讲授物理、数学课程，深为缺乏合适的科学教科书和教学设备而苦恼。1835 年，他曾给学校教育主管写信请求改善学校设备，因未得到满意答复便毅然辞职，去了巴黎。在那里，加诺进入一所并不知名的私立学校，准备考取教师资格证。1837 年，他进入一所由化学家博德里蒙（Edouard Baudrimont，1806—1880）创办的私立学校。这所学校成立于

---

① 以下有关加诺的经历参考自：Josep Simon, *Communicating Physics：The Production, Circulation and Appropriation of Ganot's Textbooks in France and England，1851—1887*（London：Pickering and Chatto，2011），pp. 57 - 76.

1835年，开设数学、化学、应用化学、医学、药学等课程。加诺在这所学校主要讲授数学课，当时的数学与现在的有所不同，内容包括几何、代数、静力学、基础力学等方面。他还曾参与一本物理学手册的编写工作，撰写其中的静力学部分。也正是在这所学校期间，加诺赢得了较高的声誉。然而，1840年之后，博德里蒙的主要精力用在了其他方面，学校疏于管理而日渐衰落，最终于1847年倒闭。

1848年，加诺加入巴黎理工协会（Association Philotechnique），担任物理教师。之后，他与博德里蒙接洽，以较低价格购买其原学校中的设备和家具。1850年，加诺在原学校附近开办了一所新的学校。学校课程有所调整，更偏重物理和数学的教学。起初建校时，学校只有4名教师，加诺身兼物理学和植物学的教学工作。也正是在这一年，加诺出版了《基础物理学》教科书。此书获得成功，因而吸引了更多的学生来校学习。此后，加诺的学校规模迅速扩大，在1855年之后的20年里招生规模以每年30％的速度递增。

加诺之所以成功，主要在于他除了教师这一身份，还兼具仪器制造者、教科书撰写者、商人、学者等多重身份。学校在建校时，加诺就非常注重添置仪器设备，1850年学校已拥有300多种仪器设备，其中不乏新式仪器。《基础物理学》中所有的仪器插图均源于学校中陈列的设备。加诺也一直在更新实验设备，他不但从其他实验室或学校购买，而且还亲自设计，找仪器加工商制作。为此，他还定期阅读科学前沿期刊，跟踪前沿研究，参加学术沙龙，甚至在电学方面做出了一定贡献。他所经营的学校非常成功，获取了巨大利润，1855年时就已获利17500法郎，这在当时算是相当可观的。至1855年时，他所编纂的物理学教科书已发行万余册，总计获利14000多法郎。[1]

---

[1]Josep Simon, Pedro Llovera, "Between Teaching and Research: Adolphe Ganot and the Definition of Electrostatics (1851-1881)," *Journal of Electrostatics* 67 (2009): 536-541.

《基础物理学》原名为"*Traité élémentaire de physique expérimentale et appliquée*"，英文译为"*Elementary Treatise on Physics，Experimental and Applied*"（图 4 - 1）。其中的"élémentaire"意为基础，主要针对较低年级或基础不好的学生，而"expérimentale"则强调此书注重实验，这两个词在当时的大学物理学教程中是比较常见的。书名中的"appliquée"一词比较罕见，主要用于修饰化学，与仪器制造和机械学等应用问题密切相关。此书也确实体现了"实用"这一特点，主要体现在两个方面：一是附录部分收录了大量习题，这些习题大多是基于科学考试（baccalauréat ès-sciences）的考题改编而成，在此前教科书上从未有过；二是书中有插图，这些图非常精美，综合了图片绘制者、雕刻工、印刷工等的辛勤劳动，而且采取了图文混合排版的方式。之前的教科书往往将示意图置于书末附录部分。

TRAITÉ

ÉLÉMENTAIRE

DE PHYSIQUE

EXPÉRIMENTALE ET APPLIQUÉE

ET DE

MÉTÉOROLOGIE

SUIVI D'UN RECUEIL NOMBREUX DE PROBLÈMES

ET ILLUSTRÉ DE 366 BELLES GRAVURES SUR BOIS INTERCALÉES DANS LE TEXTE

A l'usage des Établissements d'instruction, des aspirants aux grades des Facultés
et des candidats aux diverses écoles du Gouvernement

PAR A GANOT

PROFESSEUR DE MATHÉMATIQUES ET DE PHYSIQUE

HUITIÈME ÉDITION

AUGMENTÉE DE 10 GRANDS BOIS NOUVEAUX
ET DES TRAVAUX LES PLUS RÉCENTS SUR LES DIFFÉRENTES BRANCHES
DE LA PHYSIQUE

ELEMENTARY TREATISE

ON

PHYSICS

EXPERIMENTAL AND APPLIED

FOR THE USE OF COLLEGES AND SCHOOLS.

TRANSLATED AND EDITED FROM

GANOT(S) ELEMENTS DE PHYSIQUE

(*with the Author's sanction*)

BY

E. ATKINSON, Ph.D., F.C.S.

PROFESSOR OF EXPERIMENTAL SCIENCE, STAFF COLLEGE, SANDHURST.

Ninth Edition, revised and enlarged.

ILLUSTRATED BY 4 COLOURED PLATES AND 844 WOODCUTS.

图 4 - 1　《基础物理学》法文原著（左）及英文译本（右）书名页

　　《基础物理学》在国际上也颇受欢迎。据统计，1860 年之后，此书被译成了 12 种语言，其中就包括译成中文的《光学揭要》和《热学揭要》。① 英文版由英国物理和化学家阿特金森翻译。阿特金森的英文译本在英语国家也颇具影响力，差不多每三年更新一次，自 1863 年至 1914 年一直不间断地出版。阿特金森因此成为英美科学界具有一定知名度的人物。阿特金森 1831 年出生于兰开斯特（Lancaster），早年学习化学和物理学。1855 年，他在巴黎学习，当时他就已听闻加诺的大名。1861 年，阿特金森接受了翻译加诺物理学教科书的任务，要求在一年内完成，计划 1863 年出版。对此，他非常认真，基本上是逐字翻译了原书，翻译速度很快，每个月翻译 30 多页，并留出一些时间校对。在此书序言中，阿特金森讨论了翻译加诺《基础物理学》的理由：第一，这是他的教学参考书，此书为他的教学提供了丰富的素材，是一本非常值得阅读的物理学教科书；第二，此书在法国、德国和西班牙等欧洲国家有很好的声望，非常畅销。

在后来更新的版本中，阿特金森基本保留了《基础物理学》的结构，版次也与原书基本同步，只是对一些细节略有调整，如星号和字体的处理，译书并没有完全按照原书安排；在书的末尾加上了索引，这样就可以将一些术语和书中的章节关联起来；加入了英国科学家和仪器制造者设计的仪器作为插图，主要是为了宣传这些新设备。

---

① 包括意大利语（1852 年）、西班牙语（1856 年）、荷兰语（1856 年）、德语（1858 年）、瑞典语（1857—1860 年）、英语（1861—1863 年）、波兰语（1865 年）、保加利亚语（1869 年）、土耳其语（1876 年）、斯尔威亚语（1876 年）、俄语（1898 年）、汉语（1898 年）。其中所指汉语译本不是三本揭要，而是《形性学要》，此书由赫师慎译编，1899 年徐汇汇报馆出版，但其原本并非《加诺基础教程》，而是根据其改编的《加诺大众物理学》（Ganot's Popular Physics）。Josep Simon, Pedro Llovera, "Between Teaching and Research: Adolphe Ganot and the Definition of Electrostatics（1851-1881），" Journal of Electrostatics 67（2009）：536-541.

第四节 两本"揭要"的内容及特色

赫士译编的《光学揭要》《热学揭要》和《声学揭要》均由美华书馆出版。美华书馆在当时是比较先进的出版机构，其前身是美国长老会传教士在澳门开设的花华圣经书房（The Chinese and American Holy Classic Book Establishment），1845 年迁至浙江宁波，1858 年更名为美华书馆。1860 年 12 月，美华书馆迁至上海小东门外。美华书馆对于中国印刷技术的发展有两项重要发明，第一项是于 1859 年在宁波用电镀法创制了汉字字模；第二项是设计了元宝式排字架，相对于传统的手工雕刻字模大大节省了工时，提高了印刷效率和质量，是中国印刷史上的一次革命。美华书馆制成七种不同大小的宋体铅字（即 1—7 号字：一号"显"字，二号"明"字，三号"中"字，四号"行"字，五号"解"字，六号"注"字，七号"珍"字），并大量生产和销售，成为流行几十年的"美华体"，也奠定了中文铅字制度的基础。由美华书馆编排出版的几本"揭要"自然也非常美观大方，在当时众多的教科书中，其排版和印刷技术应属上乘。

赫士一共编译了三本"揭要"，其中的《声学揭要》面世最早，于 1894 年出版，同年还出版了《光学揭要》，最后是《热学揭要》（1896 年）。《声学揭要》在 1897 年再版，明确指出此书主要参考了 1893 年出版的《基础物理学》英译本第十四版。由此可见，第一版《光学揭要》肯定也是基于加诺的《基础物理学》，或许是更早的版本。但实际上，在 1890 年之后，《基础物理学》各版本变化不大。因此，我们后面的对比主要是依据《基础物理学》英译本的第十四版。

经对比研究，我们发现《光学揭要》并非直接从英译本《基础物理学·光学》翻译而成，两者有很大不同。从篇章结构看，《基础物理学·光学》包括八部分，而《光学揭要》仅有七章，且第七章"光源"部分移到了第六章。总的来看，《光学揭要》第七章最为单薄。前六章中各节名称虽有不同，但大体环节基本与原书对应。最后一部分（双折射、干涉和偏振）中的各节有较大出入，《光学揭要》中删略了不少内容（表4-2）。

表4-2　《光学揭要》与底本目录对比

《光学揭要》	《基础物理学·光学》
第一章　论光之速率与光表	Transmission，Velocity and Intensity of Light
第二章　论返光与返光镜	Reflection of Light，Mirrors
第三章　论折光与透光镜	Single Refraction，Lenses
第四章　论光分色及无色镜	Dispersion and Achromatism
第五章　论光器	Optical Instruments
第六章　论眼（附论光源）	The Eye Considered as an Optical Instrument (Sources of Light，Phosphorescence)
第七章　论光相碍（附论奇光、然根光）	Double Refraction，Interference，Polarisation

关于具体的翻译，我们选择"海市"部分讨论：

The mirage is an optical illusion by which inverted images of distant objects are seen as if below the ground or in the atmosphere. This phenomenon is of most frequent occurrence in hot climates，and more especially on the sandy plains of Egypt. The ground there has often the aspect of a tranquil lake，on which are reflected trees and the surrounding villages. Monge，who accompanied Napoleon's expedition to Egypt，was the first to give an explanation of the phenomenon.

It is a phenomenon of refraction，which results from the unequal density of the different layers of the air when they are expanded by contact with the heated sol. The least dense lay-ers are then the lowest，and the pencil of light from an ele-vated object，A（fig. 495），traverses layers which are grad-ually less refracting；for，as will be shown presently，the refracting power of a gas diminishes with lessened density. The angle of incidence accordingly increases from one layer to the other，and ultimately reaches the critical angle，beyond which internal reflection succeeds to refraction. The pencil then rises，as seen in the figure，and undergoes a series of successive refractions，but in the direction contrary to the first，for it now passes through layers which are gradually more refracting.[1]

相应的内容，《光学揭要》的叙述如下：

> 俗名海市者，以其现于海面而言也，然亦有现于陆地者。现于陆地者，大都在沙漠之地。盖近沙漠面之天气，较暖而稀，渐高即冷而密，故凡物之光线自高下射，乃自重入轻，向垂线而折，及过限角，光即返照。乃返照后，乃轻入重，向垂线而折，及入目则视物倒置。[2]

幻景，是一种由空气折射所致的自然现象，在中西方都有相应的名词，英语为“mirage”，汉语为“海市”。由以上中英文对比可见，《光学揭要》大体翻译了加诺书中的内容，但做了一些简化处理，加入了古代中国关于这一现象的解释。

《光学揭要》第二版附录部分增加了“然根光”一节。这里所谓的

---

[1] Adolphe Ganot，trans by Edmund Atkinson，*Elementary Treatise on Physics*，*Experimental and Applied*（14th）（William Wood，1893），p. 529.

[2] 加诺：《光学揭要（第二版）》，赫士口译、朱宝琛笔述，上海美华书馆，1898，第 21 页。

"然根光"，指的是具有超强穿透力的射线，由德国物理学家伦琴于1895 年发现。伦琴采用表示未知数的 X 为其命名，以示这是一种新型射线，"然根"是当时伦琴的音译。X 射线引起当时中国知识界的高度关注。梁启超在《读西学书法》（1896—1897 年）就曾提到此射线，"去年行创电光照骨之法，三月之间而举国医士已尽弃旧法而用之"。另外，《时务报》于光绪二十三年（1897 年）以《曷格司射光》为题介绍了这一射线的发现过程。相比之下，《光学揭要》第二版是对此射线进行详细介绍的书籍，书中用五六页的篇幅讨论了"然根光之有无"、产生然根光的"虚无筒"，以及"然根光之用"等方面内容。经查，加诺的《基础物理学》各版本并没有相应的内容，因此可以肯定这些是赫士添加上去的。在此之后的 1899 年，傅兰雅与王季烈合译的《通物电光》，系美国医生摩尔登（William James Morton，1845—1920）和电机工程师汉莫尔（E. W. Hammer）合著的《X 射线：不可见光的照片和它在手术中的价值》（*X Ray，or Photography of the Invisible and Its Value in Surgery*），更为详细地讨论了这一发现及其应用①。

实际上，在《光学揭要》之前，一些介绍西方光学知识的译著已经存在。由王冰的研究可知，西方光学知识的译著早在明末清初就已出现，如汤若望所译《远镜说》、南怀仁等所译《新制灵台仪象志》等②。后来的一些译著，如合信 1855 年出版的《博物新编》、丁韪良1866 年出版的《格物入门》和 1883 年出版的《格物测算》均有光学部分。艾约瑟和张福僖（？—1862）于 1853 年合译的《光论》是最早的专门的光学译著，此书虽成书较早，但直到光绪中期才由江标编入

①李迪、徐义保：《第一本中译 X 射线著作——〈通物电光〉》，《科学技术与辩证法》2002 年第 3 期，第 76 - 80 页。

②王冰：《明清时期西方近代光学的传入》，《自然科学史研究》1983 年第 4 期，第381 - 388 页。

"灵鹣阁丛书"出版①。据张晓考证，《光论》底本的作者是沃拉斯顿，可能就是 William Hyde Wollaston（1766—1828）。沃拉斯顿是英国物理学家、化学家②，但《光论》到底是根据他出版的哪本书译成，还有待进一步考查。此书体量较小，只介绍了几何光学的基本知识，包括光的直线传播、反射定律、折射定律、全反射等现象和规律，其对一些现象如海市蜃楼、色散、太阳光谱等解释非常简要。

金楷理和赵元益在 1876 年合译的《光学》由江南制造局出版发行。此书底本是丁铎尔（John Tyndall，1820—1893）编著的《光学九章笔记》（*Notes of a Course of Nine Lectures on Light*），出版于 1870 年。金楷理和赵元益忠实地翻译了原书，与《光学揭要》不同，《光学》一书主要介绍了光学现象及相关的光学规律，几乎没有应用类问题，书中所论光学仪器也不多，相应的插图很少。此书最大的特点是注重说理，介绍理论和规律发现的根源，如在"光的波动说"中说：

> 奈端论光体所发无数光质点因甚细微，故不能见之，此种质点能透光质，并能过目内之透光质而射至筋网，故目能见物也。……昔时天文家海更士、算学家阿勒此二人者，始不信奈端之说，以为光与声同，亦有成浪之性情。然此时之格致家拉普拉司、毕亚普尔斯登马勒斯皆信奈端之说，而不复悉心考究。待至脱麦斯养、福而司农二人出而考究光理，得其确据，各国之人方知光发质点之说之谬。③

相比之下，《光学揭要》更偏重于对规律和仪器应用的讨论，并不

① 邹振环：《影响中国近代社会的一百种译作》，中国对外翻译出版公司，1996，第 110 页。

② 张晓：《近代汉译西学数目提要（明末至 1919）》，北京大学出版社，2012，第 480 页。

③ 丁铎尔：《富强斋丛书·光学》，金楷理、赵元益译，上海宝善斋，1901，卷下第 1 页。

太注重理论或规律的发现过程。例如,《光学揭要》在介绍了光的直线传播、反射、折射等现象和规律之后,大部分篇幅用于讨论具体的应用问题,如影子、小孔成像、光速的测定等。另外,《光学揭要》专门用一章的篇幅讨论了光学仪器。

《热学揭要》与《光学揭要》有相同的特点,在此不再赘述,仅就其与底本的章节区别和内容的对比略加讨论。

英译本《基础物理学·热学》部分包括十二部分,分别是:1. 导论与温度计;2. 固体膨胀;3. 液体膨胀;4. 气体的膨胀和密度;5. 物态变化与蒸汽;6. 湿度测量;7. 热传导;8. 热辐射;9. 量热学;10. 热机;11. 冷热之源;12. 热功当量。然而,赫士编译的《热学揭要》仅有六章,第一章"论热及寒暑表";第二章"论定质之涨缩(对应底本第2、第3、第4节)";第三章"论熔化及濛气"(对应底本第5节)";第四章"论水量与诸物射热引热及收热之力"(对应底本第6、第7、第8节)";第五章"论热量"(对应底本第9节);第六章"论热源"(对应底本第11、第12节)。英译本中的最后一部分"热机"并未体现在《热学揭要》中。两书目录对应关系见表4-3。

表4-3 《热学揭要》与底本目录对比

《热学揭要》	《基础物理学·热学》
第一章 论热及寒暑表	Preliminary Ideas,Thermometers
第二章 论定质之涨缩	Expansion of Solids;Expansion of Liquids;Expansion and Density of Gases
第三章 论熔化及濛气	Changes of Condition,Vapour
第四章 论水量与诸物射热引热及收热之力	Hygrometry;Conductivity of Solids,Liquids,and Gases
第五章 论热量	Radiation of Heat
第六章 论热源	Sources of Heat and Cold

除章节设置外,内容方面也存在不同。首先,《热学揭要》将底本

中对知识点的叙述做了大幅简化，删掉了很多背景性质的介绍。例如，关于热的本质，直接给出"热动说"这一学说，省略了底本中关于气体动理论、分子速率、"热质说"等近 5 页的论述。这种情况非常多，但值得肯定的是，简化后的内容表述基本准确，概括合理。其次，删掉了很多实验，仅留下个别有代表性的实验。例如，固体膨胀系数的测定，只保留罗伊和拉姆斯登的测量方法（Roy and Ramsden's Method），没有介绍拉瓦锡和拉普拉斯的实验；气体膨胀系数测定，仅介绍盖·吕萨克（Gay-Lussac，1778—1850）的实验，没介绍亨利·勒尼奥（H. V. Regnault，1810—1878）的修正实验，而且略去了研究者或发明家的名字。再次，删掉很多难度大的知识点和推理运算。例如，只介绍水蒸气在 0℃ 以下的张力，没介绍水蒸气在 100℃ 以上、0～100℃ 的张力，删除的运算主要集中在比热容和相变潜热部分。最后，《热学揭要》在数据、公式、习题等方面也有一些特点。例如，数据既有来自底本的，也有译者补充上去的；书中的公式没有写成等式，且汉字与英文字母间也无固定的对应关系；书后的 28 道习题中，22 道选自原书，其余为译者补充。[1]

第五节　三本"揭要"的使用及影响

赫士译编的三本"揭要"曾作为登州文会馆的正式教科书。获批成为大学后，登州文会馆的教学包括备斋和正斋两个阶段。备斋 3 年，相当于蒙学程度，所修课程包括国学典籍、算术及一些宗教课程。正斋 6 年，设有理化课程，物理学分别在第三年和第四年讲授。实际上，

----

[1]冯珊珊、郭世荣：《加诺的〈基础物理学〉及其在晚清的译介》，《西北大学学报（自然科学版）》2019 年第 2 期，第 323-328 页。

登州文会馆是将物理学细分为水力学、声学、电学、磁学、光学等具体门类教授。正斋第三年讲授水力学、气体力学、声学、热学、磁学，第四年讲授光学和电学。① 因此，按照课程安排，《光学揭要》应该是登州文会馆正斋第四年教科书。

出版于 1891 年的《登州文会馆要览》中关于物理学教学的说明如下，由此可见其对物理学课程的重视程度：

> 文会馆一直特别注重这一学科，两年的课程，每一节课都非常仔细地进行教授。由于缺乏合适的教材，教学一直主要是依靠加诺的物理学著作（Ganot's physics）进行讲授。文会馆拥有大量（教员们）得心应手的实验设备，尤其是电学和蒸汽方面的设备，应有尽有。每个星期都做实验，通过这些实验，向学生们彻底阐明所讲授的原理。文会馆有一个装备非常好的制造所（workshop），经常雇佣一名训练有素的工人，不间断地维修补充仪器设备，实验用品一直在不断增加。②

实际上，在《登州文会馆要览》出版时，三本"揭要"还未成书。当时登州文会馆师生仍使用加诺物理学著作英文版作为教材。加诺的这本教材在当时已享誉全球，在中国学校也有相当大的影响力。除登州文会馆外，苏州的博习书院也以此书为物理学教材③。上述引文中提到的那位训练有素的工人是丁立璜。他不是登州文会馆的毕业生，但曾在登州文会馆学习过一段时间，精于仪器制造，被狄考文安排在登州文会馆的制造所工作。袁世凯任山东巡抚时曾听闻此人，在聘请赫士创办山东大学堂时，曾专聘丁立璜创办山东理化器械制造所，制

---

① 郭大松、杜学霞：《中国第一所现代大学：登州文会馆》，山东人民出版社，2012。
② 同①，第 10 页。
③ *The Chinese Recorder* 1894，p. 289.

造高校所需实验器械设备，成效显著。①

登州文会馆非常注重各门课程的考试，物理学当然是最重要也是最难的考试科目之一。在每学期期末，学生们都要参加考试，达不到规定分数的必须在下一学期重新学习，如果再不及格，则会被勒令退学。② 因此，登州文会馆尽管入学人数不断增多，但实际毕业生的数量却没有明显增加。据《登州文会馆志》记载，1893 年前的毕业生不足 10 人；1894 年开始略有增加，毕业 13 人；1895 年仅有 11 人毕业；直到 1903 年，每年毕业人数基本保持这一水平。实际上，1894 年后毕业人数之所以增多，主要不是考试难度降低，而是学生基数的增加。

传教士们对赫士译编的三本"揭要"给予了较高的评价。1894 年7 月，在《光学揭要》出版前，《教务杂志》（The Chinese Recorder）上即打出了广告，说此书正在印刷当中③。《光学揭要》出版后，1895 年《教务杂志》刊发一篇书评，给出了很高的评价，认为此书比潘慎文翻译的《格物致学》和丁韪良编著的《格物入门》《格物测算》更适合学校使用④。这三本书的出版甚至提升了登州文会馆的地位。《热学揭要》是三本书中最晚出版的一本。《教务杂志》刊发了一篇《热学揭要》书评，作者认为："登州文会馆是当时教会学校中首要学校，不仅因为其提供了高水平的教师，更因为也提供了水平一流的教科书。"⑤

1890 年之后，在华开办的教会学校也迅速增加。光绪十六年（1890 年）的教会学校的数量，较光绪三年（1877 年）时大约增加了

---

① 郭大松、杜学霞：《中国第一所现代大学：登州文会馆》，山东人民出版社，2012，第 262 页。

② 同①，第 13 页。

③ The Chinese Recorder，1894，p. 292.

④ The Chinese Recorder，1895，pp. 233 - 234.

⑤ The Chinese Recorder，1898，p. 340.

3 倍。而高等学校的数量也近乎翻倍。[1] 傅兰雅主编的《中国教育指南》于 1895 年出版，介绍了当时教会学校所用的教科书。由此书可知，当时仅登州文会馆使用赫士编订的物理学教科书，其他学校如圣约翰大学和福州的英华书院（Anglo-Chinese College）使用史砥尔物理学原著，九江书院（Kiukiang Institute）使用丁铎尔的光学、热学等教科书，华北协和学院使用丁韪良的物理学教科书。相比较之下，赫士的《天文学揭要》更为普及，在杭州高等学校（Hangchow High School）和苏州的博习书院使用[2]。《光学揭要》和《天文学揭要》有如此大的差别，有两个可能的原因：第一，《光学揭要》的出版距离傅兰雅撰写《中国教育指南》时还不足一年的时间，以当时的交通和通信条件，此书可能还未被傅兰雅看到，而《天文学揭要》出版较早，已积累相当的影响；第二，《光学揭要》仅涉及光学领域，若以此书为教材，还需辅以其他教科书。

《教务杂志》所载益智书会的销量统计体现了《光学揭要》的使用情况。1896—1899 年，《光学揭要》印数为 1500 册，库存 946 册，实际售出的仅 500 多册，而《天文学揭要》印数达到了 2000 册，库存 178 册，售出 1800 多册[3]。然而，至 1899 年时，情况似乎发生了变

---

[1] 据王树槐统计，除山东登州文会馆外，还有 1879 年上海成立的圣约翰书院（St. John College）、1885 年北京成立的汇文书院（Peking University）、1889 年通州的华北协和学院（North-China College）、1887 年杭州成立的育英义塾 [1897 年改为"育英书院"（Hangchow Presbyterian College)]、1879 年苏州的博西书院（Buffington Institute）、1882 年上海成立的中西书院、1885 年成立的武昌高等中学校。参见《基督教育会及其出版事业》，载王树槐著《基督教与清季中国的教育与社会》，广西师范大学出版社，2011，第 50 - 78 页。除这些之外，还有 1888 年在广州成立的格致书院（Canton Christian College）。

[2] John Fryer, *The Educational Directory For China* (Shanghai: The American Presbyterian Mission Press, 1895).

[3] John C. Ferguson, "New Editions Published from May, 1896 to May, 1899," *The Chinese Recorder* (Jun. 1899).

化。当年《天文学揭要》和《光学揭要》的印数均为 1000 册，仅从数据来看，显然《光学揭要》的需求有大幅提升①。1903 年，赫士的几本"揭要"入选基督教教育会推荐的最佳教科书。然而，其销量似乎不增反减，1902 年《光学揭要》的印数仅为 500 册②。

若以上统计属实，《光学揭要》的销量则发生了两次大的变化：第一次是在 1899 年前后，《光学揭要》的需求迅速攀升；第二次是在 1903 年前后，需求量迅速下降。我们先来讨论第一个变化。至 1899 年时，《光学揭要》已出版多年，积累了一定影响力，知名度远非 3 年前所比，故被很多教会学校青睐。另外，更重要的是，19 世纪末和 20 世纪初，中国出现了一些省办学堂，如山东高等学堂等。对这些学堂来说，新式教科书是必需品，因而几本"揭要"销量剧增是很自然的。而之所以又在 20 世纪初销量下滑，是因为出现了更为有力的竞争对手，即大量译自日本的物理学教科书在中国的出现。同时，国内出现的商务印书馆致力编译新式教科书。而"揭要"最终遭遇冷落可能还是由于其自身的限制。首先，几本"揭要"并不全面，知识结构方面存在缺陷。其次，其所用术语和表述语言与日本教科书还存在一定的差距。可以想象，在日译名词和教科书大行其道的当时，缺乏更新的几本"揭要"只能面临淡出舞台的命运。

本章小结

1890 年，益智书会在上海召开委员会，制订了编写教科书的原则，其中要求用浅文理撰写；不要直接翻译，而应选择最好的著作，

---

① "Educational Association of China，Meeting of Executive Committer，" *The Chinese Recorder* (Mar. 1899).

② A. P. Parker，"General Editor's Report，" *The Chinese Recorder*，Nov. 1902.

结合中国的风俗习惯和文字特点进行编译；书籍不仅可以作为学生的课本，而且可以作为教学参考书；书中的科学名词和专业术语应与益智书会编订的一致。总体来看，《光学揭要》基本符合这样的原则。此书基于国际上颇具影响力的加诺所著的《基础物理学》编译而成，部分光学名词基本沿袭之前已有的，同时对一些名词进行了修改。此书中出现的大部分光学译名最终收入《术语辞汇》，成为传教士认可的标准译名。相比较于当时其他的物理学教科书或译著，《光学揭要》注重实验，插图丰富，应用类习题也非常全面，试图采用浅显的文理表述，插图简单、明了，这些特点使此书成为教会学校中颇具影响力的物理学教科书。此书最初在登州文会馆使用，后来在其他教会学校和省办高等学堂使用。随着国内教科书需求量增大，此书发行量曾有大幅增加。不过，由于其在术语、表述方式及知识结构方面的限制，最终还是难逃被淘汰的命运。

第五章
谢洪赉译《最新中学教科书·物理学》

甲午战争后，科学教育愈发受到当局重视。物理学教育自然成为科学教育的重点，因此当时急需物理学教科书。清末物理学教科书大体可以分为三类：一为直接译自西方的物理学教科书；二为译自日本的教科书；三为国人自编的教科书。其实，当时自编教科书多以西方或日本教科书为参照。相比之下，从西方文字直接翻译已有比较长的历史，这些书大多是以西方人和中国人合作的方式翻译，在教会学校使用；而从日本翻译的物理学教科书在甲午战争之后才开始。20世纪初，日译教科书大行其道，基于西方直接翻译的教科书却相对较少，下面要讨论的谢洪赉翻译的《最新中学教科书·物理学》是为数不多的一例。此书的底本是司麻华大学教授何德赉编著的《简明物理学教程》，中文译本于1904年由商务印书馆出版。本章将考查《最新中学教科书·物理学》的底本及作者，简述译者谢洪赉的生平，并对此书在清末物理学教科书流变中的作用和意义进行讨论。

第一节　何德赉与《简明物理学教程》

何德赉早年曾在中学担任物理教师，后来成为中学校长。之后，他进入司麻华大学，担任物理学教授，后升任副校长，是美国科学促进会的成员。《简明物理学教程》是何德赉早期编写的物理学教科书。后来，他又把此书拆分为两部分，将实验部分整理成册，名为《物理实验室手册》（*Physical Laboratory Handbook*），于1909年出版；其余的内容整理为《物理学基础》（*Elements of Physics*），于1908年出版。后来，何德赉又在《物理学基础》的基础上编著了《物理学概要》（*Essentials of Physics*），于 1913 年出版。《简明物理学教程》和《物理学基础》两本书相差不大，只有部分章节略有不同；而《物理学概要》在章节的安排、知识点的叙述及实验等方面与《物理学基础》有很大不同，这与美国当时的教育运动有关。

《简明物理学教程》由美国图书公司（American Book Company）于 1900 年出版（图 5-1），包括 10 章 522 节，有序言、绪论，后面还有附录。书中有丰富的插图，注重物理学实验的介绍；课堂实验 257 个，实验室实验 180 个；每章设有习题，一共 373 道。书末还附有额外的实验室功课、每章习题答案、书中出现过的物理公式、单位转化表等。

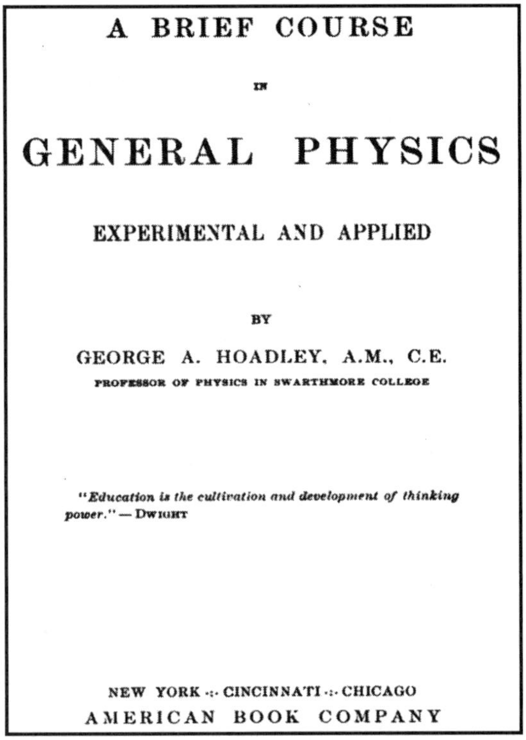

《简明物理学教程》是一本比较全面的高中物理学教科书，包括力学、声学、热学、磁学、电学、光学等部分。此书将可靠的文本、所述规律的课堂演示实验、有关这些规律的实用问题、实验室里的个人实验四个方面进行了有机整合，而这四个方面都是非常重要的。学生可以从可靠的文本中获取正确的知识；演示实验可以清晰地展示物理规律的应用及获取规律的方法；学生可以通过解决实际问题培养思考能力；通过实验室实验，

A BRIEF COURSE

IN

GENERAL PHYSICS

EXPERIMENTAL AND APPLIED

BY

GEORGE A. HOADLEY, A.M., C.E.
PROFESSOR OF PHYSICS IN SWARTHMORE COLLEGE

"*Education is the cultivation and development of thinking power.*" — DWIGHT

NEW YORK ·:· CINCINNATI ·:· CHICAGO
AMERICAN BOOK COMPANY

图 5-1 《简明物理学教程》封面

使学生的观察能力和探究能力得以提升。

实际上，1900 年前后，美国本土的物理学教科书正经历着一场革命，这体现在物理学名称、课程定位、教科书结构及讲授物理学的目的等多个方面的改变①。早期大部分物理学教科书多使用"自然哲学（natural philosophy）"作为书名，只是到了 1900 年前后，"物理学（physics）"最终取代"自然哲学"。物理学下属的几个研究领域的名称也发生了变化，如光学、声学、液体、气体等在之前的名称分别是 optics、acoustics、hydraulics、acoustics，而后来则改为 light、sound、liquids、air。物理学教育目标上也有比较大的变化。1900 年前的教科书很少明确讨论物理学教育目标，即使有也只是说物理学可以训练思维能力或培养科学方法等，而后来的教科书则比较明确地说是为培养学生的能力。《简明物理学教程》在序言中对此目标就有明确的说明。

《简明物理学教程》在美国是一本过渡性的中学物理学教科书。1901 年 8 月 16 日，《科学》（*Science*）杂志上刊发一篇书评，对 1900 年出版的何德赉的《简明物理学教程》、加诺的《普通读者及年轻人的自然哲学》（*Natural Philosophy for General Readers and Young People*）、汉福德·汉德森（Hanford Henderson）的《物理学基础》（*Elements of Physics*）等三本物理学教科书进行了评价。这三本书在知识结构的安排方面存在差异，突出体现在对牛顿运动定律的表述当中。《普通读者及年轻人的自然哲学》中根本就没有牛顿运动定律的提法，只有对惯性的解释、力的测量及力的分解与合成等内容②，这基本延续了 19 世纪法国物理学教科书的传统。汉德森的《物理学基础》将万有引力定

---

①John A. Nietz，*The Evolution of American Secondary School Textbook before 1900*（Pittsburgh：University of Pittsburgh，2001），pp. 129‐135.

②Atkinson，*Natural Philosophy for General Readers and Young People*，Translated from Ganot's *Course Elementaire de Physique*，Ninth edition，revised by A. W. Reinhold（Longmans，Green & Co.，1900）.

律置于"运动"一章重要的位置，将牛顿运动三定律放到了"功和能"一章①。何德赉的《简明物理学教程》与上述两本书不同，第三章讨论固体力学（The Mechanics of Solids），具体知识点的顺序安排为力学、运动、速度、速度的测量、加速度、动量、牛顿运动三定律、绝对单位、引力单位、力的图示、力的合成与分解等。其中的牛顿运动三定律居于核心地位，在介绍牛顿第二运动定律时还给出了 $f=ma$ 的公式。实际上这一安排比较接近现代物理学教科书。

从"物理学"的介绍中也可以看出区别。《普通读者及年轻人的自然哲学》开篇第一个知识点是"物理学的界定"（definition of physics），提出物理学不同于化学，是研究与物体的合成变化无关的物体运动现象的学科，物质的分解及合成属于化学的范畴②。进而，该书介绍了物质、密度、分子、原子等当时比较前沿的概念。而《物理学基础》对物理学的界定有所不同，认为物理学是研究物质与运动的学科。何德赉的《简明物理学教程》开篇介绍"物理学是关于物质与能量的科学，主要研究表现物理现象及其原因之间关系的定律"，进而讨论了物质、分子及原子、能量，对物理变化与化学变化做了区分。何德赉认为，所谓的物理变化是指发生于宏观层面的运动变化，而化学变化是发生于原子、分子层面的变化③。这一界定反映了何德赉对当时主流物理学的理解。实际上，从 19 世纪后半叶开始，经典物理学的重大理论根基已基本确立，即通过统一的力学解释框架和借助能量守恒定律

---

① Hanford Henderson and John F. Woodhull, *Elements of Physics*（Appleton & Co.，1900），p. 388.

② Atkinson, *Natural Philosophy for General Readers and Young People*，p. 1.

③ George A. Hoadley, *A Brief Course in General Physics*（New York：American Book Company，1900）.

来解释力学、光学、电学、热学等一系列物理现象①。因此，能量是物理学中的核心概念。能量概念在何德赉的物理学教科书中居核心位置。

何德赉对物理学的理解也体现在对物理规律、公式的安排和处理当中。到底应不应该加入较为抽象的数学公式，什么样的规律该用定量化的公式表述，这对当时的物理学教科书编纂者来说是很重要的问题。总的来看，1850 年之前的英美中学物理学教科书中很少出现定量化公式。后来一些物理学家指出，教科书中缺乏数学公式会使刚升入大学的学生很难适应大学的学习。直到 1900 年前后，情况才得以改善。《简明物理学教程》在引入公式方面比较先进，书中有较多的定量化公式，且深浅适宜，表述准确②。

《简明物理学教程》的另一个特色是注重实用性，这主要体现在实验及应用习题的安排上。书中载有课堂上演示的实验，也有学生在实验室动手操作的实验。何德赉认为，实验室课程可以训练学生的观察能力，探究物理原因及结果间不变的关系③。此书还配备了大量的应用习题，用于训练学生的思考能力。

何德赉注重实验及实用性或许是受当时美国科学教育界兴起的"自然研究运动（the Movement of Nature-Study）"的影响，这场运动主张科学教育的重点应集中于自然而不是书本。此运动最初由美国科学家发起，后在教育家和心理学家的推动下波及美国普通中学教

①Peter M. Harman, *Energy，Force and Matter：The Conceptual Development of Nineteenth-Century Physics* (London：Cambridge University Press, 1982), p. 69.

②Stevens W. LeConte, "Recent Books on Physics," *New Series* 346, no. 14 (Aug. 1901)：257 - 261.

③George A. Hoadley, *A Brief Course in General Physics*, p. 3.

育。① 这一运动在物理学教科书方面最明显的表现是学生实验和实用习题的设置。美国科学与数学教师中心社团（Central Association of Science and Mathematics Teachers）于 1905 年召开会议，参会的物理教师组发起一场"究竟应该在物理学教科书中安排哪些物理实验"的讨论，即所谓的"物理教师中的新运动"（A New Movement among Physics Teachers）。大会选出三位物理教师为代表，列出 101 项实验，由全美物理教师评定。这一讨论历时四年，《学校评论》（The School Review）在 1909 年刊发了讨论的情况。②

在《简明物理学教程》出版 10 年之后，英美物理学教科书物理实验的安排又发生了很大变化。此后对物理学教科书好坏的评价已不仅看其是否将学生实验加入教科书，更主要的是看教科书所介绍的实验是否贴合学生的生活③。何德赉后来编写的《物理学基础》和《物理学概要》中就引入了很多现实生活中的实例，如在讲解牛顿第三运动定律时，为使读者更好地理解作用力和反作用力之间的关系，对振荡风扇（oscillator fan）做了详细介绍。④ 《物理学基础》的书评说，"（此）书中有许多插图，将日常生活和物理学主题联系起来"⑤。《物理学概要》的书评指出，"（此）书中有许多与日常生活中密切相关的

---

① Sally Gregory Kohlstedt，"Nature，Not Books：Scientists and the Origins of the Nature-Study Movement in the 1890s，"*ISIS* 96，no. 3（Sep. 2005）：324 - 352.

② C. R. Mann，C. H. Smith，C. F. Adams，"A New Movement among Physics Teachers，"*The School Review* 14，no. 3（Mar. 1906）：212 - 216.

③ 同②。

④ George A. Hoadley，*Essentials of Physics*（New York：American Book Company，1913），p. 52；George A. Hoadley，*Elements of Physics*（New York：American Book Company 1908），p. 53.

⑤ F. R. Watson，"Review of Elements of Physics，"*The School Review* 18，no. 1（Jan. 1910）：63 - 64.

插图供教师使用"①。从中可以看出当时的物理学教科书对生活实例的重视程度。

　　总而言之，《简明物理学教程》是一本承前启后的物理学教科书，其最大的特色是全面和实用，包括力学、声学、热学、磁学、电学、光学等章节，整合了实验和实用问题，注重培养学生解决实际问题的能力。

第二节　谢洪赉其人

　　谢洪赉，字鬯侯，别号寄尘，晚年自署庐隐（图 5-2）。谢洪赉1873 年 5 月出生于浙江绍兴丈亭镇，1916 年于杭州家中病逝。由于父母都是基督徒，谢洪赉自幼信奉基督教。谢洪赉 7 岁进入当地私塾，11 岁进入基督教监理会办博习书院就读。在此期间，谢洪赉成绩优异，院长潘慎文（Alvin P. Parker，1850—1924）对他颇为赏识。

1895 年，谢洪赉随潘慎文到中西书院，任中西书院图书馆管理员，1896 年升任为该校教授。此后 10 余年，谢洪赉一直在中西书院执教。教学之余，他与潘慎文合作翻译了《格物质学》《八线备旨》《代形合参》《旧约注释》等书，这些书的翻译采用了传统的口译笔述方式。1905 年潘慎文离开中西书院之后，翌年谢洪赉也辞去了中西书院的职务，加入中韩港基督教青年会总委员会。

图 5-2　谢洪赉

---

①E. E. Glenn, "Review of Essentials of Physics," *The School Review* 22, no. 4 (Apr. 1914)：278-279.

谢洪赉与商务印书馆的几位初创者夏瑞芳、鲍咸昌、鲍咸恩、高凤池保持着相当密切的联系，在商务印书馆创办过程中起了重要作用①。谢洪赉早期译注的《华英初阶》是商务印书馆的第一出版物，非常畅销，多次再版，至 1921 年已经印至第 77 版②。后来，谢洪赉又译注了《华英进阶》等书，帮助商务印书馆形成从教材入手以发展出版业的策略，在商务印书馆从单纯的印刷工厂向出版业转变过程中起了关键作用③。此后，商务印书馆专设编译所，曾聘请蔡元培为所长，进一步确立了编辑新式教科书的发展方向。从 1903 年开始，商务印书馆陆续出版了"最新中学教科书"系列，谢洪赉对此贡献极大。他不但翻译了《最新中学教科书·物理学》，还翻译了"最新中学教科书"系列中的生物、代数、几何学立体部、三角术、寰瀛全志等教科书。另外，他还几乎审校了当时商务印书馆出版的所有教科书。胡贻谷说，"商务印书馆总编之名，先生虽不居之，而有其实也"。④

谢洪赉在学生时代就有"百科全书"和"两足书橱"的雅誉，可见其学识渊博。这也为他后来编译数学、物理学、化学、生理学等教科书提供了基础。在诸门科目中，他最精通的应该是物理学。这从以下两点可以看出：第一，他翻译的物理学教科书的难度明显高于翻译的其他科目的教科书。《最新中学教科书·物理学》虽说是高中教科书，但其难度实际上已经达到甚至超过了大学预科水平。此书中有相当复杂的物理实验和数学公式，若缺乏对物理学的理解，实在很难准确翻译。而他翻译的化学教科书和生理学教科书的知识难度要小得多，适合初中程度的学生使用。第二，谢洪赉成名后，京师译学馆、沪上

①汪家熔：《谢洪赉和商务创办人的关系》，《编辑学刊》1994 年第 4 期，第 91 页。
②《华英初阶》，谢洪赉译，商务印书馆，1921 年重印本。
③赵晓阳：《基督徒与早期华人出版事业——以谢洪赉与商务印书馆早期出版为中心》，《青海师范大学学报（哲学社会科学版）》，2009 年第 3 期，第 81-84 页。
④胡贻谷：《谢庐隐先生传略》，青年协会书报部，1917，第 21 页。

中国公学、安庆高等学堂等学校曾高薪聘请他做物理教师，从中亦可见到他在物理学方面的造诣。①

第三节　《最新中学教科书·物理学》译本

翻译《简明物理学教程》在当时的教育界是一件颇受关注的大事。《教务杂志》在 1903 年第 4 期上列出了即将要翻译出版的几本西方书籍，其中就包括此书。《最新中学教科书·物理学》首版于 1904 年 8 月出版，《教务杂志》在 1904 年第 12 期上专门做了广告②。该书的第七版现藏于北京师范大学图书馆（图 5-3、图 5-4）③。

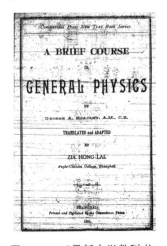

图 5-3　《最新中学教科书·
物理学》底本书名页

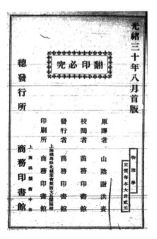

图 5-4　《最新中学教科书·
物理学》版权页

①胡贻谷：《谢庐隐先生传略》，青年协会书报部，1917，第 28 页。
②D. Macgillivray, "In Preparation," *The Chinese Recorder and the Protestant Missionary Community in China* 34（1903）：310-311.
③吴艳兰：《北京师范大学图书馆馆藏师范学校及中小学教科书书目（清末至 1949 年）》，北京师范大学出版社，2002，第 222 页。

除附加实验室功课 21 个项目及一些计算题的解答之外，谢洪赉基本上是逐字逐句翻译了《简明物理学教程》原书。《最新中学教科书·物理学》正文部分共 531 页，在当时算是一本大部头教科书。最初出版时书皮用布面包装，定价为 2 元，在当时出版的教科书中定价较高。[①]

此书定价之所以如此之高，其中一个原因是此书采用了当时最先进的印刷和装订技术，这项技术在日本已非常流行。日本自明治初期以来，印刷和装订多采用西洋模式，用洋纸两面装订。而同期的中国，尽管传教士已经创立了新式印刷机构，但大多出版的译著仍然采用单面印刷和对折装订的模式。[②] 如谢洪赉与潘慎文合作翻译的《格物质学》就采用了这一方式。

谢洪赉之所以翻译何德赉的《简明物理学教程》，主要是因为此书在欧美国家有比较大的影响，堪称"善本"。对此，伍光建说："商务印书馆聘名手译美国何德赉之物理学以行世，其书在本国已称善本，能以浅近之词解深妙之理，而独重实验，最宜初学。"[③]

谢洪赉认为此书有如下三个特点：

（一）材料新颖。凡近时发明之透物奇光，无线电报，俱剖析要理，明示学者。（二）编辑完备。全书分四项：曰本文，曰实验，曰习问，曰实验室功课。本文以便诵览，实验所以证实，习问所以探所得之深浅，功课则研精之事也。四项毕备，为从来教科书所罕见。（三）图画丰富。全书计图四百九十幅，几于一事一物，皆可按图以索，亦从来教科书之

①谢洪赉翻译的《寰瀛全志》定价也是 2 元。代数教科书分两册，总定价为 2.4 元，单本定价低于物理学。

②实藤惠秀：《中国人留学日本史》，谭汝谦、林启彦译，三联书店，1983，第 252 页。

③何德赉：《最新中学教科书·物理学》，谢洪赉译，商务印书馆，1904，序。

所未有。①

在翻译《简明物理学教程》之前，谢洪赉曾和潘慎文翻译过一些代数和物理学教科书，当时这些书的翻译采用了传统的口译笔述的方式。谢洪赉是一位比较早的直接翻译西方科学教科书的译者，《最新中学教科书·物理学》可以说是他的代表作。值得一提的是，当时正值日本科学教科书大量译介入华之际，谢洪赉在译著此书时也或多或少受到了日译教科书的影响。下面我们从名词术语、物理公式表示和概念符号的使用等方面对《最新中学教科书·物理学》做分析，并与下列物理学教科书进行对比。

饭盛挺造的《物理学》，由日本汉学家藤田丰八翻译，王季烈校改润色。此书在日本为医科大学物理学教科书，物理知识的深度与谢洪赉的《最新中学教科书·物理学》相当。

1894 年，美华书馆出版的潘慎文和谢洪赉翻译的《格物质学》，是西方人与中国人合译的物理学教科书中比较完备的一本，包括力、电、光、热等部分，至 1902 年还在出版②。

陈榥根据其在东京清华学校授课讲义编纂《物理易解》，1902 年由教科书译辑社出版，是中国较早的中学物理学教科书。

伍光建译编的《最新中学教科书·物理学》，与谢洪赉的《最新中学教科书·物理学》同属"最新中学教科书"系列，且同年出版。

名词和术语是科学教科书编写的重中之重。来华的西方人曾有组织地开展了科技名词的编译、审定和统一工作，最终于 1904 年编成《术语词汇》（*Technical Terms, English and Chinese*），此书是西方

①何德赉：《最新中学教科书·物理学》，谢洪赉译，商务印书馆，1904，例言。
②史砥尔：《格物质学（第四版）》，潘慎文口译，谢洪赉笔述，上海美华书馆，1902，序言。

人百年术语创制工作的集大成者①。当时，大量日文科学名词输入中国，其势头甚至超过了西方人创制的名词。表 5-1 列出了一些较有代表性的物理学术语，大体可以分为三类：第一类为西方人创制的名词，《格物质学》和谢洪赉翻译的《最新中学教科书·物理学》多使用这些名词；第二类源自日语名词，《物理易解》多使用这些名词；第三类是伍光建的词汇，其译词别出心裁，与以上两类词均不同，好用单音字，如"功""能""矩"，其他如"幺匿"是使用了严复的译词。

表 5-1　物理学术语表

今用名	英文	《最新中学教科书·物理学》（谢洪赉译）	《格物质学》（潘慎文、谢洪赉译）	《物理学》（饭盛挺造著）	《物理易解》（陈榥编著）	《术语词汇》	《最新中学教科书·物理学》（伍光建编）
单位	unit	准个	准个	—	单位	准个	幺匿
力学	mechanics	重学	重学	重学	力学	力学、重学	力学
质量	mass	体质	体积、体	实重率	质量	体/体质	质积
固态	solid	定质	定质	定质	固体	定质	—
液态	liquid	液质	流质	流质	液体	液质	—
气态	gas	气质	气质	气质	气体	气质	—
分子	molecule	合点	合点	—	分子	合点	—
原子	atom	元点	元点	—	原子	元点	—
惯性	inertia	质阻	质阻	恒性	惯性	质阻	顽固性
速度	velocity	速率	速率	速率	速度	速率	速率

---

① 王冰：《中国早期物理学名词的审定与统一》，《自然科学史研究》1997 年第 3 期，第 253-262 页。

续表

今用名	英文	《最新中学教科书·物理学》（谢洪赉译）	《格物质学》（潘慎文、谢洪赉译）	《物理学》（饭盛挺造著）	《物理易解》（陈榥编著）	《术语词汇》	《最新中学教科书·物理学》（伍光建编）
加速度	acceleration	渐加速	渐加速	加速率	加速度	增速率	增速率
合力	composition of forces	合力	合力	合力	合力	合力	合力
分力	resolution of forces	分力	分力	分力	分力	分力	分力
平衡	equilibrium	稳定	定	平均	稳定	平定	—
引力	gravitation/attraction	摄力	吸力	摄力	引力	摄力	吸力
动量	momentum	动力	动力	—	运动量	动力	动积
功	work	工程	工	工程	功用	工	功
能	energy	工力	工力	储蓄力	能力	工力	能
动能	kinetic energy	显力	显力	运动之储蓄力	动能力	动工力	动能
势能	potential energy	隐力	隐力	位置之储蓄力	还原能力	储力	位能
摆	pendulum	摆	摆	悬摆	摆	摆	—

　　由表 5-1 可见，谢洪赉所译《最新中学教科书·物理学》中的大部分名词沿袭自《格物质学》，这是可以想见的，但谢洪赉所译的《最新中学教科书·物理学》中也使用了一些日译名词，"moment of force"译为力之能率。"moment of force"现在的译名是"力矩"，《格物质学》的译名是"距"，日语译名是"力の能率"，陈榥编著的《物理易解》译为"力之能率"，藤田丰八翻译的《物理学》中使用了"平均率"这一译名。谢洪赉很可能参考了陈榥的教科书，因为谢洪赉将陈榥编著的《物理易解》列为参考书。谢洪赉使用这一译名或许只

是无奈之举。《格物质学》将"moment of force"和"moment of iner-
tia"分别译为"重距"和"抵力重距"。这两个译名存在逻辑矛盾，
按译名字义理解，"moment of inertia"这一概念就应该从属于"mo-
ment of force"，但两个英文名词应该是并列的。另外，《格物质学》
没有给出"moment"的译名，如果译为"距"，那"moment of iner-
tia"应该译为"抵力距"。但"距"在《格物质学》有"距离"的含
义。于是，《格物质学》没有直接给出"moment"这个单词的确切译
名。后来出版的《术语词汇》中也没有贴切的译名。

一般物理学教科书中都有示意图和物理学公式，而这都需要特定
的符号指代物理概念。19世纪末英美物理学教科书的符号体系采用英
文字母，特殊的物理学概念由特定的符号指代，大多是用此概念英文
单词的一个字母表示，如用 F 或 f 代表力，用 M 或 m 代表质量，用 a
表示加速度等。早期中文物理学教科书译著大多采用天干、地支和文
字组合方式翻译物理符号，如李善兰等翻译的《重学》即是如此。但
《重学》中天干、地支与底本英文字母间没有明确的对应，物理公式中
的概念多用汉字表示，如匀速直线运动物体的速率等于所行路程与时
间的比，表示为速 $= \dfrac{路}{时}$，有时也表示为癸 $= \dfrac{路}{寅}$，癸和寅分别表示具体
的速度和时间。早期部分的日文物理学教科书也采用了这种方式，如
饭盛挺造的《物理学》，其中匀加速直线运动末速度、时间、路程的关
系为时 $= \sqrt{\dfrac{末}{二全路}}$。实际上，当时日文物理学教科书普遍采用了英文符
号体系，如水岛久太郎的《近世物理学》，其中匀加速直线运动的位移
公式是 $s = \dfrac{1}{2}at^2$。陈榥翻译的水岛久太郎的《近世物理学》及自编的
《物理易解》就直接搬用了这种形式。

谢洪赉翻译的《最新中学教科书·物理学》对物理公式及物理符
号的表示比较复杂。他用天干、地支表示示意图中的特殊点，而将物

理学公式表述为文字和天干、地支符号混合的方式（表 5-2）。不过，谢洪赉将天干、地支体系与英文字母一一对应了起来，如甲、乙、丙、丁对应 a、b、c、d；但因为天干、地支加在一起只有 22 个符号，不够 26 个字母，所以补充了人、天、地、物分别对应 w、x、y、z 四个字母。不但如此，他还区分大小写，通过加"□"的方式表示对应的大写字母。这一表述形式源于《格物质学》，但在《最新中学教科书·物理学》中更加全面，且对应更加严格。伍光建编译的《最新中学教科书·物理学》也采用了天干、地支加文字的表示体系，不过他用金、木、水、火、土补足对应后面的字母，对英文符号的大小未做区分。

表 5-2　谢洪赉翻译的《最新中学教科书·物理学》
底本与译本符号体系对照

a	b	c	d	e	f	g
甲	乙	丙	丁	戊	己	庚
h	i	j	k	l	m	n
辛	壬	癸	子	丑	寅	卯
o	p	q	r	s	t	u
辰	巳	午	未	申	酉	戌
v	w	x	y	z		
亥	人	天	地	物		

教科书是为了实现教学目的的特殊文本，因此需要有相应的认知策略帮助学生和教师记忆和学习。这里所说的认知策略是指为实现某些教育目标而采用的组织方法，如章节标题、习题作业、课程提要、前沿、附录、图标、复习题、着重号等。谢洪赉翻译的《最新中学教科书·物理学》充分认识到了"认知策略"的重要性。书中大标题采用大号加粗字体，其中的说明文字采用中号字体，附录、习问和例题采用小号字体；在重要的字句下往往加着重号。这些大多根据底本而来。而之前的《格物质学》及饭盛挺造的《物理学》、陈榥的《物理易

解》则不太注意这些方面的细节。

谢洪赉在《最新中学教科书·物理学》"教授要言"中介绍了教学中使用此书需注意的问题,包括算式问题、课程进度安排和教学中的难点及重点。另外,书中还专门谈到学堂初立该如何准备实验器材的问题:

> 学堂初立,未备实验室,或生徒年齿已长,期在速成,则实验室功课诸条,不妨略去。然有志欲精于此学者,必宜依式研习,且当自出心裁,制器察理。器械价昂,购置难备,教者切勿因此扫兴。能得小号器械(上海出日本制者,售价不逾百金。)加以口讲指画,条晰详明,学者不难领会。且书内试验多款,俱用简便木制器具,教者可自仿造,或指挥工匠制之,学生中有能制者,更宜嘉奖。
>
> ······
>
> 实验之际必使全班生徒同时莅视,且当时时诘问,使知所注意。
>
> 学校附近,如有局工场,当随时率领生徒临勘机器之用法、装法。

以上这些或许源于谢洪赉自己的教学经验。相比较之下,之前和同时期的其他教科书中没有这些中肯的介绍。

本章小结

综上所述,谢洪赉翻译的《最新中学教科书·物理学》是一部过渡时期的作品。其底本编写于 1900 年,从书名、章节名称、知识的叙述方式等方面看,该书在美国物理学教科书史上是承前启后的作品。谢洪赉是一位中国科学教科书编写史上的过渡性人物。他早年曾与潘慎文合作翻译《格物质学》，采用的是传统的口译笔述的方式；后来独自翻译《最新中学教科书·物理学》，对以前的传统有所继承和发展。如书中大部分译名与《格物质学》相同，而"力矩"则采用了日译名词。尽管此书属于商务印书馆出版的"最新中学教科书"系列，但实际上此书的难度远远高于中学程度。当时新学制刚刚确立，大学堂和中学校正在建立过程中，如此难度的物理学教科书还很难被中学生所理解。但此书对于理工科大学堂难度又略显不足，因此，此书真正适用于大学预科学生。浙江高等学堂高等预备科二年级学生就曾选用谢洪赉翻译的《最新中学教科书·物理学》作为物理学教科书①。之后，随着新学制的推行，一系列更符合新学制的教科书出版，《最新中学教科书·物理学》等逐渐淡出人们的视野。但是，此书对于理解清末物理学教科书的发展还是有一定的意义的。

①光绪三十三年（1907）高等预备科二年级生课程表见朱有瓛：《中国近代学制史料·第二辑（上册）》，华东师范大学出版社，1987。

第六章
王季烈译编的两本物理学教科书

20世纪初，中国教育经历了兴学堂、行新学制、废科举等前所未有的变革。当时，新式教科书是非常缺乏的。由于传统教育没有理化科目，因而此类教科书更是稀少。王季烈及其编译的两本物理学教科书在当时具有很大的影响力。王季烈曾任职于江南制造局，与傅兰雅合译《通物电光》，后又校点润色藤田丰八翻译的《物理学》①。这两本书专业程度较高，前者是介绍伦琴射线产生及其在医学上应用的专门著作，后者是20世纪初最全面的高等物理学教科书，但在当时的中国真正能读懂它们的人并不多，故此影响不大。此后，王季烈辗转于几所官办学堂任理化教习，后任职于学部，其间翻译了中村清二（1869—1961）的《近世物理学教科书》，并于民国初年编著《共和国教科书·物理学》。相比较之下，后两本书专业程度较低，贴合新学制，加之译笔畅达，在当时更具影响力。本章从一些基本资料入手，试图对这两本书进行初步研究，希望借此对20世纪初十几年间物理学教科书的发展演变加以阐述。

第一节　王季烈其人

王季烈，出生于洞庭东山，字晋余，号君九，别号蠛庐，又号蠛

---

① 张建国、周玲：《王季烈与晚清物理学的传播》，《牡丹江大学学报》2011年第8期，第59-60页；张橙华：《清末民初物理教育家王季烈》，《江苏地方志》1998年第2期，第37-38页；咏梅：《中国第一本〈物理学〉内容研究》，《内蒙古师范大学学报（自然科学汉文版）》2006年第4期，第499-503页。

楼，苏州长洲县人。父亲王颂蔚（1848—1895）曾任军机章京，诰授资政大夫。母亲谢长达（1848—1934），是近代著名教育家，曾创办振华女校。王季烈同辈中有王季同、王季点、王季绪、王季玉等，均在科教领域有一定影响力。

王季烈年少时濡染中国古代典籍。1897 年，王季烈在其舅舅的资助下赴上海读书。后来，沈子培将其推荐给吕靖宇钦使，希望能赴海外留学，但未能如愿。1898 年，王季烈受汪中翰聘请编辑《蒙学报》，得遇罗振玉、王国维。1899 年，王季烈任江南制造局翻译馆译书文员，自学西方近代物理学，与傅兰雅合作翻译《通物电光》，于 1899 年由江南制造局出版。此书译自美国摩尔登与汉莫尔所著的《X 射线：不可见光的照片和它在手术中的价值》。① 在江南制造局期间，王季烈校改润色了由藤田丰八翻译的饭盛挺造的《物理学》，此书共 3 册，1901—1903 年间陆续出版。藤田丰八最初希望用中国传统的"格致"为此书命名，但王季烈主张用"物理学"，自此物理学之名开始在中国流传。② 以上这些经历，为王季烈日后编译物理学教科书打下了基础。

《清代官员履历档案全编》提供了王季烈在 1900—1911 年的大体经历③。1900 年，他进入汉阳铁厂。后来，成为张之洞（1837—1909）的幕僚，曾任湖北自强学堂兼经心书院理化教习。1901 年 4 月，张之洞呈上"保荐经济特科人才折"，内附有举荐的经济特科会试人员名单，称王季烈"好学深思，博闻强记，于中西算学、物理、化学研习精勤"④，当时王季烈已是候选通判举人。当年 12 月，清政府降旨

---

① 李迪、徐义保：《第一本中译 X 射线著作——〈通物电光〉》，《科学技术与辩证法》2002 年第 3 期，第 76-80 页。
② 王季烈：《共和国教科书·物理学》，商务印书馆，1914，序言。
③ 秦国经：《清代官员履历档案全编》，华东师范大学出版社，1998，第 704-705 页。
④ 张之洞：《保荐经济特科人才折并清单》，载《张文襄公奏议》，民国刻张文襄公全集·卷 58，第 3-8 页。

"兴学育才"，派张百熙为管学大臣，编制《钦定学堂章程》（即"壬寅学制"）。1902 年，王季烈参加本省乡试得中举人。翌年 2 月，清政府又派荣庆会同张百熙管理大学堂事宜。二人意见不合，在用人方面多有争执。当年闰五月，清政府派张之洞会同张百熙和荣庆拟定《奏定学堂章程》。11 月，《钦定学堂章程》废止，施行新的章程，这就是所谓的"癸卯学制"。[①] 1903 年，王季烈充任两湖高等学堂兼湖北普通中学堂理化博物教习。

1904 年，王季烈参加会试中进士，殿试二甲，被分配到刑部；6 月到部，职位是云南司行走；10 月，经前学务大臣孙家鼐等奏，王季烈任八旗学堂理化教习。1905 年 7 月，王季烈又到京师译学馆担任理化教习；9 月，清政府下诏"立停科举，推广学堂"，令学务大臣迅速颁行各种教科书，责成府、厅、州、县在乡城各处遍设蒙学堂[②]；11 月，政务处奏请特设学部；12 月正式成立了学部，这是统辖全国各级教育的中央行政机构。当月，经学部尚书荣庆举荐，王季烈调任学部主事。

1906 年 8 月，王季烈升任学部普通小学科员外郎，9 月任普通司帮总办。这一年，他编译的《近世物理学教科书》由学部编译图书局出版。1907 年 5 月，王季烈以举贡专职派充襄校官，9 月升补学部专门司郎中并充专门司总办，10 月兼充京师译学馆监督。从 1904 年之后的 3 年来看，王季烈连跨候补员外郎、员外郎、参事、郎中等多级，1907 年升任郎中。这一方面是由于王季烈的工作得力，更主要的原因应该是张之洞的赏识和提拔。张之洞去世后，王季烈的官职基本就没有变化。有学者认为，《物理学语汇》是王季烈在学部期间主持编撰的，此书于 1908 年由商务印书馆出版。不过，笔者查阅学部相关资

---

①陈宝泉：《中国近代学制变迁史》，北京文化学社，1927，第 46 - 48 页。
②陈学恂：《中国近代教育大事记》，上海教育出版社，1981，第 149 页。

料，未曾见到他曾主编此书的证据，这一说法还有待进一步考证。

辛亥革命之后，王季烈在天津避祸，拒绝出仕，致力修订族谱、精研昆曲。1912 年 5 月，应商务印书馆之约编著《共和国教科书·物理学》，并于 1913 年出版。1916 年 12 月 24 日，王季烈曾出任京师学务局局长①，但很快，1917 年 1 月 31 日《政府公报》刊出了王季烈请辞的公告②。据黎难秋先生考查，1918 年，王季烈曾任北京大学理化监督③。此后两年，应北洋政府交通总长叶恭绰的约请，王季烈曾为交通部筹办子弟学校，取名"扶轮"。1952 年 2 月 1 日，王季烈在北京毛家湾病逝，享年 79 岁。

由此可见，王季烈在科教方面的主要工作正好是在 1900—1912 年完成的。其间，他曾任理化教员，在学部履任要职，翻译《近世物理学教科书》，并由学部编译图书局出版，在当时颇为盛行。1912 年，王季烈又编著了《共和国教科书·物理学》，由商务印书馆出版，也有相当大的影响力。

第二节　中村清二与《近世物理学教科书》

日本中村清二著《近世物理学教科书》，1899 年首次出版，1900年、1902 年、1903 年、1906 年、1909 年、1911 年均进行过修订，1911 年版的书名改为《最近物理学教科书》。经查，王季烈翻译的底本是 1902 年那一版。

①范源濂：《部令：教育部委任令第二十五号（中华民国五年十二月二十日）》，《政府公报》1916 年第 349 期，第 11－12 页。

②范源濂：《部令：教育部令（二则）：教育部令第四号（中华民国六年一月三十一日）》，《政府公报》1917 年第 382 期，第 12 页。

③黎难秋：《清末译学馆与翻译人才》，《中国翻译》1996 年第 3 期，第 45－46 页。

此书在清末民初颇为流行，有多种译本。除王季烈译本外，笔者还找到几种：余严译本，书名也是《近世物理学教科书》，普及书局出版；林国光译本，书名《中等教育物理学》，1906 年由上海广智书局出版。1907 年，杜亚泉编译《物理学新式教科书》，由商务印书馆出版。此书也是基于中村清二的《近世物理学教科书》，除"重力单位"（第 38 节）一节不同外，其余与王季烈译本基本相同。笔者考查了中村清二著的《近世物理学教科书》各种版本，未发现有"重力单位"一节，这很可能是杜亚泉自己加上去的。另外，民国初年（1912 年），中华书局出版了《中华教科书·物理学》，也声称是基于"日本理学博士中村清二《最近物理学教科书》"而编写的①。

中村清二，近代日本具有一定影响力的物理学家，在结晶光学及地球物理学方面有突出贡献。1892 年，中村清二大学毕业于东京理科大学（现东京大学理学部）；1895 年，在第一高等学校担任物理教师，后来到东京帝国大学任物理学助教；1903 年，留学德国，四年后获得理学博士学位；1911 年，任东京帝国大学理科学院物理学教授；1924 年，成为帝国学士院会员。② 除编著《近世物理学教科书》外，中村清二翻译过德国物理学家瓦尔堡（Warburg）的《实验物理学》，这是一本大学物理实验教程。另外，他还与化学家大幸勇吉（1867—1950）共同校阅过和田朱三郎编著的《理化示教》（1900 年）。

中村清二编著的物理学教科书非常重视实验教学，通过生活常识引入物理概念和理论，为直观地反映实验仪器及实验过程，书中的实验多配有一幅甚至多幅插图。以阿基米德浮力定律为例（图 6-1），首先讨论了人在水中变轻这一经验，然后讨论石头在水中也变轻，进而引出浮力定律："物体在流体中之重，较其真重轻，其失之重，与其

①中村清二：《最近物理学教科书》，富山房，1911。
②金沢寿吉：《中村清二先生の思い出》，《日本物理学会誌》1960 年第 9 期，第 1-2 页。

所压开同体积之流体重相等。"① 在此
之后，这一部分还讨论了运用这一原理
的一些实例。这种知识阐述的方式在整
体章节的设计中也可看出。如在光学部
分，作者首先介绍光的直行、反射、屈
折、分散等比较直观的现象和知识，然

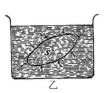

图 6-1　浮力原理示意图

（1902 年版，第 90 页）

后介绍一些光学器具，最后讨论光的本性——波动说和粒子说。其他
章节的安排见表 6-1。

表 6-1　王季烈译中村清二著《近世物理学教科书》之目次

卷	章（节数）
物体之性质	总论（10）；分子及分子力（10）
力学	运动之定律（8）；坠体及圆运动（6）；力（15）；工作及能力（4）；摆（3）
流体	液体（8）；亚基美特斯之原理（7）；气体（10）；虹吸管及抽筒（7）
热	热及温度（6）；涨大（8）；比热（4）；热及能力（3）；溶解及凝固（5）；气化及液化（9）；热之传播（5）；汽机（2）
波动及声	波动（3）；音波（9）；测定发音体之摆动数（3）；音之合成（3）；弦棒等之摆动（7）
光	光之直行（5）；光之反射（7）；光之屈折（10）；光之分散（12）；光学器械（6）；光之波动说（4）
磁气	磁石（2）；磁气之感应（4）；地球磁气（5）
电气	总论（12）；电气机械（4）；电气及能力（6）；大气中之电气（2）
电气下	电池（7）；电流与磁气（11）；欧姆之定律（5）；电流与热（4）；感应电流（14）；电气分解（8）

---

① 中村清二：《近世物理学教科书》，学部编译图书局译，富山房，1906，第 5-6
页。

1902 年版《近世物理学教科书》共分 285 节（专题），当时大多物理学教科书均采用这一组织方式。由表 6-2 可知，中村清二的教科书所含知识点在当时日本较有影响的几本中学物理学教科书中属于数量适中。

表 6-2 清末时期几本日本物理学教科书所载知识点数目

书名	《中学物理书》	《近世物理学》	《中学物理学教程》	《近世物理学教科书》	《中学物理学教科书》
作者	士都华	水岛久太郎	浦口善为	中村清二	早川金之助
出版时间	1891 年	1892 年	1901 年	1902 年	1903 年
节数	397 节	499 节	189 节	285 节	235 节

由表 6-3 可知，《近世物理学教科书》不同版本所载知识点有从简的趋向，这与当时日本中学物理学教科书整体上从简的趋势基本一致，而这一趋势也影响到了王季烈编著的物理学教科书。

表 6-3 中村清二《近世物理学教科书》不同版本所载知识点比较

出版时间	1899 年	1901 年	1902 年	1906 年	1909 年
总节数	286 节	286 节	285 节	245 节	225 节

尽管知识点数量减少，但其所介绍的具体知识的深度却没有降低。这体现在涉及的数学运算和所介绍的概念这两个方面。

在当时出版的多种教科书中，《近世物理学教科书》是比较早介绍电场概念的物理学教科书。我们知道，场的概念最初由英国物理学家法拉第提出，麦克斯韦对电磁场理论进行了完善。麦克斯韦的《电磁学通论》（*A Treatise on Electricity and Magnetism*）于 1873 年出版，标志着经典电磁学理论体系的形成。磁场概念在中学物理学教科书中出现较早，这或许是由于可以通过磁铁周围铁屑的环绕排列比较形象地表现磁场。电场概念出现在中等物理学教科书中则晚很多，英、美、日均如此。如美国教育家史砥尔编著的《大众物理学》（*Popular Physics*），1888 年出版，书中有磁场概念，未引入电场①。在日本，水岛久太郎所著《近世物理学》（1894 年）也只提到了磁场，未提及电场②。中村清二在 1899 年编著《近世物理学教科书》时，就已经在"电气的感应"一节讨论了电场概念③，这是笔者所见的日本物理学教科书中最早讨论电场概念的一本。陈榥编著的《物理易解》于 1902 年出版，其电磁学部分参考了中村清二的教科书，讨论了电场概念④。

第三节 王季烈的《近世物理学教科书》

王季烈在京师译学馆任理化教习时就曾以中村清二编著的《近世物理学教科书》为教材，并试图将此书译为中文。当时正值学部黄中毅找到王季烈，希望将此书纳入学部编译图书局出版。⑤ 此书分上、下两册，最初出版时售价仅为 7 角，比谢洪赍翻译的《最新中学教科书·物理学》便宜很多。《近世物理学教科书》书末署名原著者中村清二，译印者为学部编译图书局，未提王季烈的名字（图 6‑2）。这是当时学部出版教科书的规则，只以机构署名。编译图书局是学部下属的三局之一，是由原京师学务处下设的编书局改组而成，局中设有研究所，负责研究和编纂各类教科书。

---

①Steele J. D., *Popular Physics*（New York：American Book Company，1888），p. 289.

②水岛久太郎：《近世物理学》，有斐阁［ほか］，1894，第 468 页。

③中村清二：《近世物理学教科书》，富山房，1899，第 390‑391 页。

④王广超：《清末陈榥编著〈物理易解〉初步研究》，《中国科技史杂志》2013 年第 2 期，第 27‑39 页。

⑤王季烈：《共和国教科书·物理学》，商务印书馆，1914，序言。

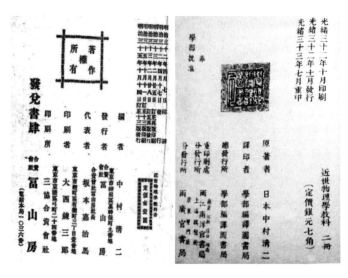

图6-2 《近世物理学教科书》底本（左）及王季烈译本版权页（右）

编译图书局还出版了几种其他学科的教科书①。由于质量参差不齐，内容深浅程度不一，学部出版教科书这一举措引起朝野内外的诸多非议。1914年，江梦梅在《前清学部编书之状况》发文指出，"学部教科书恶劣之声不绝于教育社会，分配之荒谬、程度之参差，大为教育界所诟病"②。中华书局创始人陆费逵对学部编订的教科书也颇不以为然，1907年他就在《南方报》撰文直接批评学部编译图书局编的课本③。1932年，陆费逵回忆起当时学部出版的教科书说："其时学部所出教科书，听各省翻译，然编法体例，完全仿商务最新本，其太深、太多，欠联络、欠衔接，更有甚焉。但因政府的势力，销数却占第一。"④

---

① 学部编辑学堂应用教科书广告，《申报》1910年2月5日、4月19日、4月27日。

② 江梦梅：《前清学部编书之状况》，《中华教育界》1914年第3期。

③ 刘立德：《陆费逵教育思想试探》，载俞筱尧、刘彦捷编《陆费逵与中华书局》，中华书局，2002，第142-151页。

④ 陆费逵：《六十年来中国之出版业与印刷业》，载俞筱尧、刘彦捷编《陆费逵与中华书局》，中华书局，2002，第472-480页。

陆费逵认为，教科书不应该国定，而应由民间自由编辑，学部负责监督审定。尽管如此，学部也不愿放弃"国定"权力，因为从编辑出版教科书中可以谋取巨大的利益。学部在其发行的每一册教科书中均可征收5厘的印花税，这比同期日本文部省所收的印花税高两倍以上。①

　　学部下设审定科，负责对市面上流通的教科书进行审定，此机构与编译图书局相对独立。最初，《学部官报》刊载了审定科评议的大多评语，后来也有一些评语发表在《教育杂志》上。《教育杂志》1909年第2期发表了《近世物理学教科书》二册、《近世物理学教科书》一册、《普通应用物理学教科书》二册等物理学教科书的评语：

　　　　《近世物理学教科书》二册，学部编译图书局本。日本中村清二著，学部编译图书局译。此书程度适合中学之用，体例甚精，定名亦当，译笔畅达，允为中学教授物理之善本。

　　　　《近世物理学教科书》一册，普及书局本。日本中村清二著，镇海余岩编译。此书与本部编译图书局所译同一原本，而译笔尚欠明畅，惟兼有增补之处，足资参考。应审定为参考书。

　　　　《普通应用物理学教科书》二册，同文舍本，广济陈文哲编。是书第一、二、三编，大都节采饭盛挺造氏之物理学。第四编以下，则本之中村氏之近世物理学教科书，而算式删去不少。故于算理未深者读之颇便，文笔亦明畅，作为中学教科书。②

　　由此可见，评述人按善本、教科书、参考书等标准对物理学教科书进行了评定，依据主要是说理是否浅显、程度是否适合、体例是否精当、译笔是否畅达等。王季烈译著的《近世物理学教科书》因"体

────────────

①毕苑：《建造常识：教科书与近代中国文化转型》，福建教育出版社，2010，第145页。
②《学部审定中学教科书提要（续）》，《教育杂志》1909年第2期，第9-18页。

例甚精，定名亦当，译笔畅达"被评为善本，而余岩译书则因"译笔尚欠明畅，惟兼有增补之处"定为参考书。

尽管评述人给王季烈所译的《近世物理学教科书》极高评价，但王季烈却认为此书还有不少问题："惟余素主张，以物理现象为分子外部之变化，日常之经验多。化学现象为分子内部之变化，非由特别之试验，不易发见。故教授理科之次序，宜先物理而后化学。庚戌秋，同曹诸君商改中学课程，余力持此议，幸蒙采纳。将物理移之第四年教授。则中村之书，已不无扞格。"[①]

清末制定的"癸卯学制"基本参照日本学制，但理化课程的安排比较特殊。1901 年，日本文部省制定的《中学校实行规则》规定化学在第四年教授，第五年教授物理（表 6-4）。而在中国，学制的规定却与此相反，物理在第四年教授，第五年教授化学。[②] 这样的话，"则中村之书，已不无扞格"。那么，为什么"癸卯学制"的制定者在理化授课顺序的安排方面未仿照日本学制呢？存在这样一种可能，这体现了王季烈的意图，透过张之洞影响"癸卯学制"中理化授课顺序的安排。由张之洞"保荐经济特科人才折"及清单可知，王季烈是当时张之洞身边最重要的精通理化的人才，而坚持物理应在化学之前是王季烈的一贯主张。但在现实世界中，地方学堂在具体执行时，由于缺少相应的教材，大多学堂只得使用日本教材，因而课程安排并未按学制的规定，而是仿效日本，将物理置于化学之后。因此，王季烈才发出"余力持此议，幸蒙采纳。将物理移之第四年教授"的感慨。

---

① 王季烈：《共和国教科书·物理学》，商务印书馆，1914，序言。
② 朱有瓛：《中国近代学制史料·第二辑（上册）》，华东师范大学出版社，1987，第 388-390 页。

表 6 - 4　日本明治时期理化课程设置沿革①

时期	1886 年日本颁布的《中学校令》	1894 年文部省课程进行改革	1901 年，文部省颁发《中学校实行规则》
理化课程设置	第 2 年，物理和化学初步，每周 1 时限。第 4 年开设化学课，每周 2 时限。第 5 年物理，每周 3 时限	与 1886 年基本相同，唯一的改变是第 4 年化学课改为每周 4 时限	废止第 2 年的理化示课。第 4 年设置化学课，第 1、第 2 学期每周 3 时限，第 3 学期每周 4 时限。第 5 年开设物理课，每周 4 时限②

　　表 6-5 列出了王季烈校译编的几本物理学教科书中一些典型的译名。由此可见，《近世物理学教科书》中的大多数译名使用了日语汉字词。如"力的合成"，王季烈译为"力之成立"，"惯性"译为"惰性"，"平衡"译为"平均"。在《共和国教科书·物理学》中，这些译名均有变化。这些词与王季烈之前校点的《物理学》不同，《共和国教科书·物理学》大多使用了益智书会制定的术语。也有一些词，王季烈采用了国内较为流行的译名。如"energy"，日译为"エネルギー"，王季烈译为"能力""能"；"work"，日译为"仕事"，王季烈译为"功"。

表 6 - 5　王季烈校译编几本物理学教科书中的部分名词

今用名	英文	日文	《物理学》	《近世物理学教科书》	《共和国教科书·物理学》（1913 年版）	《共和国教科书·物理学》（1924 年版）
力学	mechanics	力學	重学	力学	力学	力学

①板仓圣宣：《增补日本理科教育史》，株式会社仮説社，2009，第 372 页。
②福冈元次郎：《文部省训令第三号·中学校教授要目》，钟美堂书店，1902，第 95-113 页。

续表

今用名	英文	日文	《物理学》	《近世物理学教科书》	《共和国教科书·物理学》（1913年版）	《共和国教科书·物理学》（1924年版）
固态	solid	固體	定质	固体	固体	固体
惯性	inertia	惯性	恒性	惰性	惯性	惯性
力的合成	composition of forces	力の組立*	力之合成	力之成立	力的合成	力的合成
平衡	equilibrium	鈞合	平均	平均	平衡	平衡
力矩	moment of force	力の能率	力之平均	力之能率	力之能率	力矩
功	work	仕事	工程	工作	功	功
能	energy	エネルギー	储蓄力	能力	能力	能
动能	kinetic energy	運動エネルギー	运动之储蓄力	运动能力	运动能力	动能
势能	potential energy	位置エネルギー	位置之储蓄力	位置能力	位置能力	位能
电阻	resistance	抵抗	传电体之阻力	抵抗	抵抗	抵抗
感应	induction	感應	感应	感应	感应	感应
电容	capacity	電氣容量	无	电气容量	电气容量	电容量

注： *这一词的日文并不相同，饭盛挺造《物理学》中为"力ノ集合"，中村清二《近世物理学教科书》1902版为"力の组立"，而1906版则改为"力の合成"。

第四节　《共和国教科书·物理学》的特色

民国初年，王季烈应商务印书馆之约编著中学《共和国教科书·物理学》。早在辛亥革命之前，商务印书馆负责教科书编纂工作的陆费逵就已获知教育部将发布新的课程标准，他和几位同事甚至按此标准编辑了一套新式教科书。1912 年 1 月，陆费逵辞职，带走了已准备好的那套书，创办中华书局。这些书中的物理学教科书，就是黄际遇编译的《中华教科书·物理学》。此书与教育部颁布的物理学课程标准内容完全相符，规定物理学于第三年讲授，按力学、物性、热学、音学、光学、磁学、电学的顺序编写。[1] 王季烈编著的《共和国教科书·物理学》完成于 1913 年 5 月，9 月由商务印书馆出版。《共和国教科书·物理学》的章节安排（表 6-6）与新课程标准有较大出入，主要体现在将"运动论""能力论"两篇置于末尾。

表 6-6　王季烈编《共和国教科书·物理学》之目次

篇	章（节）
总论	物体之通性及力；物体之组织及分子
力学	平衡之刚体（施于刚体之诸力、刚体所成之器械）；平衡之流动体（流体之压力、气体之压力、应用气压力之器械）
热学	热与温度；涨大；物体状态之变化
音学	音之性质；发音体之摆动；空气之摆动
光学	光之性质；光之反射；光之屈折（屈折之现象、透镜及透镜之应用）；光之分散
磁气学	磁石；地磁石

---

①黄际遇：《中华中学物理学教科书》，中华书局，1914，目录。

续表

篇	章（节）
静电学	带电体；电气感应；电位
电流学	电流及电池；电流之作用（热作用及化学作用、磁气作用）；感应电流
运动论	运动之物体；摆动及波动；音波光波及点电磁气波
能力论	工作及能力；能力之不减

这样安排或许是出于学生认知的考虑："本书编次略依通常物理学之次序，惟运动、能力二项，他书皆包括于力学中，本书则特提出，各为一编。是因运动与能力为各种物理现象之本原，非仅与力学有关系，况生徒于动量 vector quantity 之观念，本多缺乏，故此二项，于初习物理时，每未易了解。今移至篇末始为教授，既免模糊影像之弊，更获比较概括之益。"①

其实，王季烈这一安排并非首创，可能是受中村清二的 1906 年版《近世物理学教科书》的启发，因此也将"运动"和"能力"置于书末。不过，在 1909 年出版的《近世物理学教科书》中，中村清二又将"运动"和"能力"置于前面的力学部分②，而 1911 年出版的《最近物理学教科书》将"能力"一章安排在最后部分。可见，对中村清二来说，"运动"和"能力"安放在哪一部分也是一个棘手的难题。

当时的学生基础比较薄弱，数学能力较差。为此，王季烈在书中尽量地压缩了数学表达："本书所记事项，须用数学说明者，竭力避去。必不得已而涉及数学，亦以单简之代数，浅近之平面几何为止。庶令生徒于第一二所习之数学，已敷应用，不致因数学程度之不及而

---

①王季烈：《共和国教科书·物理学》，商务印书馆，1914，序言、编辑大意。
②中村清二：《近世物理学教科书》，富山房，1909。

生扞格。"①

其实，王季烈一贯主张由浅入深培养学生的基础。1901 年，他曾在《北京新闻汇报》发文，称"中国宜急徧（通'遍'）设小学堂议"，其中提到："盖学问之道，由浅入深，小学者，学问之基础也。今中国小学未开，基础不立，虽有精深之理，专门之业，难以语之。"②

1901 年，王季烈在湖北自强学堂任理化教习，他的学生应属于中学程度，但其中很多学生对小学基础知识都还不熟悉。不得已，他只好为这些人补习小学基础知识。也许正是有此切身体会，王季烈译编的教科书着重从学生的实际出发，注重基础知识的介绍和基本能力的传授，尽量删略晦涩的概念和复杂的计算公式。

1912 年，学制规定中学为 4 年，第 3 年学习物理③，物理学习时间比清末施行学制的规定早了一年。为此，王季烈对书中的知识点进行了简化处理，知识点数量相对于《近世物理学教科书》大为减少，全书总页数只有 200 页。与《近世物理学教科书》章节组织方式不同，《共和国教科书·物理学》以章而非节为基本单元。这些得到了教育部的肯定，认为"是书词意通达，所取教材分量，亦均不寡不多，深合中学程度之用"④。

《共和国教科书·物理学》附有 115 个实验，数量并没有缩减。这些实验有的来自同期其他物理学教科书，有的是王季烈设计的。他在"编辑大意"中写道："本书所记实验共百余条，皆取其足以证明学理，而又无须繁重之器具者，以便学校易于设备，且令生徒可藉日用之器

①王季烈：《共和国教科书·物理学》，商务印书馆，1914，序言、编辑大意。

②王季烈：《中国宜徧设小学堂议》，《北京新闻汇报》1901 年第 4 期，第 454 - 458 页。

③朱有瓛：《中国近代学制史料·第三辑（上册）》，华东师范大学出版社，1990，360 页。

④同①，序言、教育部审定批语。

具，自行单简之试验，以得确实之知识。凡教员诸君，遇实验事项，苟能以日常用品行之者，即不必购特别之器械，庶于学校之经费，多所节减，而生徒之获益，反为增加。"① 可见，王季烈充分考虑了当时的实验条件，鼓励教员自制实验设备。

《共和国教科书·物理学》内配有 171 幅插图，几乎每个演示实验都有一幅甚至多幅，这些插图有的源自中村清二的《近世物理学教科书》，但相关解释比之更加详明（图 6-3）。以"发电机"示意图为例，可以看出，中村清二书中的插图比较简略（图 6-3 a），关键部件并没有明确标注；而王季烈的书（图 6-3 b）中则详细得多。何以有如此的差异？中村清二的书面对的是日本学生，经历 30 多年的改进，当时日本的理科教育条件已经比较成熟，设备基本齐全，学生可以看到发电机模型，观摩其发电过程。但在当时的中国，大部分学校没有这样的条件，大多数学生只能通过教科书所配插图了解科学仪器及相关实验过程，所以插图必须详明。这可以说是王季烈基于学生实际情况施教的具体体现。

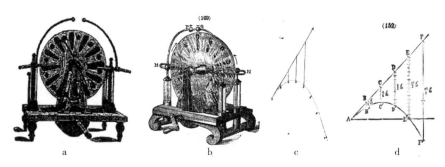

图 6-3　中村清二《近世物理学教科书》（a、c）与
王季烈《共和国教科书·物理学》（b、d）插图对比

通过这些细致的插图，王季烈深入地讨论了一些复杂的运动问题，

---

①王季烈：《共和国教科书·物理学》，商务印书馆，1914，序言、编辑大意。

比如抛体运动（图6-3c和6-3d）。图6-3c是中村清二1906年版
《近世物理学教科书》的斜抛运动示意图，比较简单，图中关键点也未
做特殊标注和说明。图6-3d是王季烈编著的《共和国教科书·物理
学》中的示意图，标注比较详明。相应的讨论如下：

> 凡抛掷体 projectile，系受抛掷力及重力之二种作用，故
> 其所有经过之距离，可依运动之第二定律求之。如图152
> （即本文图6-3d）。有物体A，若仅受抛掷力而成等速运动，
> 则第一秒之终当达于B，第二秒之终当达于C，第三秒之终
> 当达于D。又仅受重力而下坠，则在B之物体于一秒以后当
> 达于B′，在C之物体，于二秒以后当达于C′，在D之物体，
> 于三秒以后当达于D′。今同时受二力之作用，则第一秒之终
> 达于B′，第二秒之终达于C′，第三秒之终达于D′，其所经之
> 路虽成抛物线 parabola，而其所达之各点，仍与分次受二力
> 之作用无异也。[①]

当时大多数物理学教科书很少论及斜抛运动，因为这是一种比较
复杂的运动形式。王季烈用一个示意图及相关的说明，就将复杂的问
题讲述得比较清楚。其中，有对斜抛运动的定性描述，也给出了运算
公式（计算抛掷体的纵向位移用到了 $s=\frac{1}{2}gt^2$），这一点是同时期教科
书无法比拟的。但以现代物理学知识看，王季烈的叙述也存在一些问
题，如第一句说掷体"受抛掷力及重力之二种作用"，此表述并不严
谨。因为在抛掷体被抛出后仅受重力的作用，而其继续沿斜向运动是
由于物体的惯性，而非抛掷力的作用。后来的修订本也没有对此进行
修改。[②]

[①] 王季烈：《共和国教科书·物理学》，商务印书馆，1914，序言、第174-175
页。
[②] 王季烈：《共和国教科书·物理学》，周昌寿校订，商务印书馆，1924。

　　总的来看，《共和国教科书·物理学》注重学生基础能力的培养，根据学生的认知情况安排知识点。此书配图详明，说理深入浅出，在当时应该是一本优秀的物理学教科书。1924 年，周昌寿重新校订此书，调整了部分名词术语，将原来置于"感应电流"一章之下的"放射线"部分独立成一章①。1929 年 11 月 11 日，此修订本通过了教育部编审处的审查，批准此书作为"初中物理学教科书"。实际上，自1922 年开始，民国政府施行新学制，中学改为"三三制"，初中、高中各 3 年，初中第 2 年学习物理。② 而王季烈于 1912 年编著的《共和国教科书·物理学》修订本，能在新学制下通过审批，成为国定教科书，实属难得。

本章小结

　　综上所述，王季烈生逢中国教育激烈变革的时代。清末，他曾在几所官办学堂任理化教习，后进入学部，有可能通过张之洞影响了"癸卯学制"关于理化课程授课顺序的安排。他有深厚的旧学功底，通过自学掌握了科学知识。最初在江南制造局通过口译笔述的方式译校过物理学论著。他后来翻译的《近世物理学教科书》颇重视实验，注重从生活常识入手引介物理规律。此书因译笔畅达而颇受好评，被学部评为教科书之善本，行销颇广。后来，王季烈独立编著的《共和国教科书·物理学》也颇具影响力，于 1924 年经周昌寿修订，并于1929 年通过教育部审批，成为国定教科书。总的来看，王季烈能够积极顺应时代的变化，在后来的两本教科书中采用了与江南制造局译书

① 王季烈：《共和国教科书·物理学》，周昌寿校订，商务印书馆，1924。
② 《教育部编审处审查会议》，《申报》1929 年 11 月 11 日。

不同的名词术语。不仅如此，为顺应学制变化，他缩减了《共和国教科书·物理学》的体量，将较为复杂的"运动"和"能力"两篇置于书的末尾。这些变化体现了当时理科教科书的主要趋势。就此来说，王季烈编译的教科书远非那些粗通日文、略知近代科学的日本留学生所编教科书能比，这也许正是这些书在当时能够脱颖而出且经久不衰的主要原因。

第七章
陈榥自编物理学教科书

甲午战争之后，师日之风骤兴。20世纪初，大量中国学生留学日本，他们从日本翻译了很多著作，其中不乏教科书。不少留日学生认为，科学是强国的关键，因而致力科学教科书的翻译和出版。当时大多数教科书是留日学生根据日本教科书直译而成，也有少量教科书是基于日本教科书自编而成的，本章讨论的《物理易解》①属于自编类教科书。此书由陈榥自编，1902年出版，是笔者所见的诸种物理学教科书中第一本由国人自编的中学物理学教科书。但几乎还没有针对此书的相关研究②，甚至《中国近代中小学教科书总目》③和《北京师范大学图书馆馆藏师范学校及中小学教科书书目（清末至1949年）》④都没有收录《物理易解》。本章基于一些一手材料，对该书进行详细考查，希望借此让读者对早期物理学教科书的编写、使用等情况有深入的认识。

---

①陈榥：《物理易解》，教科书译辑社，1902。

②王冰：《明清时期（1610—1910）物理学译著书目考》，《中国科技史料》1986年第5期，第3-20页。

③王有朋：《中国近代中小学教科书总目》，上海辞书出版社，2010，第688-706页。

④吴艳兰：《北京师范大学图书馆馆藏师范学校及中小学教科书书目（清末至1949年）》，北京师范大学出版社，2002，第220-228页。

第一节　陈榥小传

陈榥，字乐书，浙江义乌人，自幼随父亲陈玉梁学习经、史和新学。他自幼聪颖，13 岁得中秀才，后来进入杭州求是书院研读数理。求是书院是浙江大学堂前身，光绪二十三年（1897 年）据普慈寺改建，名曰"求是书院"。[①] 1898 年，陈榥因成绩优异获得公费留学日本的机会，进入东京帝国大学修习造兵科，求学期间成绩优异。陈榥毕业后暂居日本，自编《物理易解》，于 1902 年出版；编纂《心理易解》，于 1904 年出版；编纂《中等算术教科书》，于 1905 年出版；翻译《初等代数学》，于 1905 年出版。这些书大多由教科书译辑社出版，在日本印成后运销国内，颇受欢迎。在日本期间，陈榥曾先后加入光复会、同盟会等组织，积极投身反清革命活动。辛亥革命后，陈榥获陆军少将衔，授二等文虎勋章，督理上海制造局。1914 年，陈榥因不满袁世凯政府而辞职，到北京大学担任数理教授，其间曾被聘为沈阳兵工厂高等顾问。1915 年，张元济、高梦旦邀请陈榥编纂《实用物理学》教科书，此书首版于 1918 年，由商务印书馆出版，后曾多次印刷。1922 年，陈榥回到老家义乌，潜心研究物理哲学，居室名为"研至理堂"，历时 10 年完成《成心论》一书，此书经马一浮校阅并作序。遗憾的是，此书稿在日本侵略军侵占义乌时遭毁。[②]

---

①朱有瓛：《中国近代学制史料·第二辑》，华东师范大学出版社，1987，第 586 页。

②浙江省政协文史资料委员会：《浙江近代人物录》，浙江人民出版社，1992。

第二节　编著《物理易解》的缘起

　　《物理易解》是陈榥早期译编的几本教科书中影响最大的一本。编纂此书缘起于陈榥早年在东京清华学校的教学经历。对此，该书序言有介绍：

　　　　壬寅春，同人设清华于东京，以计留学者修普通学之便，悉命予讲授物理学。予于此非所专执之门，顾以同人之命，不获辞也。遂与来听者相切磋，初则听者颇有苦意，乃未及三月则见解领悟，各蒸蒸日上矣。而时已暑假无事，辄将从前之讲稿，采集他书，以补所不足。语非一家，务期明意成书，名曰《物理易解》，因即梓以公诸世。①

　　东京清华学校的全称是东京小石川清华学校，是一所由华侨创办的学校，位于日本横滨。此校前身是大同高等学校，于 1899 年 9 月成立，梁启超曾任校长。1901 年，校名改为"东亚商业学校"，在校人数已有几百人。1902 年，清政府驻日公使蔡钧接管此校，改名为"清华学校"。② 最初，受梁启超的影响，此学校致力法政方面的课程，此后商科课程成为学校的核心。当然，学生可以自由修习其他人文和自然科学课程。

　　《新民丛报》1902 年第 9 期刊载一文介绍清华学校，其中包括当时开设的课程。载文如下：

　　　　此校亦由横滨绅商郑、吴、曾诸君所创立，初名大同高等学校，旋改为东亚商业学校。今年以蔡公使之提倡协助，

---

①陈榥：《物理易解》，教科书译辑社，1902，序言。
②袁永红：《梁启超与东京大同高等学校》，《广东社会科学》2007 年第 5 期，第 126–132 页。

改为今名。纯依日本中学校程度，设伦理、日本语学、英文、
物理、化学、图画、体操等科，以二年卒业，入高等科者，
加留一年。现有生徒四十余人。并附属日本生徒一部，仍名
东亚商业学校，其监督为太守钱恂君，日本柏原文太郎君。①

清华学校的理化课程多由留日学生讲授，陈榥曾作为该校的义务
教员讲授物理学，《物理易解》是根据在此期间的授课讲义整理而成
的。此书由教科书译辑社于 1902 年 11 月出版，共 8 卷 54 章 245 节，
328 页，每章后有 3～5 道习题，结尾部分附习题（图 7-1、图 7-2）。

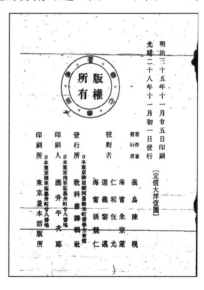

图 7-1 《物理易解》封面　　　　图 7-2 《物理易解》版权页

由教科书译辑社广告可知，在《物理易解》出版之前，陈榥还翻
译过水岛久太郎的《中学物理学教科书》第 1 册，此书在 1902 年 7 月
出版②。但陈榥在《中学物理学教科书》序言中说翻译水岛久太郎教
科书的建议在 1902 年夏季，而定议于冬季。由此推断，《中学物理学

①《中国人海外教育事业（其二）：东京小石川清华学校图》，《新民丛报》1902 年
　第 9 期，第 19 页。
②教科书译辑社广告，《译书汇编》1901 年第 3 期，封底及封里广告。

教科书》成书应该是在《物理易解》之后，或许在 1903 年之后才出版。①

第三节　《物理易解》的内容及特色

《物理易解》主要依据日本物理学教科书自编而成，与此前西方人翻译的物理学教科书有所不同。此书形成时间较早，且由陈榥自编而成，与当时及后来中国人翻译的日本物理学教科书也存在差异。下面我们将着重从印刷与装订、使用的术语、公式的表示、介绍的物理概念、知识的组织方式等方面，将《物理易解》与饭盛挺造的《物理学》、潘慎文翻译的《格物质学》、谢洪赉翻译的《最新中学教科书·物理学》、王季烈翻译的《近世物理学教科书》等进行对比。

由于《物理易解》是在日本出版印刷的，因而采用了当时日本比较流行的印刷和装订技术。日本自明治时代以来，印刷和装订书多采用洋式，即用洋纸和两面印刷，这种形式在当时的中国还不多见。当时，尽管传教士早已创立了印刷机构，但出版的中文图书大多还是采用单面印刷和对折装订的线装形式。② 比如潘慎文翻译的《格物质学》和饭盛挺造的《物理学》就是如此。1904 年之后，情况发生了改变。很多教科书采用了新的印刷和装订形式，如谢洪赉翻译的《最新中学教科书·物理学》和王季烈翻译的《近世物理学教科书》。

名词、术语是科学教科书编写的关键。此前，来华西方人已注意到这一问题，曾开展科技名词的编译、审定和统一工作，1904 年出版

---

①水岛久太郎：《中学物理学教科书》，陈榥译编，教科书译辑社，1902，序言。
②实藤惠秀：《中国人留学日本史》，谭汝谦、林启彦译，三联书店，1983，第 252 页。

的《术语词汇》是西方人百年术语创制工作的集大成者①。正是在
1904 年前后，大量译自日本的科技名词涌入中国，大有取西方人名词
而代之的势头。表 7-1 列出了几本教科书中一些核心的物理学名词。
这些名词大体分为两类：一为西方人制定的名词，《格物质学》《物理
学》和《最新中学教科书·物理学》多使用这些名词；二为译自日本
的名词，《物理易解》和《近世物理学教科书》多使用这些名词。《物
理易解》中的物理学术语大部分源自日文术语。当时的教科书中，如
《物理易解》这样大量使用日译名词的中文物理学教科书还不多见。如
饭盛挺造的《物理学》，尽管也是译自日本的物理学教科书，部分术语
使用了日语原词，但大部分日文原本中的"固體""液體""氣體""速
度""加速度""引力""單位"在中文译本中分别译为"定质""流质"
"气质""速率""加速率""摄力""准个"等，这些多为在华西方人制
定的译名。此后出版的日译教科书大多采用了陈榥的做法，直接使用
日语原词，如盛行一时的《近世物理学教科书》。

表 7-1　《物理易解》等书术语比较

今用名	英文	日文	《格物质学》	《物理学》	《物理易解》	《最新中学教科书·物理学》	《术语词汇》	《近世物理学教科书》
单位	unit	單位	准个	—	单位	准个	准个	单位
力学	mechanics	力學	重学	重学	力学	重学	力学、重学	力学
质量	mass	质量	体积、体	实重率	质量	体质	体、体质	质量
固态	solid	固體	定质	定质	固体	定质	定质	固体
液态	liquid	液體	流质	流质	液体	液质	液质	液体

①王冰：《中国早期物理学名词的审定与统一》，《自然科学史研究》1997 年第 3
　期，第 253-262 页。

续表

今用名	英文	日文	《格物质学》	《物理学》	《物理易解》	《最新中学教科书·物理学》	《术语词汇》	《近世物理学教科书》
气态	gas	氣體	气质	气质	气体	气质	气质	气体
分子	molecule	分子	合点	—	分子	合点	合点	分子
原子	atom	原子	元点	—	原子	元点	元点	原子
惯性	inertia	惯性	质阻	恒性	惯性	质阻	质阻	惰性
速度	velocity	速度	速率	速率	速度	速率	速率	速度
加速度	acceleration	加速度	渐加速	加速率	加速度	渐加速	增速率	加速度
合力	composition of forces	合力	合力	合力	合力	合力	合力	合力
分力	resolution of forces	分力	分力	分力	分力	分力	分力	分力
平衡	equilibrium	鈞合	定	平均	稳定	稳定	平定	平均
引力	gravitation/attraction	引力	吸力	摄力	引力	摄力	摄力	引力
动量	momentum	運動量	动力	无	运动量	动力	动力	运动量
功	work	仕事	工	工程	功用	工程	工	工作
能	energy	エネルギー	工力	储蓄力	能力	工力	工力	能力
动能	kinetic energy	運動エネルギー	显力	运动之储蓄力	动能力	显力	动工力	运动能力
势能	potential energy	位置エネルギー	隐力	位置之储蓄力	还原能力	隐力	储力	位置能力
摆	pendulum	振子	摆	悬摆	摆	摆	摆	摆
膨胀	expansion	膨脹	增涨	无	胀大	涨	涨	涨大
磁场	magnetic field	磁場	磁界	无	磁场	磁界	磁界	磁场
导体	conductor	導體	引电质	传体	导体	传电质	引电质	导体

续表

今用名	英文	日文	《格物质学》	《物理学》	《物理易解》	《最新中学教科书·物理学》	《术语词汇》	《近世物理学教科书》
电流	current	電流	电流	电流	电流	电溜	电流	电流
感应	induction	感應	感电	感应	感应	感电	感电	感应
电容	capacity	電氣容量	电量	—	电容	电量	静电量	电气容量

　　表 7-2 为《物理易解》与《近世物理学教科书》术语的对比。有意思的是，在《物理易解》中，陈榥自创了一些名词。总的来看，这些自创词可分为两类：一是日语中没有对应的汉语名词，如"energy"，日语音译为"エネルギー"，陈榥译为"能力"。据笔者考查，陈榥可能是第一个以"能力"翻译 energy 的人。19 世纪中叶，上海墨海书馆刊行《六合丛谈》月刊中就多次用到"能力"一词，但该词并不指代物理学中的 energy[①]。另一类是日语中已有对应的汉字名词，但陈榥没用，如将"equilibrium"译作"稳定"，而日本教科书中的对应词是"鈞合"，将"work"译作"功用"，日本教科书译为"仕事"。"稳定""功用"等词都是汉语中早已有的名词，陈榥给这些旧词赋予了一个全新的物理学含义。

①沈国威：《六合丛谈》，上海辞书出版社，2006，第 398 页。李善兰等翻译的《重学》中用"能力"一词指称 power。参见聂馥玲：《〈重学〉的力学术语翻译》，《中国科技史杂志》2012 年第 1 期，第 22-33 页。

表7-2 《物理易解》与《近世物理学教科书》（中村清二、王季烈）

术语比较表

《近世物理学教科书》（中村清二）	《物理易解》（陈榥）	《近世物理学教科书》（王季烈）
磁石	磁石	磁石
兩極間的作用	两极间的作用	两极间之作用
ギルバートの説	纪尔罢脱说	纪尔罢脱之说
磁氣の感應	磁气感应	磁气之感应
クーロムの法則	克伦定例	克伦之定律
磁場の圖指力線	指力线	磁场图
磁石を製作する法及び其保存	造磁法及保磁法	磁石之制法及其保存
地球磁氣	地球磁气	地球磁气
方位角伏角	偏角俯角	方位角倾斜角
水平分力	水平分力	水平分力
等磁線	等磁线	等磁线
地球磁場の變化	地球磁气之改变	地球磁气之变化
發電	发电	发电
驗電器	验电器	验电器
傳導	传电	传导
傳導によんて授電	—	物体由传导而含电
二種の電氣	二种电气	电气分二种
摩擦によりて起る陰陽兩電氣の量	摩擦所生正负二电量	由摩擦所生阴阳两电气之量
電氣の配布	电气之分布	电气之配布
尖點の作用	尖端作用	尖端之作用
電氣の感應	电气感应	电气之感应
放電	放电	放电
感應によりて物體に電氣を與ふる	感应授电法	由感应而使物体含电

续表

《近世物理学教科书》 （中村清二）	《物理易解》（陈榥）	《近世物理学教科书》（王季烈）
電氣盆	电盆	电气盆
起電機	发电机	发电机
ウイムシヤルストの 感應起電機	—	韋马司好司脱之感应发电机
實驗	实验	实验
ボテンシヤル	电位	电位
ボテンシヤルを測ると	—	—
電氣とエネルギー	电气能力	电气及能力
電氣容量	电容	电气容量
蓄電器	蓄电器	蓄电器
放電子	放电杆	放电义
大氣中の電氣	大气之电气	大气中之电气
避雷針	避雷针	避雷针

　　《物理易解》中的物理公式采用了当时日本教科书的形式，即英文字母竖行书写，这在当时的中文物理学教科书中算是一个创举。以万有引力定律的公式为例，饭盛挺造的《物理学》底本中为 $K = f\dfrac{MM'}{R^2}$，式中 K 表示两物体间的引力，f 表示引力常数，M 和 M' 表示两物体的质量[1]。而在藤田丰八的译本中表示为力 $= \dfrac{距^2}{实 \cdot 实'}$，公式采用横排，式中"距"为两物体间的距离，"实"和"实$'$"表示两物体质量。奇怪的是分子和分母的位置与现在的表示恰恰相反：分子位于横线之下，而分母位于横线之上[2]。谢洪赉翻译的《最新中学教科

①饭盛挺造：《物理学（上编）》第十六版，丹波敬三、柴田承桂校补，九善书店、南江堂、小谷三郎，明治三十一年，第 99 页。
②饭盛挺造：《物理学》，藤田丰八译，江南制造局，1900，第 84 页。

书·物理学》中的公式用汉字表示物理量，采用竖排形式，如引力公式为摄力 $=\dfrac{体体'}{距^2}$，式中的"体"和"体'"表示物体的质量①。《近世物理学教科书》的公式表现形式与《物理易解》相同，都采用了英文字母竖行书写的形式②。此做法或许是陈榥迫不得已的创新。编著《物理易解》时，陈榥已在日本修习近 4 年，对日本教科书的公式已相当熟悉，编写的讲义自然采用了日文形式；而《物理易解》成书又比较仓促，他不可能有充足的时间照着当时国内已有的程式改写。

对于一部自编的物理学教科书来说，介绍哪些知识点及如何编排体现了作者在物理学方面的素养。在当时国内的物理学教科书中，《物理易解》最先引入了电场概念。众所周知，电场和磁场的概念最初由英国物理学家法拉第提出，而麦克斯韦对电磁场理论体系进行了完善。1873 年，麦克斯韦的《电磁学通论》问世，标志着经典电磁学理论体系的形成。此后的物理学教科书中开始出现"场"的概念。相比较之下，由于通过磁铁周围铁屑的环绕排列可以比较形象地表示磁场，因此磁场概念在中学程度的物理学教科书中出现得较早，电场概念要晚一些。谢洪赉翻译的《最新中学教科书·物理学》的底本在当时是美国大学预科学生的物理学教材，也未论及电场概念。③ 在日本，1899

---

① 何德赉：《最新中学教科书·物理学》，谢洪赉译，商务印书馆，1913，第 69 页。

②《近世物理学教科书》没有给出万有引力定律的数学公式，但其他公式采用日文教科书的书写方式。

③ 1901 年《科学》杂志发表《近来的物理书》（*Recent Books on Physics*）一文，提到 1900 年的 3 本物理学教科书：译本译自阿道夫·加诺的《普通读者及年轻人的自然哲学》（*Natural Philosophy for General Readers and Young People*），汉福德·汉德森的《物理学基础》（*Elements of Physics*），另一本就是何德赉的《基础物理学教程》（*A Brief Course in General Physics*）。考察这三本书，均未提及电场概念。参见 Stevens W. LeConte，"Recent Books on Physics," *New Series* 346，no. 14（Aug. 1901）：257 - 261。

年出版的中村清二的《近世物理学教科书》是较早介绍电场概念的日本物理学教科书,此书分别于 1900 年、1902 年、1903 年、1906 年、1909 年、1911 年进行修订①。中国最早介绍电场概念的教科书与此书有关。

有学者认为,王季烈翻译中村清二的《近世物理学教科书》最早向中国读者介绍电场概念,此书于 1906 年出版,在介绍静电感应时引入了电场的概念②。但事实上,1902 年出版的《物理易解》中已经引入了电场概念。对比《物理易解》和《近世物理学教科书》中介绍电场部分的文本,发现两者极其相似(表 7-3),基本可以断定《物理易解》取材自中村清二的《近世物理学教科书》。

《物理易解》和《近世物理学教科书》"电磁学"一章中的其他部分也基本相同。故此,我们大致可以确定《物理易解》的电磁学部分是依据中村清二的教科书编写而成的。但《物理易解》和《近世物理学教科书》中文译本所参考的日文版《近世物理学教科书》的版本不同,按出版时间推算,陈榥参考的应是 1899 年或 1900 年版,而王季烈主要是根据 1902 年版本翻译的《近世物理学教科书》。《物理易解》中力学、热学和光学这三部分都没有参考中村清二的《近世物理学教科书》。事实上,中村清二的这本教科书正是由于其电磁学部分引入电磁场概念而比同时期其他日本物理学教科书更加深刻和全面,这也体现了陈榥和王季烈的物理学素养。

①中村清二:《近世物理学教科书》,富山房,1906,版权页。
②戴念祖:《中国物理学史大系·电和磁的历史》,湖南教育出版社,2002,第399-400 页。

表7-3　《物理易解》和《近世物理学教科书》(中村清二、王季烈)
有关电场部分的文本比较

《近世物理学教科书》① (中村清二)	《物理易解》② (陈榥)	《近世物理学教科书》③ (王季烈)
電氣の感應　電氣を帶びたる物體の周圍に在りて其作用の及び得る場所を其物體の電場と云ふ、磁氣に感應の作用あるか如く、電氣にも亦感應作用あり、即ち一の絶緣したる導體Bを陽電氣を帶たる物體Aの電場内に置くときは、Aに近き端に陰電氣起り、遠き端に陽電氣を起す、此際驗電器と驗し板とを以てAに於ける電氣の分配を驗するに、乙圖に示すが如く、Bに近き側に密なり、それAの陽電氣か、Bに感應すると全時に、Bに發生したる電氣とが、更にAに感應作用を及ばすにようるなり、而してBの兩端にある陰陽兩電氣の量は正に相等し之を證するにはBを遠さけて電場外に出すべし、さすれば陰陽兩種其全面に擴散して相中和し、豪も發電の痕跡を殘すことなし	感应电气　电体之周围，其作用所能及者，名曰此物体之电场。电场与磁场甚相似，磁场之作用在感应电场之作用亦为感应。如图，置绝缘之导体B于正电体A之电场内，则近A之端生负电气，远A之端生正电气。而以验电器验A物体电气之分布，则近B物体之面其密度较大，因B导体之生电为受A之感应而然。第A亦受B之感应，而分布不能不变也。又B两端之正负两电量适相等，何以知之? 试将B移出电场，则正负两电气即扩散于全体，而相中和。毫不余有电气作用，故可知其相等也	电气感应　含电物体之周围，其所能及之处，名曰此物体之电场。磁气有感应作用，电气亦然。试置绝缘之导体B于含电场之物体A之电场内，则近A之端生阴电气，远A之端生阳电气。此际用验电器与验电板以验A体上电气之分布，则如乙图所示。其近B之部最密，是因A之阳电气与B感应，而B所生之电气又与A感应也。至B体之两端，则其阴阳两电气之量正相等。证之之法，将B体移至电场外，则其阴阳两种电气，立即扩散于全面，互相中和，而毫无发电之际

①中村清二:《近世物理学教科书》，富山房，1899，第390-392页。

②陈榥:《物理易解》，教科书译辑社，1902，第258-260页。

③王季烈:《近世物理学教科书(卷8)》，学部编译图书局，1906，第5-6页。

知识的组织方式对于一本教科书而言也是很重要的。组织方式主要有两种：一是归纳式，即从具体的现象提炼出普遍规律。以此方式为主的物理学教科书往往先介绍实验现象，而后介绍概念，最后引出规律。这种方式的优点是符合学生的认知规律，便于学生理解和接受。但由于实验现象本身比较丰富，导致产生较多的歧义，这种组织方式下的知识构建得不够严密。二是以演绎方式为主的组织方式，即首先定义物理概念，然后介绍物理学定律或理论，最后通过实验验证这些规律或理论。这种方式的优点是说理性强，知识点的关系比较严整，富有条理，但看起来比较枯燥，可能会影响学生的理解。

　　《物理易解》采用了以演绎方式为主的组织方式。我们可以从其对牛顿第二运动定律的表述中看出来。关于牛顿运动定律，此书首先介绍了一些基本概念，如质量、力、速度、加速度、运动量，然后给出牛顿第二运动定律的文字表述和数学表达式，进而推演出一系列运动公式，最后就一些例题讨论了该定律的实际应用。这基本是沿着由概念到规律到推演公式再到具体应用的组织形式而组织的。

　　这种演绎式的知识组织形式不只体现在具体知识或定律及理论的介绍中，还体现在某些知识点的安排中。下面我们以光学部分安排为例进行讨论。此部分首先讨论光的本性，然后讨论光的传播，进而介绍光度、光速等概念和反射、折射等光学现象，接着讨论了反射和折射规律的具体应用，如面镜与透镜的光学原理，最后介绍了一些由透镜和面镜组成的光学器具。这是比较典型的演绎组织方式。这种方式以概念、理论为起始点，归结于具体应用，其中省去了许多描述性话语，"文简而义丰，词约而理著"，这也正是陈榥一直以来编写物理学教科书的追求①。

————————————

① 相关叙述如下：物理学书译者已汗牛充栋，然求其词约而理精者尚未多见也。
　 参见陈榥：《实用物理学教科书》，再版，商务印书馆，1918，序言。

这种演绎式的知识组织方式在当时的中等物理学教科书中比较常见，如饭盛挺造的《物理学》中"光学"一卷和谢洪赉翻译的《最新中学教科书·物理学》。中村清二的《近世物理学教科书》主要采用了归纳式的组织形式，以实验和实际例题引入物理学概念和理论。《近世物理学教科书》光学部分是这样安排的：首先引入光的直行、反射、屈折、分散等表象知识，然后介绍一些光学器具，最后讨论光的本性，即波动说和粒子说。这或许是陈榥编纂《物理易解》时只参考《近世物理学教科书》电磁学部分的一个主要原因。

《物理易解》的独特之处在于设置了一些去鬼神论的话题，此书序言谈到设置这些话题的初衷：

> 鬼神福祸，谬妄无稽，埃及人以那衣耳河之水流卜岁，印度人以溺死于刚其司河为登天，而二国一夷一亡。庚子义和团之祸，危及大局，然此等邪说往往可以物理学之理破之。特于己见所及者，解释而附于举例之内，似东西教科书所无之例，然于体例似无甚碍，阅者谅之。[1]

到 1902 年时，鬼神之说在民间还非常盛行。在陈榥看来，物理学等科学原理可以帮助人们破解鬼神之说。《物理易解》中有不少这类例子，如介绍完"轻气球"之后，陈榥讨论了龙是否存在的问题。众所周知，龙是中华民族的一种图腾崇拜，当时还有不少百姓相信龙真实存在。陈榥试图用物理学原理证明，腾云驾雾的龙是不可能存在的。他指出，既然龙是筋肉之体，其密度肯定大于空气，故不能腾跃于空中，由此可断定龙并不存在。在另一个例子中，陈榥解释了鬼不能哭号的原理，他说"人死后，肉腐烂，故喉中声线之薄膜亦必腐烂，则已无震动空气之具矣"。

---

① 陈榥：《物理易解》，教科书译辑社，1902，序言。

第四节　《物理易解》的使用及影响

进入 20 世纪，经历诸多变故之后，清政府认识到实行新教育的必要性①，于 1901 年 9 月 14 日下《兴学诏》："着各省所有书院，于省城均改设大学堂，各府厅直隶州均设中学堂，各州县均改设小学堂，并多设蒙学堂。"② 不过，王凤喈将 1902 年《钦定学堂章程》的颁布界定为新教育的起点。因为正是在这一年，管学大臣张百熙进呈学堂章程折，即所谓的《钦定学堂章程》，并于当年 12 月颁行。后来，张之洞入京，会同张百熙和荣庆对此章程进行修订，形成《奏定学堂章程》并于 1903 年 11 月实行。③《奏定学堂章程》成为清末乃至民国初年的基本教育方针。此章程虽名义上是管学大臣张百熙、荣庆和张之洞三人合作，其实仅为张之洞参考日本学制对《钦定学堂章程》修改而成。因此，《奏定学堂章程》中学制、课程等新教育中的主要形式基本仿效了日本学制。

1901 年后，各省纷纷成立大学堂④。但由于生源和师资都很匮乏，大多数大学堂最初仅讲授中学课程。此外，最缺乏的是相关科目的教科书。汪向荣曾说："那时中国不但没有一本能用作教材的教科书，甚至连编写教科书的人也找不到一个。"⑤ 尽管传教士已编写了一些教科书，如在物理学方面，传教士赫士编纂的几本"揭要"早在 1898 年面世，但当时的清政府本就对传教士及其主持的教会学校比较排斥，其

①汪向荣：《日本教习》，中国青年出版社，2000，第 154 - 155 页。
②陈学恂：《中国近代教育大事记》，上海教育出版社，1981，第 111 页。
③陈宝泉：《中国近代学制变迁史》，北京文化学社，1927，第 13 - 15 页。
④1901 年 11 月，山东巡抚袁世凯奏准创办的山东大学堂开学，后来浙江省改求实书院为浙江大学堂，江苏、山西、甘肃、四川也纷纷成立大学堂。
⑤同①，第 171 页。

编纂的教科书难以在官办学堂中普及。更重要的是，传教士编译的教科书大多不符合新教育的要求，如《奏定学堂章程》中的"学科程度章"规定，中学堂物理学课程应包括力学、音学、热学、光学、电磁学等。这主要是由于新学堂章程是根据日本学制编订的，到 20 世纪初，日本教育界已对其学制做了很多本土化的改造，传教士编译的教科书当然很难适应。陈榥编著《物理易解》的时间非常短，从其最初在东京清华学校教授物理学到该书第一版的出版不过一年的时间。此书不仅符合新学制的要求，而且在翻译方面优于传教士翻译的物理学教科书。1903 年的《新民丛报》上刊载的《物理易解》广告对此书如此评价：

> 著者为东京清华学校义务教师，此书即其讲义也。中国数理化学教科书，向无善本，前此出版者率皆经教士之手，一人口译，一人笔述。述者既未究此学，故常有语句模糊、设词两可之病。著者久在日本大学研究，夙有心得，又此书于讲座自经试验，务求适合于中国现在程度，诚教科书之珍本也。①

《物理易解》在出版后的几年间非常畅销。我们虽然没有找到曾有哪些学堂用《物理易解》作为物理学教科书的资料，但从此书印刷的频率可以知道其受欢迎程度。我们分析的《物理易解》是 1905 年 11 月出版的第 6 版，由此书的版权页可知，此书第 1 版是在 1902 年 11 月印行，1903 年 4 月第 2 版，1903 年 10 月第 3 版，1904 年 10 月第 4 版，1905 年 6 月第 5 版。另据实藤惠秀所述，《物理易解》在 1906 年应该还出了 2 个版本②。因此可知，此书最少应该发行了 8 个版本，基本上每年 2 版。

---

① 《介绍新书（本国之部）：物理易解》，见陈榥《新民丛报》，1903。
② 实藤惠秀：《近代日支文化论》，大东出版社，1941，第 117 页。

《物理易解》在当时教科书中的地位也是比较高的。当时一些物理学教科书将《物理易解》列为参考书，有些教科书的编译者直接使用了《物理易解》中的名词术语。陈文哲编著的《普通应用物理学教科书》，将《物理易解》列为参考书。《普通应用物理学教科书》首版于1904年出版，至1908年时已订正6版，可见其影响。[1]谢洪赉翻译的《最新中学教科书·物理学》将《物理易解》列为首要参考书，称其"颇完备"[2]。《最新中学教科书·物理学》中的大部分术语与《格物质学》相同，这些术语多由来华传教士制定，部分术语则源自陈榥的《物理易解》。如"equilibrium"的译名可说明问题，《最新中学教科书·物理学》译为"稳定"，据笔者所见，只有陈榥编译的教科书使用了这一译名，谢洪赉很可能参考了陈榥的《物理易解》。

　　从我们现在掌握的资料来看，《物理易解》在1907年之后就没有新版本问世了。若果真如此，我们认为可能有两个原因：一是此书的知识结构存在缺陷；二是在1906年之后出现了几本颇具竞争力的物理学教科书。

　　尽管陈榥对《物理易解》后来的版本做过一些修订，但对一些知识点的表述还是不到位，甚至存在错误。相比较之下，电场、磁场等知识的表述直接从日文原著中翻译而成，表述错误不多；而对那些基础知识，陈榥有所发挥，表述就不那么严谨了。如关于"静止"，《实用物理学教科书》是这样说的：

　　　　静止的定义：甲物体与乙物体之位置相较而见，甲物体之位置屡变，乙物体不变，则见甲物体对乙物体而运动，乙物体对甲物体而静止。凡运动与静止，全由比较位置而见。[3]
　　由于静止与运动具有相对性，因此甲物体对乙物体运动，乙物体

①陈文哲：《普通应用物理学教科书》，第6版，昌明公司，1908，第3页。
②何德赉：《最新中学教科书·物理学》，谢洪赉译，商务印书馆，1913，第7页。
③陈榥：《实用物理学教科书》，再版，商务印书馆，1918，第7页。

对甲物体也一定是运动的。后来陈榥也注意到了这一问题，他在 1918 年出版的《实用物理学》中说：

> 凡甲物体与乙物体相比较，而见甲物体位置有所变更，则甲物体对于乙物体而运动。如无变更，则甲物体对于乙物体而静止。为位置之比较。故地球上无绝对运动之物体，亦无绝对静止之物体。[①]

加上"如无变更"四个字，此定义就比较严谨了。

关于牛顿第二运动定律的表述存在的问题更大，《物理易解》表述如下：

> 物体之质量乘物体之速度名运动量，凡量物体之惯性必用运动量量之。

> 运动第二法：物体受力之作用后，其变化若何？不难想象而知。盖其速度变大、变小，而运动量必生有变化也。牛顿据此立第二法。凡力加于物体，其所变化之运动量与力乘时之积相正比例，而与力之方向相关系，与物体之静动不相关系。

> 上法又名等加速度法。何则？试定物体之质量 M，速度为 v，物体受 f 力，t 秒之末速度为 v'，则运动量之变化为由 Mv 变成 Mv'，而其差为 M（$v'-v$）。然物体每秒所受者同此 f 力，其作用必每秒皆等。故每秒运动量之变化必为 $\dfrac{v'-v}{t}$，照三十一节公式 $\dfrac{v'-v}{t}=a$，即每秒所加之速度皆等也，故名等加速度法。[②]

上述文本有很多表述问题：第一段中"运动量"，并不是用来衡量物体惯性的物理量，物体的惯性主要用"质量"来度量。第二段中的

---

①陈榥：《实用物理学教科书》，再版，商务印书馆，1918，第 13 页。
②陈榥：《物理易解》，教科书译辑社，1902，第 28-29 页。

"运动第二法"凭想象是无法得到的，对"运动第二法"的表述也存在错误。首先讨论物体受力与动量变化，这里物体的受力应为所受"合力"，在此之前已介绍了合力的概念，但在弄述"运动第二法"时没有明确指明。另外，"变化之运动量"与（合）力的方向是相同的，"相关系"的表述就比较模糊。这里最大的问题是将"牛顿第二法"等同于（又名）加速度法。实际上，"等加速度法"只是在物体所受"合力"恒定时才成立，陈榥对此没有讨论。以上的叙述破绽百出，很有可能是从讲义直接搬过来的。另外，陈榥对引力与重力的区分、秤和天平的讨论都不够严谨，由于篇幅所限，在此不一一赘述。

作为教科书，《物理易解》缺乏相应的认知策略。这里的认知策略是指为实现某些教育目标而使用的组织方法，如章节标题、习题作业、课程提要、前言、附录、图标、复习题、着重号等。[1] 在这些方面，《物理易解》远不如谢洪赍翻译的《最新中学教科书·物理学》和王季烈编译的《近世物理学教科书》。这两本书基本是根据底本直接翻译而成，知识点错误相对较少，因而能够充分体现原书作者的教育理念和认知策略。谢洪赍翻译的这本物理学教科书属于商务印书馆出版的"最新中学教科书"系列，因而更具有竞争优势；而《近世物理学教科书》是由学部图书编译局出版发行，有学部依托，一般物理学教科书自然无法与之竞争。

本章小结

总体而言，20世纪初期的物理学教科书大多是从日本或西方直接

---

① 吴小鸥、石鸥：《晚清留日学生与中国现代教科书发展》，《高等教育研究》2011年第 5 期，第 89-96 页。

翻译过来的，像《物理易解》这样自编的教科书比较罕见。从《物理易解》的讨论中可以挖掘出体现当时时代特征的普遍意义。此书恰好是在 1902 年出版，这一年正是中国新教育的起点，新学制章程在这一年得以初步形成且颁行全国。另外，当时各省学堂纷纷成立，因而急需适合新教育的新式教科书。《物理易解》正是当此之需而编译的一本物理学教科书。此书是陈榥依据他在东京清华学校教授物理学的讲义整理而成，术语及物理学公式表述方式基本使用了日本教科书方案。书中加入了一些驱除鬼神之说的例子，希望借此破除流传于民间的鬼神之说。《物理易解》广受好评，曾多次印刷。但由于书中的一些基本物理概念的表述不太严谨，缺乏相应的认知策略，后来被其他教科书所取代。

第八章
物理学名词的创制及演变

　　科学教科书与科学术语之间存在一种内在联系。科学术语是为导入新的概念及新的意义体系[①]，科学教科书则致力提供科学共同体所普遍接受的科学知识，这些知识在科学教科书中是以标准化的形式来表达的，其中关键的是科学名词和术语的标准化。1850 年之后，西方物理学教科书经历了黄金阶段，这不仅表现在物理学理论表述越发统一，还表现在物理学术语的标准化。中文物理学名词和术语历经半个多世纪才得以定型：最初由西方人与中国人合作创制，后来采纳日语借词，其间也有国人翻译和整理的物理学名词，最终经中国科学共同体的审定及国立编译馆的颁布才得以统一。

　　清末 10 年是物理学名词比较混乱的时期，其间物理学名词大体可分为三类。第一类是由西方传教士和中国人通过口译笔述创制的名词，有些名词可以追溯到明清之际；第二类是源于日本的词汇，当时正值翻译日本教科书的热潮，很多物理学教科书被译成中文，大量源自日本的物理学名词随之传入中国；第三类是中国学者基于西方科技书籍而直接翻译的名词。第三类词有别于第一类，是由国人自主翻译而成的，与第二类也不同，其中最具代表性的是伍光建翻译的名词。伍光建编译了"力学""水学""静电学""动电学"等多种物理学教科书，译名较为全面。辛亥革命之后，中国科学社、中国物理学会等学术共同体相继成立，在国立编译馆等学术组织的协调下，物理学名词在 20

[①]沈国威：《汉语近代二字词研究：语言接触与汉语的近代演化》，华东师范大学出版社，2019，第 105 页。

世纪 30 年代得以统一。此后大部分物理学教科书基本采用统一的物理学名词。

第一节　清末物理学名词的创制及演变

大多数来华西方人的汉语书面语表达能力不高，翻译西方科学书籍时需要借助中国士人笔述。《重学》算是较早的物理学教科书，使用的物理学名词（以力学为主）也有比较大的影响。此后，江南制造局也曾翻译一些物理学教科书，傅兰雅创制了许多电学名词，具有一定影响力。

早期的科技名词和术语非常混乱，给编写科学教科书带来了困难，甚至对教会学校的科学教育造成了一定负面影响。为此，传教士成立了益智书会，致力名词审定，这一组织在早期统一科技名词的过程中起了一定的积极作用。益智书会曾制定译名原则，组织审定和统一科技译名，最终于 1904 年编成《术语词汇》。此书主要汇集了西方人制定的科技译名和术语，为统一译名起了一定的作用。本节将首先讨论《重学》中物理学译名的创制及演变，进而介绍江南制造局编辑出版物理学教科书中的译名，最后讨论传教士审定和统一物理学译名的工作。

《重学》由英国传教士艾约瑟和李善兰翻译自剑桥大学的力学教科书《初等力学教程》，原著由英国科学家惠威尔撰写[①]。此书是一本系统的经典力学论著，其中大部分动力学知识为首次传入中国。据韩琦考查，艾约瑟和李善兰主要基于《初等力学教程》的第五版翻译，始于 1852 年，完成于 1855 年。《重学》中很多物理学名词和术语在后世

[①] 韩琦：《李善兰·艾约瑟译胡威力〈重学〉之底本》，《或问》2009 年第 17 期，第 101 - 111；W. Whewell, *An Elementary Treatise on Mechanics* (Cambridge, 1836).

有一定影响力。

《重学》中大多数静力学术语沿用了明清时期耶稣会士翻译的名词，如重学、力、能力、人力、马力、水力、风力等，机械术语如柱、梁、架、轴、轮、杠杆、齿轮、平轮、水轮、辘轳、滑车、索等。仔细考查发现，其中有些术语虽然字面上使用了同样的字词，但其含义已经发生了变化。①《重学》也出现了一些新名词，这些词基本上是由能够揭示原词含义的单字组合而成。有些是选择相应的单词组成新的复合词，如直杆（straight lever）、曲杆（bent lever）、力点（point of power）、重点（point of weight）、平速动（uniform motions）、纯光（perfectly smooth）、渐加力（accelerating force）、质距积及重距积（moment，力矩）、质点（material particle）、质面（material surface）、动力（moving force）、长加力（constant pressure）、实力〔effective（moving）force，主动力〕、加力（impressed force，约束力）等；有些则是用几个单字组成新译名，如静重学（statics）、动重学（dynamics）、定距线及离心直角线（arm）、渐加力率（acceleration）、工作之能率（efficiency）、阻滞力（resistance）、面阻力（friction）、不肯动性及质阻力（inertia）、凸力（the force of restitution，elasticity）、作工及程功（perform work）等。②

数学是力学的基础，而中国古代数学有一套特定的词汇。《重学》中一些新词的构造利用了中国古代数学词汇中的元素，如"率"。"率"在中国古代数学中常表示数量之间的比例关系。《重学》在翻译力学概念时大量使用了"率"，如地心渐加力率（重力加速度）、凸力定率（弹性系数）、面阻力定率（摩擦系数）等，这些概念多表示一些物理学常数。还有一些表示单位时间的物理量，如渐加力率，意为加速度，

---

① 聂馥玲：《晚清西方力学知识体系的译介与传播：以"重学"一词的使用及其演变为例》，《自然辩证法通讯》2010 年第 2 期，第 65－70 页。
② 惠威尔：《重学》，艾约瑟口译，李善兰笔述，美华书馆，1867。

表示单位时间速度的变化量；动力率，即冲力，表示单位时间动量变化大小；作工之能率，即功率，表示单位时间做功大小。

聂馥玲曾考查《重学》中名词术语的翻译方法和特点，认为《重学》的编译者尽量使用那些明清时期已经形成的力学术语，对于之前没有的词不得不新创。新创词时尽量使用那些能够揭示原词含义的一个或几个字组成新的力学术语。[①] 这种翻译方法与明末清初的翻译方法相似，后期江南制造局的定名规则也使用了相同的方法。由表8-1可知，《重学》中不少新名词收录在《术语词汇》中。傅兰雅创制的一些名词也是如此。

表8-1 《重学》与《术语词汇》中力学名词比较

英文词	《重学》名词	《术语词汇》名词	今用词
accelerating force of gravity	地心渐加力率，地力	渐增速力	重力加速度
acceleration, accelerating force	渐加速，渐加力率	—	加速力
action	本力	行，用力，击力	力
angular momentum	角动	角动	角动量
arm	定距线，离心直角线	臂	力臂
axis	轴	轴	轴
balance	定	天平	天平
bent lever	曲杆	—	弯杆
composition of force	并力，合力	合力，并力	合力
curve line	曲线	—	曲线
direct collision	正相击，正加	—	正碰
equal force	抵力	—	平衡力

---

① 聂馥玲：《〈重学〉的力学术语翻译》，《中国科技史杂志》2012年第1期，第22-33页。

续表

英文词	《重学》名词	《术语词汇》名词	今用词
effect	能力	功效，果效	作用效果
effective force, effective (moving) force	实力	实力	主动力
elastic force	凸力	—	弹力
elasticity of imperfectly elastic bodies	凸力定率	—	弹性系数
force	力，能力	力	力
friction	面阻力，磨力	摩阻，摩擦，摩揩，面阻力，磨阻力	摩擦力
friction of rolling body	滚动阻力	—	滚动摩擦
friction of sliding	相磨阻力	—	滑动摩擦
gas	气质	气，虚质	气体
in a unit time	时率	—	单位时间
inertia	不肯动性，质阻力	抵力，本阻，动静不自易，质阻	惯性
limit	限数	限	极限
mass	质、体质	体，体质	质量
moment of the force	质距积，重距积	重距	力矩
perfectly smooth	纯光	—	光滑
power	能力	能	功率
reaction	对力	对力，回力，抵力	反作用力
resistance	阻滞力，对力	阻，阻力	阻力
rigid body	刚质	—	刚体
specific gravity	等体重	重率	比重
straight lever	直杆	—	直杆
thermometer	寒暑表	寒暑表	温度计
time	时	时	时间

续表

英文词	《重学》名词	《术语词汇》名词	今用词
uniform accelerating force	平渐加力	—	匀加速力
uniform motion	平速行，平动	—	匀速运动
universal gravitation	摄力	摄力	万有引力
vacuum	真空	真空	真空
variable motions	非平速行	—	可变运动
velocity	速，迟速	速，动速	速度
work	作工，程功	工，操作	功

　　傅兰雅是 19 世纪来华的西方人中在翻译西方科技著作方面贡献最大的人之一。1861 年 7 月，他受英国圣公会的派遣来到香港任保罗书院校长，两年后到北京出任同文馆英文教习，后来又到上海江南制造局编译馆工作。1896 年夏，他离开中国到加利福尼亚任东方语言文学教授，结束了在中国长达 35 年工作和生活。[①] 傅兰雅在江南制造局工作的时间最长。江南制造局全称"江南机器制造总局"，是中国第一家大型近代军工企业，创建于 1865 年。1868 年，该局设立翻译馆，开始聘请中西方人士翻译西方科学、技术等书籍。江南制造局另设印书处，自 1871 年起出版印刷。[②] 傅兰雅翻译出版过一些电学书籍，如《电学》和《电学纲目》等，这些书的底本在英美国家是教科书，其中的大多数汉语名词是傅兰雅创制的。

　　表 8-2 中列出了《电学》中的一些名词。《电学》由傅兰雅口译、徐建寅笔述，1879 年于上海江南制造局出版发行。此书的底本是电磁学著作《学生用电学教科书》，1867 年出版，在当时的英美国家有一

---

①王扬宗：《傅兰雅与近代中国的科学启蒙》，科学出版社，2000。

②王扬宗：《江南制造局翻译书目新考》，《中国科技史料》1995 年第 2 期，第 3-18 页。

定影响，作者是英国物理学家和化学家亨利·M. 诺德①。

表 8 - 2 《电学》中的名词

英文词	《电学》名词	《术语词汇》名词	今用词
aurora borealis	北晓	北方晓，北晓，北晨，天笑，天开眼	北极光
battery	发电气器	电池，发电筒	电池
brush discharge	彗形电光	彗放	毛刷放电
conductor	传质	引电者，引电质	导体
conduction	传性	引传，传	传导
capacity	附电气率	静电量	电容
condenser	增电气器	凝水柜，冷水柜	冷凝器
crystallization	成颗粒	成颗粒	结晶
conductivity	能传电气之力	引率	电导率
discharge	放电气	放电	放电
differential	比例	微分	微分
diamagnetism	横吸铁性	横磁	抗磁性
decomposition	化分	电化分	分解
electricity	电气	电，电气，以利克特里西提	电
electroscope	显电气器，显器	显电表，探电表，显电器	验电器
electrometer	测电气器，测器	干电表，测电器	静电计
electrical induction	附电气力	感电	电感应
electrophorus	附增电气器	—	电泳

①Noad Henry Minchin，*The Student's Textbook of Electricity*（London C. Lockwood，1879）.

续表

英文词	《电学》名词	《术语词汇》名词	今用词
electrical machine	发摩擦电气之器，摩气	电机，电气机	发电机
electrical resistance	电气阻力	电阻	电阻
electric wave	电气浪	电浪	电波
frictional electricity	摩电气	磨电机，干电机	摩擦电
galvanic circle	化电气	—	电流环
insulator	阻质	隔电物，绝电质，绝电之物	绝缘体
insulation	阻性	隔电	绝缘
induction	阻性	自万取一，自万事究一理	感应
magnet	吸铁	磁铁，吸铁	磁铁
magnetic pole	吸铁极	吸铁极点	磁极
magnetic curve	吸铁曲线	磁曲线	磁力线
magnetic force	吸铁力	吸铁力	磁力
magnetic needle	指极针	吸铁针	磁针
magnetic dip	斜度	—	磁倾角
magnetic equator	球吸铁气之赤道	磁赤道，吸铁赤道	磁赤道
oxide	氧气化合	—	氧化
polarization	—	分为阴阳	极化
quantity	电气数	几何，多寡	电量
quartz	硒氧	石英	石英
resistance coil	阻力圈	阻力蟠，阻力圈	电阻线圈
shear steel	剪钢	剪钢	剪钢
torsion balance electrometer	扭力测器	—	扭平衡静电计

　　由表8－2可见，傅兰雅创制的电学名词大多数并没有被后世采纳，甚至没有被后来西方人汇编的《术语词汇》所接受。不多的几个仪器名词倒是得以流传，如"shear steel"译为"剪钢"。还有一些词，如"electrical resistance"译为"电气阻力"，后人对此做了简化处理，译作"电阻"，得以流传。傅兰雅的大部分译名看起来比较奇怪，比如将"crystallization"译作"成颗粒"，这看起来根本不像专业术语，当然也就缺乏生命力，迅速被淘汰。

　　傅兰雅曾提出"翻译三要事"，专门讨论科学名词创制的方法。此文的英文版率先发表在1880年的《北华捷报》（*North China Herald*）上，中文版发表在1880年出版的《格致汇编》中。为了更全面地理解傅兰雅对于创制译名的理解，在此附上中英文对照文本（表8－3）[①]。

表8－3　傅兰雅的"翻译三要事"

《格致汇编》1880年6—9月	North China Herald，Jan. 29 1880
一、华人已有之名。设疑一名目为华文已有者，而字典内无处可察，则有二法：一是可察中国已有之格致或工艺等书，并前在中国之天主教师，及近来耶稣教师诸人所著格致工艺等书；二是可访问中国的客商或制造或工艺等应知此名目之人。	1—Existing nomenclature. Where it is probable a term exists in Chinese, though not to be found in dictionaries： 　　To search in the principal native works on the arts and sciences, as well as those by the Jesuit missionaries and recent Protestant missionaries. 　　To enquire of such Chinese merchants, manufacturers, mechanics, as would be likely to have the term in current use.

———————

[①]沈国威：《近代中日词汇交流研究：汉字新词的创制、容受与共享》，中华书局，2010，第135－136页。

续表

《格致汇编》1880 年 6—9 月	North China Herald，Jan. 29 1880
二、设立新名。若华文果无此名，必须另设新者，则有三法：一是以平常字外加偏旁为新名，仍读其本音，镁、砷、钴、硒等。或以字典内不常用之字释以新义而为新名，如铂、钾、钴、锌等是也。二是用数字解释其物，即以此解释为新名，而字数以少为妙，如养气、轻气、火轮船、风雨表等是也。三是用华字写其西名，以官音为主，而西字各音亦代以常用相同之华字。凡前译书人已用惯者则袭之，华人可一见而知为西名；所已设之新名，不过暂未使用，若后能察得中国已有古名，或见所设者不妥，则可更易。	2—Coining of new terms. Where it become necessary to invent a new term there is a choice of three methods. （a）Make a new character. The sound of which can be easily known from the phonetic portion, or use an existing but uncommon character, giving it a new meaning. （b）Invent a descriptive term using as few characters as possible. （c）Phoneticise the foreign term, using the sounds of the Mandarin dialect, and always endeavouring to employ the same character for the same sound as far as possible, giving preference to characters mot used by previous translators or compiler. All such invented terms to be regarded merely as provisional, and to be discarded if previously existing ones are discovered or better ones can be obtained.
三、作中西名目字汇。凡译书时所设新名，无论为事物人名地等名，皆宜随时录于华英小簿，后刊书时可附书末，以便阅者核察西书或问诸西人。而各书内所有之名，宜汇成总书，制成大部，则以后译书者所核查，可免混名之弊。	3—Construction of a general vocabulary of teams, and list of proper names. During the translation of every book, it is necessary that a list of all unusual terms or proper names employed should be carefully collected and formed into a complete volume for general use as well as with a view to publication.

　　这篇文章主要讨论了两件事，第一是造词，第二是编纂术语字汇名目。对于造词，首先看有没有现成的译名，若有则尽量使用。对此，

傅兰雅提出了两个查询已有名词的渠道：一是尽量寻求传教士的翻译名词，二是寻访中国的客商或制造或工艺等应知此名目的手工艺人。对于确实没有现成译名的词汇来说，只得创制，对此傅兰雅给出了三条造词原则。第一是以造新字的方式创制术语，这主要是为解决化学元素的命名问题。第二是创造多字的复合词。汉语中可以区别意义的音节非常有限，因而新词的创制不得不更多地依赖多字的复合词。复合词的创制可以分为直译和意译。第三是音译问题。傅兰雅认为，应尽量使用官话而少用方言。对于外语中常见的发音尽量使用相同的汉字，这就使得表音的汉字相对统一。然后傅兰雅讨论了编纂字汇名目，以方便后来译者，这对于术语的统一也是非常重要的。傅兰雅曾编纂过《金石中西名目》（1883 年）、《化学材料中西名目表》（1885 年）、《西药大成药品中西名目表》（1887 年）、《汽机中西名目表》（1890 年）等。这些术语集是对江南制造局编译馆工作的总结，为术语的进一步创制奠定了基础。

1880 年以后，随着教会学校的增加，西方自然科学知识教育越发重要，科技术语的创制、审定成为传教士亟待解决的问题。1890 年，在华新教传教士第二届大会在上海召开，傅兰雅宣读了一篇讨论科技术语问题的论文。这篇文章中，傅兰雅主要提出三点：首先，应尽可能译义，避免音译；其次，如果实在无法译义，只得音译，应尽量选择适当的汉字；最后，新术语应尽可能同语言的普遍结构相一致。[1]傅兰雅所提倡的一系列名词术语创制的原则和方法为益智书会所接受，有些体现在后来编纂的《术语词汇》中。

实际上，从 1850 年之后，西方传教士在翻译物理学教科书的同时，就曾编订过一些词汇名目表，一方面便于读者参考核查，另一方

[1]沈国威：《近代中日词汇交流研究：汉字新词的创制、容受与共享》，中华书局，2010，第 139 - 140 页。

面也便于其他译者使用和更新。1870 年之后，在华西方人士开始有组织地推进科技名词的编译、审定和统一工作。

1872 年，美国公理会传教士卢公明（Jutus Doolittle，1824—1880）编纂的《英华萃林韵府》出版。全书共分为三部分。第三部分汇集了在华西方人翻译的科技名词，基本反映了此书出版前科技术语的翻译状况。其中的力学术语，由伟烈亚力（Alexander Wylie，1815—1887）汇编，主要参考了《重学》；物理学名词由丁韪良编辑，主要依据威尔斯编译的《日常事物的科学》一书中的术语摘要。①

1877 年，在华传教士在上海举行第一届大会，成立学校教科书委员会（益智书会）。该委员会决定，在编译教科书的同时，应尽量收集各科名词术语，编译术语总表。傅兰雅负责收集科技与工艺制造方面的译名，伟烈亚力负责收集数学、天文学和力学方面的译名。委员会还告知科技译著的翻译者，请他们译书时提交名词术语列表以备审查。1880 年，益智书会在上海召开会议，决议通过该会"出版的数学、天文学和力学教科书中的名词，采用伟烈亚力汇编的译名"。这些译名实际上是伟烈亚力 19 世纪 50 年代在墨海书馆及 60 年代在江南制造局译书时所定。这次会议上，傅兰雅提交了他在江南制造局期间译定的名词。

1890 年，在华新教传教士在上海举行第二届大会，决议成立中国教育会（中文名称仍为"益智书会"），取代先前的"学校教科书委员会"。会议将名词术语的翻译作为一个主要议题。傅兰雅建议中西方士人联合制定译名原则，编订和统一译名，尽快编订中英对照词典。中国教育会专设出版委员会负责科技术语译名的审定。第二年，该委员会在上海召开会议，讨论译名审定问题，决定仍由各委员分工负责编

---

① 王扬宗：《清末益智书会统一科技术语工作述评》，《中国科技史料》1991 年第 2 期，第 9 - 19 页。

订各科名词术语，而后汇编英汉科技词典。物理学名词方面，狄考文、傅兰雅、潘慎文等负责光学、热学、电学、物理仪器、声乐、蒸汽机等术语的审定。但当时中文物理学名词非常混乱，审定工作进展缓慢。1896 年，中国教育会在上海召开第二届大会，成立了科技术语委员会，专门负责审定和统一名词术语工作。

西方人士审定和统一科技名词的工作最终体现在《术语词汇》中，此书由狄考文汇集编订，1904 年出版。《术语词汇》是一本综合性的英汉科技词典，收词 12000 余条。物理学词汇包括力学、声学、热学、光学、电磁学、结晶学、科技仪器等方面的重要词汇，有 2000 余条。后来，师图尔（G. A. Stuart，1859—1911）重新修订了《术语词汇》，并于 1910 年再版。

审定和统一中文物理学名词并非易事。首先，需要考查以往的书籍是否已有现成的译名，如果有，需判断译名是否准确、恰当。如果存在两种以上的译名，又需要做出选择。如果创制译名，又要考虑此译名是否恰当，与其他名词的关系如何等问题。清末虽有不少人参与编译物理学教科书，但这些译者多是非专业人士。传教士虽有渊博的知识，有比较好的物理学基础，但其中文程度较差，创制的译名很多不适用。人才缺乏的一个重要原因是专门人才不愿意从事名词统一、审定工作，而实际负责此项工作的人大多都比较忙，或忙于传教，或忙于教学，或忙于医病，根本无暇顾及译名的工作。格雷比尔（H. B. Graybil）说："很少有人会有多余的时间与精力为教育会工作，因为大家都热心于各自特殊的工作。"狄考文之所以能编辑《术语词汇》，是因为他辞去了文会馆校长的职务，同时有他夫人协助，故书有所成。实际上，编辑译名非常枯燥乏味，吃力不讨好，远不如译书有趣，且编书可名利双收。也正因为以上诸种原因，传教士创制和统一译名的工作难有成效，这就给后来的日译名词以机会。

日本古无文字，主要使用汉字作为书面语。早在汉代或者更早时候，汉字就已通过朝鲜半岛传入日本。其后的几个世纪，汉字成为日本统治阶层阅读和记录的书面语。后来，日本人在汉字的基础上创制了假名，一种记录日本固有语言的书写手段。[①] 然而，在明治时期，日本实现了从以汉学为中心的旧学知识体系向现代西方新学术体系的全面转变。新知识需要新的表达手段，尤其是新的名词和术语。明治时期，新词、译词首先是作为学术词汇出现的。为此，日本学者充分吸收了中国古代典籍中的字词。由此，日语与西方文明建立了紧密的联系，成为传递新知识的载体。汉字文化圈的其他国家、地区发现通过日语可以很快接受西方新知识，因而日语在历史上首次成为非母语使用者学习的对象。[②]

甲午战争后，大量日译新名词随着《时务报》（1896—1898 年）、《湘报》（1898 年）等报刊传入中国。此后，梁启超创办《新民丛报》，留日学生编译《游学译编》。这些刊物风行学界，加速了日译新名词在中国的普及。这些名词甚至引发了一些士人的排斥。1903 年，张之洞与张百熙主导修撰《新订学务纲要》，规定各学堂"戒袭外国无谓名词"，大力抨击"其与中国文字不宜者"，尤其是那些不是出自中国古籍的各种"通用名词"，认为这些都是"欠雅驯"或"迂曲难晓"的，非常不恰当。不过，也有鼓励输入日译名词的人，如王国维。王国维曾发表《论新学语之输入》一文，肯定了日译名词的价值：

> 且日人之定名，亦非苟焉而已，经专门数十家之考究，数十年之订正，以有今日者也。窃谓节取日人之译语，有数便焉：因袭之易，不如创造之难，一也；两国学术有交通之

---

①沈国威：《近代中日词汇交流研究：汉字新词的创制、容受与共享》，中华书局，2010，第 5 页。

②同①，第 99－117 页。

便，无扞格之虞，二也。[1]

王国维并不赞同滥用日译新名词，但认为大多数的日译名词是国人接受现代学术的一条途径。人文和社会科目的名词主要通过报刊输入，而科学类的新名词则主要通过科学教科书传入。

20 世纪初，中国留日学生翻译了大量日文书籍，其中包括很多教科书。这些学生大多认为科学是强国的关键，因此热心于科学教科书的出版，其中就有大量的物理学教科书。随着这些日译物理学教科书传入中国，日译物理学名词也在中国流传开来。

陈榥编撰的《物理易解》，应该是国人基于日本物理学教科书最早编撰的物理学教科书。此书于 1902 年由教科书译辑社出版，基于陈榥在东京清华学校的教学讲义改编而成。由表 8－4 可见，《物理易解》中的物理学术语大部分源自日文术语。对此，陈榥在其翻译的《中学物理学教科书》序言中有明确说明[2]。当时，这种大量采用日文词汇的中文物理学教科书还不多见。例如，藤田丰八翻译的饭盛挺造的《物理学》，尽管部分术语使用了日语原词，但大部分词源于西方人的译名，日文原本中的"固體""液體""氣體""速度""加速度""引力""單位"在译本中分别译为"定质""流质""气质""速率""加速率""摄力""准个"等。不过，此后却发生了逆转，大量源自日本的物理学名词不但出现在日译物理学教科书中，而且出现在翻译自欧美的物理学教科书中。

---

①王国维：《论新学语之输入》，载《静庵文集》（第五册），上海古籍书店，1983，第 98－99 页。
②水岛久太郎：《中学物理学教科书》，陈榥译编，教科书译辑社，1902，译者序。

表 8 - 4　日译物理学教科书中的名词

今用名	英文	日文①	《物理学》	《物理易解》	《术语词汇》	《近世物理学教科书》
单位	unit	單位	准个	单位	准个	单位
力学	mechanics	力學	重学	力学	力学、重学	力学
质量	mass	質量	实重率	质量	体/体质	质量
固态	solid	固體	定质	固体	定质	固体
液态	liquid	液體	流质	液体	液质	液体
气态	gas	氣體	气质	气体	气质	气体
分子	molecule	分子	—	分子	合点	分子
原子	atom	原子	—	原子	元点	原子
惯性	inertia	慣性	恒性	惯性	质阻	惰性
速度	velocity	速度	速率	速度	速率	速度
加速度	acceleration	加速度	加速率	加速度	增速率	加速度
合力	composition of forces	合力	合力	合力	合力	合力
分力	resolution of forces	分力	分力	分力	分力	分力
平衡	equilibrium	鈞合	平均	稳定	平定	平均
引力	gravitation attraction	引力	摄力	引力	摄力	引力
动量	momentum	運動量	—	运动量	动力	运动量
功	work	仕事	工程	功用	工	工作
能	energy	エネルギー	储蓄力	能力	工力	能力
动能	kinetic energy	運動エネルギー	运动之储蓄力	动能力	动工力	运动能力

①本多光太郎：《新撰物理学·物理学术语集》，东京开成馆，1903 年。

续表

今用名	英文	日文	《物理学》	《物理易解》	《术语词汇》	《近世物理学教科书》
势能	potential energy	位置エネルギー	位置之储蓄力	还原能力	储力	位置能力
摆	pendulum	振子	悬摆	摆	摆	摆
膨胀	expansion	膨脹	—	胀大	涨	涨大
磁场	magnetic field	磁場	—	磁场	磁界	磁场
导体	conductor	導體	传体	导体	引电质	导体
电流	current	電流	电流	电流	电流	电流
感应	induction	感應	感应	感应	感电	感应
电容	capacity	電氣容量	—	电容	静电量	电气容量

实际上，《物理易解》中也有一些自创术语，大体可分为两类：一是日语中没有的汉语词汇，如"energy"，日语译为"エネルギー"，陈榥译为"能力"，采用了汉语中已有名词；二是日语中虽有汉字词，但陈榥用其他词代替，如"equilibrium"，日语教科书译作"鈞合"，陈榥译为"稳定"，"work"在日语教科书中译作"仕事"，陈榥译作"功用"。这些都是汉语典籍中出现的词，陈榥给这些旧词赋予了新的含义。

自《物理易解》之后，译自或编自日本的物理学教科书越来越多。1905年废除科举制度之后，各地新式学堂纷纷兴起，物理学教科书的需求迅速增加。当时日本出版的物理学教科书几乎全部译成了中文，这些日译教科书也大多采用了相应的日语汉字作为中文物理学术语。这一潮流甚至主导了官方物理学名词的审定和统一。

20世纪初，译名的审定与统一问题逐渐受到中国学者的关注。后来，官方机构也开始着手进行这方面的工作。1903年，京师同文馆并入京师大学堂后改名译学馆，馆内兼设有文典处，即以"品汇中外音名，会通中外词意，集思广益，勒成官书"为宗旨编纂文典。1905年，清政府设立学部。第二年，学部专设编译图书局，负责管理编译图书事宜，图书局下设审定科，负责审定名词术语工作。1909年，学部上奏设立编订名词馆。这些机构的设立表明中国学者试图取代西方人自行编译、审定和统一名词术语。

关于物理学名词，学部审定科汇编了《物理学语汇》，于1908年由学部编译图书局出版，商务印书馆印刷。此书共90页，收集近千条物理学词汇，以英、日、中三种文字列出。此书在形式上仿照了日本的《对訳字书》，大多数的译名都直接采纳日译汉字词。其中，中译和日译名词完全相同的条目占到总数的2/3以上，中文译名显然直接采用了日文译名。例如，"atom"译为"原子"，"accelerate"译为"加速度"，"magnetic storm"译为"磁气岚"。当然，也有近1/3的条目不同，主要是由于日语词采用了音译的方法或以假名的形式呈现。表8-4列出了一些物理学名词的中、英、日的形式及其在当时译自日本物理学教科书的译词。其中，日语采用了本多光太郎编订的《新撰物理学·物理学术语集》，此书于1903年出版。《物理学》由藤田丰八翻译，《近世物理学教科书》由王季烈翻译。

第二节 民国时期物理学名词的审定和统一

1912年，教科书得到了空前的发展，出现了商务印书馆和中华书局相互竞争的局面。商务印书馆的发展和教科书的兴盛关系紧密。中华书局在辛亥革命后成立，最初将出版教科书作为主要业务。1912年，商务印书馆组织筹划根据新学制编辑出版"共和国教科书"系列，中华书局也开始组织出版"中华教科书"系列。两套教科书占据了主要的教科书市场。商务印书馆出版的物理学教科书由王季烈编纂，后来，王兼善编写的《民国新教科书·物理学》也由商务印书馆出版。而"中华教科书"系列中的物理学教科书是由黄际遇根据日本中村清二的《近世物理学教科书》翻译而成的。这些书采用的物理学术语大同小异，基本采用了日译名词（表8-5）。

表8-5　1912年几本物理学教科书所载部分物理学名词

英文术语	《共和国教科书·物理学》①	《民国新教科书·物理学》②	《新式物理学教科书》③	《中华中学教科书·物理学》④	《密尔根盖尔实用物理学》⑤	《物理学名词汇》⑥	《物理学名词》⑦
acceleration	加速度	加速率	加速度	加速度	加速度	加速度	加速度
Boyle's law	波以尔定律	波以耳氏之定律	波以耳之定律	—	波以尔定律	—	波义尔定律
capacity	电容	电气容量	电气容量	—	电容	电容	电容
centrifugal force	离心力	离心力	离心力	—	离心力	离心力	离心力
critical angle	临界角	临界角	临界角	临界角	临界角	临界角	临界角
dispersion	光之色散	光之色散	光之分散	光之分散	光之色散	色散	色散
dynamo	代那模	发电机	发电机	代那模	代那模	电机	电机
electricity	静电气	电	电	电气	静电气	电	电

① 王季烈：《共和国教科书·物理学》，商务印书馆，1914。
② 王兼善：《民国新教科书·物理学》，商务印书馆，1913。
③ 王季点：《新式物理学教科书》，商务印书馆，1912。
④ 黄际遇：《中华中学教科书·物理学》，中华书局，1913。
⑤ 密尔根、盖尔：《密尔根盖尔实用物理学》，屠坤华译，商务印书馆，1913。
⑥ 萨本栋：《物理学名词汇》，中华教育文化基金董事会编译委员会印行、京华印书局印刷，1934。
⑦ 国立编译馆：《物理学名词》，商务印书馆，1934。

续表

英文术语	《共和国教科书·物理学》	《民国新教科书·物理学》	《新式物理学教科书》	《中华中学教科书·物理学》	《密尔根盖尔实用物理学》	《物理学名词汇》	《物理学名词》
energy	能力	能力	能力	能力	能力	能，能量	能，能量
gravitation	引力	吸力	吸力	引力	引力	质引力	万有引力
induction	感应	感应作用	感应	感应	感应	感应	感应
kinetic energy	运动能力	运动之能力	运动之能力	运动能力	运动能力	动能	动能
moment	能率	能率	能率	—	—	矩，转矩	矩
potential	电位	电位	电位	电位	电位	位能	位，势
photometer	光度表	—	—	—	光度表	光度计	光度计
power	工率	工率	工率	—	工率	功率	功率
work	工作	工作	工作	工程	工作	功，工作	功，工作

  辛亥革命后，名词审定工作得到了政府部门和学术组织的支持，基本上由中国专家和学者承担。1912 年，中华民国临时政府设立教育部。1918 年，教育部下设科学名词审查会，这是在原来的医学名词审查会（于 1915 年由博医协会与江苏省教育会、中华医学会、中华医药学会联合组织）的基础上扩充而成的。1920 年，科学名词审查会决议增设物理组，由中国科学社主持。[①] 中国科学社由中国留美学生发起，1915 年成立，自 1919 年起参与科学名词审查会的工作。

  1920 年，中国科学社起草了《物理学名词（第一次审查本）》，

[①] 陈可忠：《物理学名词》，国立编译馆编订、教育部公布，商务印书馆，1934，序。

科学名词审查会通过此译名方案。1927 年，国民政府定都南京，中华民国大学院组织成立译名统一委员会，关注名词术语的审定和统一工作。1928 年，大学院改组，名词术语工作归教育部审定处推进。此后，教育部改订了《物理学名词（第一次审查本）》，形成《物理学名词（教育部增订本）》，1931 年分发国内物理学家征询意见。[①]《物理学名词》"第一次审查本"和"教育部增订本"所收名词远多于清末的《物理学语汇》。两种审定本均分别列出英、德、法、日、中等五种文字，并附有旧时译名以备参考。然而，这两种审定本均未颁行。

1924 年，中华教育文化基金董事会在北京成立。董事会设立了科学教育顾问委员会，委员会曾提议尽快编印科学名词，为编辑教科书提供参考。1930 年，该委员会改名为编译委员会。编译委员会曾征求在北平的物理学家有关编译新物理学书籍的意见，大家都认为编书之前须统一名词，并将编订名词工作托付给时任清华大学物理学教授的萨本栋（1902—1949）。萨本栋以《物理学名词》"第一次审查本"和"教育部增订本"为蓝本，不足部分取材于其他书报和教科书，编成《物理学名词汇》[②]，此书由中华教育文化基金董事会编译委员会于1932 年出版。

1932 年夏，国立编译馆在南京成立，隶属于教育部，管理学术文化书籍及教科书的编辑与审查工作。编译馆对物理学名词的审定统一工作也颇为重视，成立之初即着手整理旧稿，征求专家和各学术机构的意见。1932 年 8 月，中国物理学会在北平成立。教育部派张钰哲和陈可忠列席中国物理学会的第一次年会，提议成立名词审查委员会，专门负责审定名词工作。1933 年 4 月，在南京召开天文数学物理讨论会，一个重要议题就是名词统一问题。关于物理学名词，国立编译馆

①萨本栋：《物理学名词汇》，中华教育文化基金董事会编译委员会印行、京华印书局印刷，1932，序。
②同①。

曾收集整理 3000 多条，送中国物理学会审查。在此期间，又将其油印成册，供专家审查。但是，因为会期太短，大会仅决议通过《规定物理名词案》和《规定物理学用单位名词案》，于是将全部名词交中国物理学会整理。

《规定物理名词案》列出十条定名原则：①久已成习惯者，不另译新名；但与原则差距过大者，得另译新名，而加注旧名于其下。②外国人名、地名及其他专用名词，除译定公布者外，暂用原文。③普通名词，以意义准确为标准。④名词用字标准：字数宜少；避免多音字；避免同音字；发音平易；为笔画简单，得采用通用之省写字。⑤于必要时得创造新字。⑥单位名词，由专名词变成者，译音。⑦测量度量用仪器，在可能范围内，用不同之字尾，如"表""计""志""器""仪"等用以表示仪器之性质。⑧在可能范围内，规定"度""率""比""标准""系数""值""量""能""力""强"等字之用法。⑨两个不同之外国名词，所指相同者，用一个名词；统一外国名词，有数种意义者，分别规定之。⑩属于其他学科之名词，已经规定者，不另规定。另外，还有两条附带说明：①建议教育部委托中国物理学会，根据上述原则，在定期内将物理名词整理完毕，提请教育部公布，特殊部分另行规定；②以后关于名词的修改增添，由国立编译馆随时向各方征集，委托中国物理学会名词审查委员会审定，再由国立编译馆转呈教育部，逐年公布。①

国立编译馆根据议决意见，对编订的名词稿重新增修，1933 年 8 月提交给在上海召开的中国物理学会第二届年会。此次年会，推举吴有训、周昌寿、何育洁、龚维裕、王守竞、严济慈、杨肇燫等七人为物理学名词审查委员会委员，杨肇燫为主任委员。中国物理学会要求

---

①国立编译馆.编辑教育部天文数学物理讨论会，专刊一，第 124-126 页。

名词审查委员在一个月内完成审查工作。[1] 当时，名词审查委员会主要在中央研究院物理研究所内开展工作。为妥善起见，名词审查委员会参考科学名词审查会、中华教育文化基金董事会、商务印书馆等各稿本及其他各方意见，分别注明出处，通体整理，印送各位委员。8月15—20日，名词审查委员会着手初步整理，21日正式开会，逐字讨论。前后有9次集会，至9月2日全部审查完毕，审定本交国立编译馆。国立编译馆又于1934年1月25日呈报教育部，1月31日由教育部核准公布，名为《物理学名词》。此书共收词8206条，以英文字母为序排列。正文之前有陈可忠的序和11条凡例。《物理学名词》较以往各稿有明显改进，词汇更加丰富，释义更加准确、规范。至此，物理学名词的审定统一工作基本完成，以后就是一些修修补补的零碎工作。

第三节　moment 译名的创制及变迁

　　物理学中的"moment"日译为"能率"，伍光建译为"矩"。清末，"能率"成为"moment"广泛接受的译名，"矩"译名则很少使用。1930年之前，大多数物理学教科书采用"能率"译名。20世纪30年代，情况发生了变化。科学名词审查委员会确定"矩"为"moment"的标准译名，此后"矩"迅速替代了"能率"，编入国立编译馆审定的《物理学名词》。从一定意义上说，"moment"译名的创制及变迁与清末民初中国学习和吸收西方物理学知识的过程相呼应，而最终"矩"译名的确定与民国初期成立的科学共同体及学术管理机构的

---

[1]陈可忠：《物理学名词》，国立编译馆编订、教育部公布，商务印书馆，1934，序。

干涉有直接关系。

学界对清末民初物理学名词的创制、审定及演变已有一定的研究①，但对具体译名的考查还不充分，对"矩"这一单个名词具体的研究尽管有学者已注意到，但未做深入讨论②。本节主要以清末民初物理学教科书、英汉词典、物理学词汇等资料为考查对象，探讨"moment"中文译名的产生及演变的过程。

一、西文物理学名词"moment"的形成

根据 *Merriam Webster 11th Collegiate Dictionary* 解释，"moment"来源于拉丁语的"momentum movement"一词，14 世纪时演变成英国的法语（Anglo-French），基本含义是"瞬间，立即"，引申义为作用力使物体绕着转动轴或支点转动的趋向，这是一种施加于类似螺栓或飞轮一类的物体的扭转力。"moment"在物理学中是一个基本概念，主要用于解决刚体转动与受力关系的问题。例如，用扳手的开口钳紧螺栓或螺帽，然后转动扳手，这一动作会产生"力矩"来转动螺栓或螺帽。"moment"核心词是"moment of force"，现在汉译为"力矩"，其与三个物理量有关：施加的作用力、从转轴到施力点的位移矢量、两个矢量之间的夹角。这一物理量的矢量方程是 $\tau = F \times r$，力与力矩的方向关系遵守右手螺旋法则。以"moment"为基础派生出一系列衍生词：moment of a couple（力偶矩），moment of momentum（动量矩），magnetic moment（磁矩）。

意大利学者加卢奇（Paolo Galluzzi）认为，伽利略最早赋予

①王冰：《中国早期物理学名词的审定与统一》，《自然科学史研究》1997 年第 3 期，第 253 - 262 页；王冰：《我国早期物理学名词的翻译及演变》，《自然科学史研究》1995 年第 3 期，第 215 - 226 页。

②聂馥玲在"《重学》的力学术语翻译"一文中指出《重学》关于"moment"译名问题，但文章仅限于《重学》这一著作，未对此译名进行深入考查。

"moment"以现代意义。他在 *Momento：Studi Galileiani* 一书讨论了伽利略使用的"moment"一词的历史渊源[1]。他指出"moment"是一个古老的词，古希伯来语对应的单词是"šahaq"，希腊语是"rhopê"，拉丁文是"momentum"，伽利略使用的是意大利语"momento"。这一概念在古代有三个含义：重量的无穷小量（an infinitesimal quantity of weight），由重（heaviness）和轻（lightness）产生的自然倾向（natural inclination），由重量（weight）或其他因素导致的机械倾向（mechanical inclination）。[2]

伽利略在静力学中使用了与现代"moment"一词含义比较接近的概念"momento della gravità（moment of gravity）"，这是由"momentum velocitatis（moment of velocity）"一词演变而来的，后者是研究落体运动的关键概念。伽利略认为，运动物体的重量和速度是互补的。加卢奇认为，伽利略使用"momento della gravità"概念的目的是试图融合阿基米德的几何静力学和亚里士多德的动力学，借助于重量（weight）、力（force）和速度（velocity）等概念对物体的运动给出因果的和数学的解释来建立一门新力学。自 1609 年之后，伽利略放弃了这一尝试，在讨论运动问题时不再使用"moment of velocity"，代之以"degree of velocity"概念。在伽利略体系中，"degree of velocity"与重量（weight）无关。此后，伽利略主要通过将速度分解为"即时速度"（instantaneous velocity）的方法研究物体的运动。[3] 不过，他在讨论静力学问题时保留了"moment"概念。在 1638 年出版的《关于两门新科学的对话》中，伽利略讨论"横梁折断"（the

---

[1] Paolo Galluzzi，*Momento：Studi Galileiani*（Edizioni dell'Ateneo & Bizzarri，1979）.

[2] Winifred Lovell Wisan，"Review, Momento：Studi galileian," *ISIS* 72，no. 2（1981）：321 - 322.

[3] Peter Machamer，*The Cambridge Companion to Galileo*（Cambridge：Cambridge University Press，1998），pp. 118 - 119.

breaking of a beam）问题时（图 8 - 1），使用了重量力矩 "moment of weight" 概念，认为 "当横梁的长度（AD）与重量同时以某一给定的比例增加（AE）时，重量力矩（等于两者的乘积）将以这一比例的平方增加"。① 可见，伽利略使用的 "moment" 概念与现代含义比较接近。但是，伽利略没有明确界定 "moment"，使用也比较含混，如他在讨论其他问题时也用 "moment" 表示力的大小（magnitude of force）。②

图 8 - 1　《关于两门新科学的对话》中 "横梁折断" 示意图③

　　牛顿在伽利略的基础上发展了动力学理论，而对静力学理论少有涉及。《自然哲学的数学原理》中没有 "moment of weight" 概念。牛顿之后的英国物理学基本遵循着牛顿传统，没有积极融入以法国为中心的欧洲大陆物理学。④ 法国物理学与牛顿奠定的物理学的研究路径

---

①Galileo Galilei, *Dialogues Concerning Two New Sciences*, translated by Henry Crew and Alfonso De Salvio（New York：The Macmillan Company，1914），p. 118.

②同①，第 115 - 116 页。

③Galileo Galilei, *Discorsi e Dimostrazioni Matematiche Intorno a Due Nuove Scienze*（Leida：Apprerro Elrevirrii，1638），p. 117.

④P. M. Harman, "Newton to Maxwell：The Principia and British Physics," *Notes and Records of the Royal Society of London*. 42，no. 1（1988）：75 - 96.

不同，主要通过纯粹的数学分析方法来解决复杂的约束运动问题。此
传统经由欧拉、拉格朗日的改进，至 18 世纪末形成了较为成熟的分析
力学方法。分析力学主要以量的抽象关系为对象，不太关注力学的具
体几何图形，是一种将动力学问题归为静力学问题并通过静力学原理
解决的分析方法，这样可以比较简便地解决复杂机械运动问题。从一
定意义上说，这是伽利略早期融合静力学和动力学方法的延续。欧拉
曾撰写《早期特殊问题》（*The Earliest Special Problems*）一文，专
门讨论了伽利略的"横梁折断"问题，延伸了"moment"的含义，创
制了"moment of force""moment of resistance"和"balance of mo-
ments"等概念。欧拉之后，法国物理学家泊松使用了"moment dune
force"的概念，并对此概念做了明确的界定：力矩就是力与转动中心
到力作用线的距离的乘积①。

19 世纪初，欧洲大陆的分析力学改变了英国物理学研究方法。在
此过程中，爱丁堡大学和剑桥大学起了关键作用②。不过，"moment"
这一物理学概念在英语国家里引入的时间比较晚。19 世纪初期，爱丁
堡大学的自然哲学教科书在讨论静力学部分时还没有用"moment"概
念。如爱丁堡大学自然哲学首席教授约翰·罗比森撰写的《机械论哲
学》，是当时英国颇有影响的大学教科书，在介绍"静力学"一章时只
讨论了力与力臂的关系，未引入"moment"③。罗比森的继任者，约
翰·普莱费尔撰写的《自然哲学纲要》中使用了"momentum of
force"一词，将"momentum of force"界定为力与作用点至力的作用

①S. Denis Poisson，*Traité De Mécanique*（Paris：Chez M Veuve Courcier，
  1811），p. 67.

②Maurice Crosland and Crosbie Smith，"The Transmission of Physics from France
  to Britain：1800–1840，" *Historical Studies in the Physical Sciences*，no. 9（1978）：
  1 – 61.

③John Robison，*Elements of Mechanical Philosophy*（Edingburgh，1804）.

线距离的乘积，词义与"moment of force"相同①。实际上，此书参考了泊松的《力学》一书。19 世纪初，在剑桥大学任教的惠威尔编著了《初等力学教程》，此书以引介欧洲大陆分析力学为主，主要讨论了动力学问题，其首版并没有提及"moment"的概念。惠威尔非常熟悉泊松的工作，在其后所著的《动力学》（*A Treatise on Dynamics*）（1823 年）序言中声称参考了泊松著作②。

英语国家中最权威的词典《牛津英语词典》（*Oxford English Dictionary*）提出，"moment of force"一词最早出现在卡特（Henry Kater，1777—1835）和拉德纳（Dionysius Lardner，1793—1859）合著的《力学》（*A Treatise on Mechanics*）一书中的 135 页③。在讨论"物体绕轴运动的机械属性"问题时，作者讨论了"moment of force"概念："因此，一个力产生的转动能力（power），准确地说并非仅由力本身决定，而由力与轴到力的作用线的距离的乘积决定。在力学中经常需要引入这一乘积来描述力的转动能力。我们称这一乘积为力绕轴的矩（moment of the force round the axis）。"④ 此书还出现了"moment of inertia"的概念。作者通过这些概念分析了杠杆、滑轮、斜面、摆、轮轴、斜齿轮等复杂的机械运动问题⑤。由此书版权页可知，这一部分由拉德纳撰写。

此后，巴塞洛缪·劳埃德在其编著的《机械论哲学基础》一书中对"moment"有明确界定："一个力与从支点到此力的垂直距离的乘

①John Playfair，*Outlines of Natural Philosophy*（Edingburgh，1812），p. 57.

②Whelliam Whewell，*A Treatise on Dynamics*（Cambridge：Cambridge Press，1823），p. xi-xii.

③*Oxford English Dictionary Second Edition on CD-ROM*（Oxford University Press，2009）.

④Henry Kater，Dionysius Lardner，*A Treatise on Mechanics*（London：Printed for Longman Press，1830），p. 135.

⑤同④，第 160－224 页.

积称为此力的力矩（moment of that force）。"[1] 此书还讨论了以"moment"为核心的一系列衍生词：moment of strain（张力矩），moment of weight（重力矩）。惠威尔编纂的《初等力学教程》第五版（1836年）中也引入了"moment of force"和"moment of inertia"等概念。因此，严格地说，"moment of force"一词是在 1830 年之后才出现在英语国家的物理学中的。

二、"moment"的中文译名

我们发现"moment"中文译名最早出现在《重学》一书中，此书由李善兰与艾约瑟合译，于 1852 年在上海开始翻译，1859 年出版发行，现有多个版本流行于世。《重学》的第一版是由墨海书馆印刷，现在难以寻见。第二版于 1866 年由金陵书局雕版印刷，流传最广。此后还有美华书馆、富强斋等版本。[2] 现在可见的不同版本关于"moment"的译名基本相同。

《重学》是依据惠威尔《初等力学教程》第 5 版编译而成。《初等力学教程》并没有对"moment"概念做明确界定，只是在讨论杠杆平衡、物体平衡等问题时提到了这一概念。《重学》延续了《初等力学教程》的叙述，用解释的话语（力与力臂的乘积）表述"moment"。《重学》中"moment"译名前后不一，最初用"重距积"或"质距积"，后来又将"moment of force"译为"实生动力"。以下是《重学》底本中比较有代表性的叙述：

But in a body revolving about an axis, the effect of a

particle in resisting motion depends on the distance from the

---

[1] Bartholomew Lloyd, *An Elementary Treatise of Mechanical Philosophy*：2th Edition (Dublin, 1835), p. 127.

[2] 邓亮、韩琦：《〈重学〉版本流传及其影响》，《文献》2009 年第 3 期，第 151 - 157 页。

axis，like the effect of the force acting on a lever. The effect on a lever is as the product of the force and distance，and this product is called the moment；the effect of the inertia of the mass in resisting rotatory motion，appears from the above investigation to be as the product of the mass and square of the distance，and hence，this product is called the moment of inertia；and the sum of these product is called the moment of inertia of the system.[1]

《重学》的译文如下：

> 以质体绕轴言之，各点之质阻力，以离轴远近而异，与力加于杆之理同。但杆之实生动力，等于力乘距定点线。而质体旋动之质阻力，以质体乘距轴线方为率。此数名质阻率。各点质阻率并之，为合体质阻率。[2]

可见，《重学》中"moment of force"译名比较混乱。早在翻译《重学》的时候，译名统一的问题就已经凸显。同一本书中译名尚且如此，不同书中译名更是五花八门。

随着西方科学译著的增多，译名不统一的问题越发严重。传教士曾试图统一译名。1872年，美国公理会传教士卢公明主编的《英华萃林韵府》出版。《英华萃林韵府》中的力学术语由伟烈亚力负责，主要摘自《重学》，其中只有"moment of inertia"的译名为"质阻率"，没有收录"moment of force"及其他衍生词。[3] 伟烈亚力很可能对《重学》中"moment"其他衍生词的译名并不满意。

---

①W. Whewell, *An Elementary Treatise on Mechanics*（London：Cambridge Press），p. 245.

②惠威尔：《重学》，艾约瑟口译，李善兰笔述，美华书馆，1867。

③Justus Doolittle, *A Vocabulary and Hand-book of the Chinese Language*（Rozario，Marcal and Company，1872），p. 177.

1877 年 5 月，在华传教士成立"学校教科书委员会"，即益智书会，一个主要目的是统一译名，以便于教科书的编写①。益智书会在统一译名方面有两个主要成果：《协定化学名目》（1899 年）和《术语词汇》（1904 年）。《术语词汇》中有"moment"及其衍生词的译名，但比较混乱："moment"译为"体质距"和"重距"，"moment of inertia"译为"体质距之抵力"和"抵力重距"，"moment of mass"译为"体之重距"。这些译名不但混乱，前后不一，且有遗漏。按"moment of mass"和"moment of inertia"的译名，"moment"应译为"重距"。但这样一来核心词"moment of force"的译名将很难确定，既不能译为"力重距"，也不能译为"重距力"，译为"重力距"也不合适。因此，《术语词汇》并没有给出核心名词"moment of force"的译名。②

　　这些问题也出现在传教士翻译的物理学教科书中。潘慎文与谢洪赉合译的《格物质学》（1894 年）中只给出了"moment of force"和"moment of inertia"的译名，分别为"重距"和"抵力重距"，没有"moment"译名。仔细分析，可以发现这两个译名也存在逻辑问题。按中文译名，抵力重距"moment of inertia"应该从属于重距"moment of force"，但其英文术语并非如此，两个概念应该是并列的。③

　　可见，当时在华的西方人士对"moment"一词的翻译似乎没有找到合适的译名。后来，谢洪赉翻译的《最新中学教科书·物理学》中大部分译名源自《格物质学》或《术语词汇》，而"moment"却选择了日文译名"能率"，从其所列的参考书目得知，这一译名很可能参考

①益智书会统一术语译名的工作规划颇早，也取得了一定的成绩，但十分有限。参见王扬宗：《清末益智书会统一科技术语工作述评》，《中国科技史料》，1991 年第 2 期，第 9-19 页。

②Committee of Educational Association of China, *Technical Terms*, *English and Chinese* (Shanghai: The American Presbyterian Mission Press, 1904), p. 283.

③史砥尔：《格物质学》，潘慎文口译，谢洪赉笔述，美华书馆，1902，译名表。

自留日学生陈榥基于日本教科书编译的《物理易解》。[①] 甲午战争后，随着译自日文的物理学教科书大量出现，"能率"逐渐成为共识的译名，此后一段时间内大部分物理学教科书采用了这一译名[②]。

三、日译词"能率"的由来

日译词"能率"可能源于《重学浅说》。此书由伟烈亚力口译，王韬笔述，首刊于咸丰八年（1858 年）的《六合丛谈》，同年有单行本问世，后被放置在美华书馆出版的《重学》卷首。书中在讨论杠杆应用问题时用到了"力之能率"概念："法以重乘重倚距，以力倚距约之，所得即力数也。如重十斤，重倚距十寸，相乘得一百，以力倚距约之，得力五斤，此力之能率。"[③]

沈国威对《六合丛谈》做名词索引，并由此可知，《重学浅说》仅此一处使用了"能率"一词[④]。但是，上文的"力之能率"表示的不是所谓的力与力臂乘积（即 moment of force）的概念，而是与十斤相

[①] 王广超：《谢洪赉译〈最新中学教科书物理学〉（1904）初步研究》，《或问》2013 年第 23 期，第 43-54 页。

[②] 清末一些翻译自日本的教科书，如陈榥翻译的《中学物理学教科书》（1903），王季烈翻译的《近世物理学教科书》（1906，学部编译图书局），陈文哲翻译的《实用物理学教科书》（1906，昌明书局），丛琯珠译编的《新撰物理学》（1906，山东留学生监督处），林国光翻译的《中等教育物理学》（1906，上海广智书局），学部审定科编纂的《物理学语汇》（1908，商务印书馆）。民国初年一些较有影响力的教科书，如余嚴编著的《中学物理学教科书》（1911，文明书局），王季点译述的《新式物理学教科书》（1912，商务印书馆），王季烈编纂的《共和国教科书·物理学》（1912，商务印书馆），黄际遇编辑的《中华中学教科书·物理学》（1913，中华书局）。民国初年一些基于或译自英美的物理学教科书也采用了"能率"译名，如王兼善编纂的《民国新教科书·物理学》（1902，商务印书馆），屠坤华翻译的《密尔根盖尔实用物理学》等。

[③] 《重学浅说》，伟烈亚力口译，王韬笔述，载沈国威编著《六合丛谈》，上海辞书出版社，2006，第 741 页。

[④] 沈国威：《六合丛谈》，上海辞书出版社，2006，第 389 页。

平衡的力。依此表述，"力之能率"的表达式应该是：

$$力之能率 = \frac{力_1 \times 力倚距_1}{力倚距_2} = 力_1 \times \frac{力倚距_1}{力倚距_2}$$

可见其中具有比率的因素，这或许是采用"能率"这一译名的原因。

据八耳俊文考查，《重学浅说》是根据 1849 年出版的《国民百科》（*Chambers's Information for the People*）中的"机械－机械装置"（mechanics-machinery）条目而撰写的[1]。我们将"mechanics-machinery"与《重学浅说》对比，发现八耳俊文的判断基本正确，与上述《重学浅说》部分相应的英文是：

> We multiply the weight by the length of its arm：this gives us a product；then divide that product by the number of inches in the long arm，and the result or quotient is the power. Thus a weight of 10 pounds，multiplied by 10 inches，as the length of the short arm，gives a product of 100. If the length of the long arm be 20，we find how many twenties are in 100；and there being 5，consequently 5 pounds is the power.[2]

可见，严格地说，与《重学浅说》中"力之能率"对应的不是"moment of force"，而是"power"。经查，《英华萃林韵府》中收录的伟烈亚力的力学词汇中并没有"能率"一词，由此可以断定伟烈亚力也未将"moment"与"能率"对应。

"能率"一词很可能随《六合丛谈》传入日本。《六合丛谈》出版后，很快传入日本。在删除宗教方面的内容并加训点后，由官方刊刻

①八耳俊文：《在自然神学与自然科学之间——〈六合丛谈〉的科学传道》，李忠平译，载沈国威编著《六合丛谈》，上海辞书出版社，2006，第 117－137 页。

②William，Robert Chambers，*Chambers's Information for the People*（Edingburgh：London Chambers，1849），p. 210.

出版，即《官版六合丛谈删定本》。八耳俊文推定官版删定本是在1859 年出版的。《六合丛谈》对日本文化界影响很大，尤其是在译名方面，如"化学"一词就是通过这一刊物传到日本的，取代了日本兰学已有译名"舍密"。①

日本学者最初将"moment"译为"平均量"，后来才转变为"能率"，从 18 世纪 90 年代出版的物理学教科书中可以看出这一转变。如饭盛挺造的《物理学》1882 年版中将"moment"译为"平均量"②，后来版本尽管也用"平均量"，但却加入了"能率"的注释③。1890年，菊池熊太郎编著的《物理学教科书》出版，此书使用了"平均"翻译"moment"④；1892 年出版的《普通物理学》使用"能率"翻译"moment"⑤。此后，水岛久太郎的《近世物理学教科书》（1894 年）、中村清二的《近世物理学教科书》（1899－1906 年）等在当时日本较有影响力的物理学教科书都开始使用"能率"译名。至于"moment"译名为何发生从"平均（量）"到"能率"的转变，还有待进一步考查。

四、"距"译为"矩"译名的创制

就笔者所见，伍光建编译的《最新中学教科书·力学》一书最早使用"力矩"一词翻译"moment of force"，此书于 1904 年由商务印书馆出版。伍光建编的"最新中学教科书"系列共 8 册，《力学》是第

---

① 沈国威：《译名"化学"的诞生》，《自然科学史研究》2000 年第 1 期，第 55 - 71 页。
② 饭盛挺造：《物理学·上》，岛村利助［ほか］，1882，第 129 页。
③ 饭盛挺造：《物理学·上》，岛村利助［ほか］，1917，第 133 页。
④ 菊池熊太郎：《物理学教科书》，敬业社，1890，第 150 页。
⑤ 菊池熊太郎：《普通物理学》，金港堂，1892，第 93 页。

一册，是伍光建在上海南洋公学执教时基于其所授课程编写①。此书主要参考了加诺《基础物理学》中的"Book 1 On Matter, Force, and Motion"部分（图8-2），有关力矩的叙述如下：

Moments of forces. —Let P（fig. 15）denote any force acting from B to P，take A any point，let fall AN a perpendicular from A on BP. The product of the number of units of force in P，and the number of units of length in AN，is called the moment of P with respect to A. Since the force P can be represented by a straight line，the moment of P can be represented by an area. In fact，if BC is the line representing P，the moment is properly represented by twice the area of the triangle ABC. The perpendicular AN is sometimes called the arm of the force. Now if a watch were placed with its face upwards on the paper，the force P would cause the arm AN to turn round A in the contrary direction to the hands of the watch. Under these circumstances，it is usual to consider the moment of P with respect to the point A to be positive. If P acted from C to B，it would turn NA in the same direction as the hands of the watch，and now its moment is reckoned negative.

It is a simple geometrical consequence of the parallelogram of forces（36）that the moment of the resultant equals the sum of the moments of the component forces，regard being had to the signs of the moments.

If the point about which the moments are measured be

---

① 邓世还：《伍光建生平及主要译著年表》，《新文学史料》2010年第1期，第153-158页。

taken in the direction of the resultant, its moment with re-
spect to that point will be zero ; and consequently the sum of
the moments with respect to such point will be zero.[1]

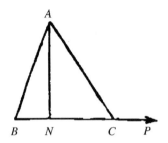

图 8-2 《基础物理学》中力矩计算图示

伍光建对力矩的定义如下："设有一力，其向如甲乙。若以天代力，则天×心丙，谓之绕心力矩。"[2]

伍光建之所以使用"矩"这一译名，主要出于力与"力臂"的乘积正好等于以二者为边的矩形面积（图 8-3）的考虑：

> 设心丙为直杆。若在丙点加力，而向甲乙，则势使丙心
> 线，绕心点而转，其向如钟表之针。若所加之力向，从乙至
> 甲，则转动之向，与前相反，故力矩有正负之分。（若以甲乙
> 代天，则天×心丙＝甲乙×丙心＝甲乙戊矩形面积）[3]

①Adolphe Ganot, trans by Edmund Atkinson, *Elementary Treatise on Physics*, *Experimental and Applied* (14th) (William Wood, 1893), p. 21.

②伍光建：《最新中学教科书·力学》，商务印书馆，1904，第 74 页。

③同②，第 75 页。

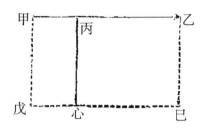

图 8-3 伍光建《最新中学教科书·力学》中力矩计算图示

可见，伍光建上述话语明显参考了加诺的物理学著作，如力矩正负的规定，以及大小计算相当于矩形面积等。不过，之所以采用"矩"翻译"moment"，主要可能是出于"矩"与"距"同音的考虑，即暗指"moment"含有"距离"这一因素，或许是对西方人士以"距"为核心译名的修正。与加诺物理学相同，伍光建《最新中学教科书·力学》中仅有"moment of force"一词的译名，没有"moment"及其他衍生词。

伍光建用"矩"来翻译"moment"，很可能是受到了严复的影响。当时，大量日语词传入中国，以严复为首的一些士人认为日语译名多有不妥，后创制新词予以抵制。严复新名词具有如下一些特点：务渊雅，模仿先秦文体；好用单音节词（如计学、群学、心学等）；好用音译，如将"unit"译为"幺匿"。① 严复对伍光建有很大影响。伍光建在 15 岁时考入天津北洋水师学堂，严复任学堂总教习。伍光建成绩优异，严复曾推荐他去英国格林尼治皇家海军学院深造。5 年后伍光建回国，受严复影响，开始研习中国古典文学与历史和哲学。据伍蠡甫回忆，辛亥革命前的几年时间里，伍光建就住在上海苏州河北岸阿剌伯斯特长庚里（现在位于浙江北路东、海宁路北），而严复就住在附近长庚里东南一座洋楼里。两人交往非常密切，谈话大都论及改良时政

①黄克武：《新名词之战：清末严复译语与和制汉语的竞赛》，《中央研究院近代史研究所集刊》2008 年第 62 卷，第 1-42 页。

和文化出版事业。① 伍光建正是在此期间编译《最新中学教科书·力学》。有些译名使用了严复的方案，如将"unit"译为"幺匦"。

"矩"这一译名也比较符合严复译词的风格。第一，"矩"是古字，意为"画方形或直角的工具"，《孟子·离娄上》曾用到"矩"字，"离娄之明，公输之巧，不以规矩不能成方圆。"② 20 世纪第一个 10 年，刘师培曾撰写几篇考证"矩"这一古字的文章，符合严复所谓的"务渊雅，模仿先秦文体"的倾向。③ 第二，"矩"是单音节词，这也符合严复的好用单音节词的取向。实际上，伍光建编的《最新中学教科书·力学》中还有一些译名也采用了单音节词，如将"energy"译为"能"，"work"译为"功"，这些与当时教科书的普遍译名差别不大。但是，当时大多数物理学教科书使用"能率"译名。④ 相比较之下，伍光建"矩"这一译名就有比较大的出入。

清末，朝廷曾试图统一科技译名。1905 年设立学部，次年学部下设编译图书局，该局下设审定科。审定科编纂的《物理学语汇》一书于 1908 年出版，是清政府主持修撰的第一部汇集物理学名词的图书⑤。此书给出的"moment"译名是"能率"⑥。1909 年，学部设立编订名词馆。当时荣庆任学部尚书，曾聘任严复担任该馆的总纂。名词馆的一个重要任务是统一物理、化学等科目名词。此间，严复曾邀伍光建来名词馆工作，但伍光建有所顾虑，没来此馆。⑦ 常福元

①伍蠡甫：《伍光建与商务印书馆》，载蔡元培等著《商务印书馆九十年》，商务印书馆，1987，第 76 - 82 页。

②《古代汉语词典》编写组：《古代汉语词典》，商务印书馆，2006，第 836 页。

③刘师培：《释矩（附图）》，《国粹学报》1907 年第 7 期，第 15 - 22 页；刘师培：《释矩（附图）》，《国粹学报》1907 年第 3 期，第 90 - 100 页。

④同③。

⑤王冰：《中国早期物理学名词的审定与统一》，《自然科学史研究》1997 年第 3 期，第 253 - 262 页。

⑥学部审定科：《物理学语汇》，商务印书馆，1908，第 17 页。

⑦皮后锋：《严复大传》，福建人民出版社，2003，第 363 页。

（1847—1939）分管理化名词，他也毕业于天津水师学堂，是严复的学生，曾任职于京师大学堂译书局。此前，常福元曾对严文炳翻译的《力学课编》（1906 年）进行修订，将"moment"译为"旋斡"。

由名词馆编订的辩学、心理学、生物学、数学等学科名词单行本流传于世，现在国家图书馆古籍部有收藏，单行本物理学名词现已无从找见。不过，部分物理学名词在 1916 年出版的《官话词典》（*English-Chinese Dictionary of the Standard Chinese Spoken Language*）中有收录。这部词典由赫美玲（K. Hemeling，1878—1925）编纂，从序言可知，辞典中用"部定"标注的词条是由名词馆编订的。据沈国威考查，在编辑词条过程中，赫美玲从严复那里得到了约 30000 条审定词，她做了很多删减，最终《官话词典》只收录了 16041 条[1]。由此可知，"moment"的部定译名是"力距"，"moment of force"是"重距"，"magnetic moment"为"磁气力距"，"moment of inertia"是"质阻力距"[2]。这些力学译名很有可能由常福元提供。若果真如此，常福元并没有使用《力学课编》中的译名，而使用了"力距"一词。事实上，伍光建的译名和部定译名只有"距"和"矩"的差别，读音基本相同，因此部定"moment"译名很有可能是受了伍光建译名的启发。从构词原理看，伍光建的译名比较合理，如果将"moment"译为"力距"，"moment of force"译为"重距"，这并没有反映出两词的逻辑关系。但伍光建方案显然更好，矩相对独立，指代"moment"，这样就比较容易构建以"moment"为核心的同系译名。

---

[1] 沈国威：《近代中日词汇交流研究：汉字新词的创制、容受与共享》，中华书局，2010，第 441 页。

[2] K. Hemeling, *English-Chinese Dictionary of the Standard Chinese Spoken Language* (Shanghai: Statistical Department of the Inspectorate General of Customs, 1916), pp. 887 - 888.

五、从"能率"到"矩"的转变

1912 年，教育部非常重视科技译名的统一。1918 年，教育部下设科学名词审查会，是在博医协会等基础上形成的，1920 年，科学名词审查会决议增设物理组。1920 年，由中国科学社起草、科学名词审查会通过了《物理学名词（第一次审查本）》，但未出版。1927 年，中华民国大学院组织译名统一委员会；1928 年，大学院改组，译名事业归教育部审定处负责。此后，教育部在订正《物理学名词（第一次审查本）》的基础上修订了《物理学名词（教育部增订本）》，在 1931 年分发国内物理学家征求意见，但仍未出版①。

在编制第一次审查本前后，物理学界关于"moment"译名曾有讨论。1922 年，《科学》杂志上刊载李协的讨论"moment"译名的文章："西国名辞译为华语，其难得切当之义者多矣，而无如 moment 一字为尤难，于此一字聚讼者多矣。"② 李协认为，应该将"moment"翻译为"几"，这样"moment of force"可译为"力几"，"magnetic moment"译为"磁几"。可见，在确定《物理学名词（第一次审查本）》前后，"moment"译名曾引起物理学界的关注。

后来，萨本栋在《物理学名词》"第一次审查本"和"教育部增订本"基础上，编订《物理学名词汇》，不足部分取材于其他书报，主要是《科学》杂志中关于科学名词商榷的文献等。1932 年，《物理学名词汇》由中华教育文化基金董事会编译委员会出版。书中"凡例"第二条讨论了"moment"译名：

> moment 常含转动之意，例如 moment of force, moment of a couple, moment of momentum, moment of inertia,

---

① 萨本栋：《物理学名词汇》，中华教育文化基金董事会编辑委员会印行、京华印刷局印刷，1932，序言。

② 李协：《Moment 译言商榷》，《科学》1922 年第 5 期，第 513-517 页。

magnetic moment 等无一非由转动时而发生者，其中 moment of force，moment of a couple，moment of momentum 俱为各量与其垂直距离之乘积……故译 moment 为转矩。……矩字暗示垂直距离之意。矩从矢旁，且以表示此种量含有方向意义。本册对于 moment of force（力矩），moment of a couple（力偶矩），moment of momentum（动量矩），magnetic moment（磁矩）等词均依此译法。惟对于 moment of inertia 一词，以其即无方向意义，且不与垂直距离成正比，故改译之为转动惯性（rotational inertia）。诚以 rotational inertia 一词，在较新之英文物理学课本中，已有采用之以代替 moment of inertia 者，故此译名自非杜撰可比。[①]

可见，《物理学名词汇》采用了"矩"译名[②]。萨本栋之所以选择"矩"译名，是因为矩从"矢"旁，表示此概念为矢量。另外，他给出了"moment"及其衍生词的译名。至于《物理学名词汇》中"矩"译名是否源于伍光建的方案，还有待于进一步考查。

可以肯定的是，"矩"替代"能率"还是经历了一个曲折的过程。1920 年前后出版的一些教科书仍以"能率"为主要译名，如陈榥于 1918 年编纂的《实用物理学》，1923 年还在出版；中华书局于 1925 年出版的《新中学教科书·物理学》依然用"能率"译名，至 1932 年已出 22 版[③]；1920 年，中华书局出版的《理化词典》中将"moment"译为"能率"，这一词典至 1940 年还在出版，"moment"译名一直未

[①] 萨本栋：《物理学名词汇》，中华教育文化基金董事会编辑委员会印行、京华印刷局印刷，1932，序言。

[②] 凡例中提到的"moment"的译名为"转矩"，《物理学名词汇》中译名为"矩，转矩"，可见"矩"是首要译名。而此后国立编译馆编写的《物理学名词》中"moment"译名仅为"矩"。

[③] 钟衡臧：《新中学教科书·物理学》，中华书局，1932，版权页。

变①。《物理学名词汇》出版之后，商务印书馆新出版的物理学教科书较早使用"矩"译名。如周昌寿、高铦翻译的《密尔根盖尔实用物理学》（*Millikan and Gale's Practical Physics*）于 1924 年出版，采用了"矩"译名。1923 年，周昌寿编辑的《现代初中教科书·物理学》也采用了这一译名，此书影响颇大，在 1923 至 1930 年不足 7 年时间内行销 120 版之多②。卢熙仲等编纂的《高中物理学》（1931 年）序言中明确说明"本书所用译名以中国科学社名词审查会所审定之名词为准。"③ 开明书局在 1932 年出版的初中用的《开明本物理教本》，使用了"矩"这一译名。

　　1932 年夏，教育部下设国立编译馆，对物理学名词的审定非常重视。1933 年 4 月，天文学、数学、物理学讨论会召开，国立编译馆将所编物理学名词初稿提出讨论。但由于会期短促，仅决议将全部名词交中国物理学会负责整理。当年 8 月，编译馆将议定的物理学名词提交给中国物理学会第二届年会审查，物理学会派出吴有训、周昌寿等 7 人对这些名词逐一进行审查，9 月 2 日审查完毕。④ 国立编译馆对审查结果略加整理，于 1934 年 1 月 25 日呈请教育部核定。1 月 31 日教育部发布了《物理学名词》，8 月由商务印书馆出版，其中"moment"的译名与第一次审查本的相同。⑤ 国立编译馆和教育部公布的译名无疑具有一定的"法定"效力，当时出版的一些物理学教科书的"序言"或"编辑大意"中声明使用了这些名词。如 1933 年出版由倪尚达编纂

---

①陈英才等：《理化词典》，中华书局，1940，第 3 页。

②周昌寿：《现代初中教科书·物理学》，商务印书馆，1932，例言。

③卢熙仲等：《高中物理学》，国立中山大学物理系阅书室，1931，序言。

④温昌斌：《中国近代的科学名词审查活动：1928－1949》，《自然辩证法通讯》2006 年第 2 期，第 71－78 页。

⑤国立编译馆编写的《物理学名词》中"moment"译名仅为"矩"，与《物理学名词汇》中"矩，转矩"略有不同。参见国立编译馆：《物理学名词》，商务印书馆，1934，第 99 页。

的《高中物理学》序言中说："本书译名均采教育部最近召集至天文数
理讨论会所订者。"[1] 1939 年，教育总署编审会出版的《初中物理》和
《高中物理》在"编辑大意"中，明确"本书所采用者均以民国二十三
年一月教育部公布之物理学名词为准"。[2] 萨本栋编著的《普通物理
学》在"编辑大意"中称："本书所用之名词与术语，均采用教育部所
公布者。"[3] 当然，也有些教科书在"序言"或"编辑大意"中虽未明
说采用了教育部公布的名词，而实际却使用了这些词。如 1934 年由沈
星五编纂、北平文化学社出版的《文化高中教本·物理》。这些教科书
由不同的出版社出版，涉及大学、高中和初中等层次。可以说，"矩"
这一译名在 20 世纪 30 年代已被普遍采用。

　　"矩"这一译名何以最终代替"能率"，我们认为可能有三方面的
原因。第一，从词义方面看，"矩"确实比"能率"更为合适。"能率"
由"能"和"率"两个字组成，而这两个字在物理学中均有特定含义。
"能"是"energy"的译名，是物理学中一个基本概念；"率"一般是
指"比率"，以"率"结尾的名词含有比率的意思，如速率是物体位移
与时间的比率，功率是力做功与时间的比率等。而"moment"本就没
有比率的意味，与"能"也没有直接关系，因此用"能率"指代
"moment"与原意不合。"矩"则如上文所述，尽管也很难将古文中的
"矩"与"moment"直接关联，但这一概念本身确实与"矩"字有关。
根据力的图示，力矩定义为力 F 和力臂 L 的乘积，即以 F 和 L 组成
的矩形的面积。另外，"矩"字含有"距"的音，且以"矢"为偏旁，
"矩"字在音和形两个方面显然是比较合适的。第二，"矩"为单音节，
而"能率"为双音节，"moment"是一个基本概念，存在许多衍生词，
采用单音节译名比双音节更为合理。如"magnetic moment"译为

①倪尚达：《高中物理学》，南京中山书局，1933，序言。
②教育总署编审会：《高中物理》，新民印书馆，1939，编辑大意。
③萨本栋：《普通物理学》，商务印书馆，1937，编辑大意。

"磁矩"显然比"磁气能率"或"磁能率"更有优势，其他衍生词也是如此。当时已有不少基本名词由双音节改为单音节或许就出于这一考虑，如"work"早期译名为"功用"，后来换作"功"；"energy"由"能力"换成"能"。第三，"矩"替换"能率"之所以成为事实，主要还是因为科学共同体的形成与规范。自 1920 年，科学共同体在中国逐渐形成①。从最初的中国科学社、科学名词审查会到后来的中国物理学会，从一定意义上说都是中国科学共同体。这些组织多由具有较高素养且精通西文的科学家组成，因此他们在审定科学名词时能遴选或创制出更好的中文译名。不但如此，他们还共同遵循已达成的方案，在编写教科书中采用这些译名，使其能够迅速推广。

总的来看，"moment"译名的创制经历了一个曲折的过程，这大概有两个原因：一是在汉语中很难直接找到对应的词；二是"moment"是一个基本概念，核心词包括"moment of force""moment of inertia"，还有一系列衍生概念，如"magnetic moment""moment of a couple"等，"moment"译名关系到这些衍生词译名的选择。这也正是最初传教士给出的译名混乱且有遗漏的主要原因。20 世纪初，随着大量日译物理学教科书在中国流传，日语名词"能率"被广泛接受。以严复为代表的中国士人努力创制新词，试图冲抵日译名词的影响，甚至发生了一场今人所谓的"新名词之战"。伍光建在编译物理学教科书时创制了一些物理学名词，基本符合严复译词的风格。与严复创制的译名相同，伍光建创制的大多数科技新名词不敌日语汉字词而遭淘汰。但"moment"译名是一个特例。尽管最初的物理学教科书多采用"能率"译名，而 20 世纪 30 年代后情况发生了转变，科学名词审查会采用了"矩"方案，此后"矩"逐渐替代"能率"，成为"moment"

①施若谷：《"科学共同体"在近代中西方的形成与比较》，《自然科学史研究》1999 年第 1 期，第 1—6 页。

的标准译名。总之，"moment"最终定名为"矩"与中国科学共同体形成及学术机构的干涉有关，而这一名词的形成及确定也体现了本土科学家在科学名词翻译过程中所起的重要作用。

本章小结

物理学名词的创制、演变及统一经历了口译笔述、借用日语词及直接翻译等阶段，最终由中国科学社、中国物理学会、国立编译馆等组织审定和统一。最初，西方人士也曾试图审定和统一名词，但由于缺乏相应的人才，且实际操作者投入时间不足，导致其创制的多数名词和术语混乱不一。尽管如此，西方人士翻译的一些词对后世还是产生了一定影响。这些词中有些被后来的中国人直接继承，有些词则传入日本，经过日本学者加工整理后再次传入中国。20世纪最初10年，大量日语物理学名词随日译物理学教科书传入中国。以严复为代表的中国士人努力创制新词以为回应，发生了一场今人所谓的"新名词之战"。黄克武认为："这一竞争从清末延续至民初，至1920年代胜负已决，日译新名词得胜。"黄克武将其原因归结为荀子所说的"名无固宜，约之以命，约定俗称谓之宜，名有固善，径易而不拂，谓之善名"。这一说法有一定的道理，使日译物理学名词最终"获胜"的原因在于大量物理学教科书的流传。当然，也有一些与潮流不符的个案，如"moment"译名，尽管20世纪头20年的物理学教科书基本采用"能率"译名。然而，20世纪30年代情况发生了逆转，科学名词审查会确定"moment"译名为"矩"，此后"矩"逐渐替代"能率"，载入国立编译馆审定的《物理学词汇》，成为"moment"的标准译名。从中我们可以看到，当时出现的科学共同体及教育部等主管部门在确定译名方面所起的重要作用。

第九章
清末民初物理书面语文法的嬗变

　　一般认为，现代汉语书面语具有与口头语相对独立的表达形式和功能，是在近代白话文的基础上改造而成的，融合了文言文、方言及西方语言的元素，至今已经历100多年的发展。此说法主要基于对小说、散文等文艺作品的考查而得。文艺作品自元明以来即有其传统，这是一种与文言文不同的白话传统。可以说，现代文艺作品的表述形式是在旧白话文的基础上形成的。然而，汉语书面语并不仅限于文学作品，还包括科学作品的应用文，即阐述科学的书面语。其实，科学书面语不是汉语典籍中的文言，而是以口语为基础的书面语，或者可以说是与口语相通的书面语。这种口语与书面语存在着形式上的区别，其与文言、白话文最根本的不同之处是所表达的内容主要为新知识。其最典型的话语活动可以表述为"言＝教室里的话语""文＝教科书上的语言"，或者，"言"者讲述科学的口语，"文"者为听得懂的科学文章①。二者的具体化就是"言文一致"。"言文一致"所要解决的根本问题与其说是文学，毋宁说是如何使汉语成为新知识传播的工具，以保证全体国民在获得近代知识时实现语言能力上的平等。对于教科书一类的语言，陈独秀、钱玄同等称之为"应用之文"，刘半农甚至提议将文章分为"文学"与"文字"两大类，主张无论何种科学皆当归入文字范围，而不当属于文学的范围。尽管他并不否认"文字"应该有"文学"性，但他所重视的是表达、传播上的平易性。然而，科学文本

---

① 沈国威：《汉语近代二字词研究：语言接触与汉语的近代演化》，华东师范大学出版社，2019，第289页。

并不像文学作品那样有深远的历史渊源，最初主要是一些科学译著，这些作品大多采用文言文形式。就笔者所知，语言学界对科学书面语的发展演变关注不多，而科学史界对科学文本的讨论更多地集中在科学术语的形成及发展上，很少涉及文法的演变。因此，本章以近代物理学教科书为中心考查物理学书面语文法的变迁。

第一节　深文理与浅文理

明末清初，大批耶稣会士来华传教。屡经挫折之后，传教士形成了自上至下的知识传教策略，即通过翻译西方科学典籍和制作科学仪器，吸引上层士大夫入教，然后再向底层发展。这些科学译著主要由西方传教士和中国士人通过口译笔述的方式翻译而成，由于其潜在读者是文人士大夫，因而采用了士人熟悉的文言形式。《远西奇器图说录最》具有一定代表性，此书由邓玉函口授、王徵译绘，于明天启七年（1627 年）初刻，此后有多个版本。书中关于物体本重（密度）的表述如下：

> 物之本重：本重者如金重于银，银重于铁之类，是也。
>
> 盖金与银，体段一样，而金重银轻，是金之质原本重于银也。
>
> 非以一两金与十两银相较之重，故曰本重云。①

可见，这是一种典型的文言文。实际上，在鸦片战争之前，西方传教士的科学译著均采用当时正统的文言文形式，而由于传教士的文言文表达大都难以达到典雅的境界，因此这些译著除少数是他们自译

①《远西奇器图说录最》（第一卷），邓玉函口授，王徵译绘，崇祯元年刊，日本京都大学藏本，第 19 页。

外，更多的是他们口授，再由中国士大夫用文言文转述于书面，或由他们草译，中国士人加以修改润色而后成书。这固然与传教士的文言文修养不高有关，也表明他们希望自己翻译的文字尽可能典雅以获得中国士大夫的认同，而不希望自己的译著被认为背离了文言传统。因这一时期西方传教士的科学译著都是翻译给士人们看的，自然要迎合他们的口味，力求符合文言的传统。①

鸦片战争后，中国门户大开，西方传教士在华传教活动更为活跃。特别是在 1856 年以后，清政府准许外国人在中国自由旅行，西方传教士的活动范围从此不断扩大。为推进传教工作，传教士再次使用科技传教策略。当时，一些新式官办学堂聘请西方传教士讲授西学。为此，传教士编纂了一些深浅程度不同的科学教科书。早期科学教科书主要基于西方教科书编译而成，依然通过传教士与中国士人合作翻译，书面语仍为文言形式。丁韪良编译的《格物入门》和《格物测算》具有一定代表性，这两本书分别于 1868 年和 1883 年出版②。《格物入门》中关于离心力的表述如下：

问：离中毗中之力何谓也？

答：物之运行，非有力吸之，必直行而不偏，此离中之力使然也。其围绕旋转，非有力掷送之，比归至圈中，此毗中之力使然也。二力必须均匀，始能不离不毗，旋转不已也。下文论力之分合，亦发明此理耳。③

这是一种比较典型的文言形式，与《远西奇器图说录最》的文法并无本质区别。不过，当时的传教士已萌生了改变这种文言形式的意愿。

---

① 贺阳：《现代汉语欧化语法现象研究》，商务印书馆，2008，第 5-6 页。
② 张晓：《近代汉译西学书目提要（明末至 1919）》，北京大学出版社，2012，第 440 页。
③ 丁韪良：《格物入门·力学》，京师同文馆，1889，第 13 页。

当时，教会学校也开设了物理学。自 1858 年《天津条约》签订后，大量教会学校如雨后春笋般涌现。至 1877 年，全国已设有 300 多所教会学校，近 6000 名学生就读①。随着教会学校的增扩，教科书的问题也变得非常紧要。1877 年，在华新教传教士第一届大会在上海召开，其中的文艺委员会建议组织一个为各教会学校编辑教科书的委员会，这就是后来成立的益智书会②。益智书会有三项主要工作：第一，确定编辑各学科教科书的内容；第二，厘定编写教科书的原则；第三，统一科技名词和术语。为此，狄考文曾撰写关于教科书的编写原则，并发表在《教务杂志》1877 年 9 月刊上。狄考文认为教科书的首要原则应是通俗易懂，用浅文理撰写。③ 这并非狄考文个人意见，在此前后，传教士曾多次提议用浅文理编译教科书。

"浅文理"这一名词最初出现在早期汉译《圣经》的过程中。早在第一次鸦片战争之前，《圣经》的完整汉译本就已经问世，最初译本用的是文言形式。1822 年，马礼逊（Robert Morrison，1782—1834）在广州出版了《新约全书》的文言译本。第二年，马希曼在印度赛兰布尔出版了另一个版本的文言译本。相较之下，马礼逊译本在中国的影响更大。④ 王治心认为，后来因为教友日益增多，其中很多是底层民众，而文言文版《圣经》只能供少数人阅读，因而出现了由高深文言变为浅近文言、再由浅近文言变成官话土白的趋势⑤。王治心所言《圣经》译本存在文言、官话和浅文理的区分确为事实，但他关于三种

---

①*Records of the General Conference of Protestant Missionaries of China*，1877，p. 480.

②王树槐：《基督教教育会及其出版事业》，载《基督教与清季中国的教育与社会》，广西师范大学出版社，2011，第 50 - 84 页。

③C. W. Mateer, "School Books for China," *The Chinese Recorder and Missionary Journal (1868—1912)*（Sep. 1877）：427 - 433.

④马敏：《马希曼、拉沙与早期的〈圣经〉中译》，《历史研究》1998 年第 4 期，第 45 - 55 页。

⑤王治心：《中国基督教史纲》，上海古籍出版社，2011，第 254 页。

表述形式的产生顺序及变化的原因却存在一些问题。就现存《圣经》译本可以看出，文言译本确实是最早的译本，但随后出现的是官话或白话译本，1857 年第一版官话译本在上海发行，1872 年在湖北发行。浅文理译本出现的时间要比官话译本晚一些。"杨格非浅文理译本"和"包约翰、白汉理译本"在当时是最具影响的浅文理译本，分别于1885 年和 1889 年出版。由此可见，深文理、浅文理、官话或白话的文体形式在很大程度上是共存的；从出现的顺序看，文言本早已有之，官话本稍晚，浅文理是介于文言与白话之间的一种文体形式，出现得最晚。浅文理译本的出现出于一个折中的目的：一方面使得更多的普通民众能够理解所言内容；另一方面又不至招来士大夫的鄙夷。几乎就在浅文理版《圣经》出版的前后，传教士提出用浅文理翻译教科书。由此可知，以浅文理翻译教科书也应出于相近的目的。

浅文理是一种介于文言和白话之间折中的文体形式。因此，要理解浅文理，需了解文言和白话的区别。吕叔湘（1904－1998）认为，白话是现代人可以用听觉去了解的，是唐宋以来的语体文，较早的白话也许需要一点特殊的学习；文言是现代人必须用视觉去了解的文体①。但吕叔湘的界定并没有明确区分文言与白话在形式上的不同。1916 年，胡适曾致信陈独秀，提出改造文言"八事"主张，此文后来刊登在《新青年》杂志上，文中提到：

> 年来思虑观察所得，以为今日欲言文学革命，须从八事入手，八事者何？一曰不用典；二曰不用陈套语；三曰不讲对仗（文当非骈，诗当废律）；四曰不避俗字俗语；五曰须讲求文法之结构；六曰不作无病之呻吟；七曰不模仿古人语，语语须有个我在；八曰须言之有物。②

①吕叔湘：《文言与白话》，载《吕叔湘语文论集》，商务印书馆，1992，第 57-76 页。
②胡适：《通信（独秀先生足下）》，《新青年》1916 年第 2 期，第 82-88 页。

胡适这篇文字写于五四运动前夕，对于区分白话与文言在形式上的不同有一定的参考价值。"八事"中后三条是精神上的革命，而前五条则是形式上的变革。在胡适看来，文言和白话在形式上存在用典、陈套语、对仗、俗字俗语、文法结构等五个区别。文言文常用典故，讲究对仗，缺乏严格的语法结构。实际上，清末文言文深受八股文的影响。清末传教士翻译的物理学教科书在一定程度上使用了这种形式，如登州文会馆赫士编译的《光学揭要》中关于影的论述如下：

论影：凡一笔光，照于阻光之物，使光不得透而暗，或不能尽透而淡者，其暗及淡处，统谓之影。①

上述文本采用了对仗形式。赫士在《热学揭要》的序言中对语言表述进行讨论：

故不揣简陋，择西国时撰新书，又参用累年讲习，译有是书，为生徒肄业。辞藻不期富丽，语义务须真挚，不欲以文采角低昂也。②

由此可知，当时的士大夫间盛行华丽辞藻的文风。但物理学是一门求真的学问，赫士认为语言表述也应以真实、准确为目的，不应追求华丽的骈文。尽管如此，赫士译书中的表述还是留下了文言文的痕迹，因为那些书是由中国人笔述而成的。

经考查，当时大多数物理学教科书的表述如《光学揭要》一样，很难摆脱文言文的文法形式。传教士改革浅文理的尝试并不理想。这或许是由于传教士对汉语书面语的驾驭能力有限，大多数译书只能借助中国士人。当时，江南制造局是重要的翻译机构，傅兰雅在其中扮演了重要角色。他曾发文介绍西方人与华人合作译书的过程，从中可见华人在译书中的作用：

①加诺：《光学揭要》，赫士口译，朱葆琛笔述，美华书馆，1898，第1页。
②加诺：《热学揭要》，赫士口译，刘永贵笔述，美华书馆，1897，序言。

　　馆内译书之法，必将所欲译者，西人先烂熟胸中，而书理已明，则与华士同译。乃以西书之义，逐句读成华语，华士以笔述之。若有难言处，则与华士斟酌何法可明；若华士有不明之处，则讲明之。译后，华士将初稿改正润色，令合于中国文法。有数要书，临刊时华士与西人核对；而平常书多比对，皆赖华士改正。因华士详慎郢斫，其讹则少，而文法甚精。即脱稿，则付梓刻板。①

　　尽管当时江南制造局所译西书大多并非科学教科书，但翻译一般的科学书和科学教科书的过程应该没有本质区别。由傅兰雅的表述可知，使用什么样的文法形式主要由笔述者而非口译者所决定。就现在所掌握的史料看，主要是西方传教士倡导以浅文理翻译西书，期间似乎少有华人应和。故此，浅文理与其说是一种文法形式，不如说只是传教士的期望，期望将科学教科书中的表述变为介于文言和白话之间的形式。

第二节　物理书面语的欧化

　　一般认为，印欧语言是"形合"语言，而汉语为"意合"语言。所谓"形合"，是指以各种显性语法形式如介词、连词等语法标记把句中的词语或分句联系起来，且被连接成分之间的句法、语义关系可以通过这些显性语法形式来表达。所谓"意合"，指的是以隐性的语义关系和逻辑关系为桥梁，把句中的词语或分句联系起来，通过词语或分句的自身意义及这些意义之间的关系来体现语义关系。② 简而言之，

---

①傅兰雅：《江南制造局翻译西书事略》，载《格致汇编》，1880，第 6 页。
②贺阳：《现代汉语欧化语法现象研究》，商务印书馆，2008，第 113 页。

印欧语注重使用显性语法标记来连接词语和分句，词语、主句与从句之间的关系可以通过这些显性的标记显现出来。印欧语里的形式连接手段非常丰富，除连词和介词外，还包括关系代词、关系副词等。相比之下，古代汉语缺乏这些显性的连接手段。汉语科学书面语在近代发生了一场欧化的转变，各种显性连接标记增多是一个主要的变化。最初更多体现在挖掘古汉语已有的资源作为连接标记，如傅兰雅等翻译的《电学纲目》第二条表述为：

> 如将净锌与净铂等不同类金二片，置酸水内，不相切，则锌为酸水所化，而铂片放气泡而上升。至二金类相离而止。①

此书基本是译者直接翻译的，原文如下：

> If two pieces of two different metals (pure zinc and platinum, for example) be immersed in acidulated water, no sensible action occurs as long as the metals do not touch each other; but the moment they touch, and as long as they continue in contact, the zinc is attacked by the acidulated water and dissolves, while bubbles of gas rise from the surface of the platinum.②

可见，原文中有很多体现句子关系的连词如 if, as long as, the moment, while 等，作者用"如、则、而"等在古代汉语中本已存在的字对应英语中的连词。

王力认为，汉语的欧化过程主要是受英语语法的影响，因为近代

---

① 丁铎尔：《电学纲目》，傅兰雅口译，周郇笔述，江南制造局，1862，第 1 页。
② John Tyndall, *Light and Electricity：Notes of Two Courses of Lectures before the Royal Institution of Great Britain* (New York：D. Appleton and Company, 1871), p. 131.

中国士人中懂英语的人占大多数①。科尔内利乌斯·库布勒（Cornelius Kubler）指出，20世纪初大量的印欧语言作品译成汉语，其中译自英语的最多，因此，英语对汉语的影响也最大②。上述结论基本已成语言学界的共识。但从科学教科书的翻译来看，在近代汉语欧化过程中，日本教科书的影响也不可低估。

我们知道，20世纪初，中国大量学生留学日本，这些学生从日本翻译了大量书籍，科学教科书是他们翻译的重点。他们认为科学是强国的关键，而物理学是最重要的科学学科，因此热心于物理学教科书的翻译。在20世纪初从日本翻译的物理学教科书中，大多是留日的中国学生根据日本教科书直接翻译过来的，也有少数是根据日本教科书编纂而成的。总的来看，译自日本的物理学教科书对汉语物理学语言的塑造在词汇和文法两方面均有体现。

20世纪初，大量日语新词迅速进入汉语世界，被国人接受。这主要是因为近代日本在编书时就已使用了大量汉字，而中日"同文"的要素甚多。实际上，在明治时代以前，日本人一直在学习中国汉字。明治初年，西方新文化也开始传入日本，当时早在明清时期即已成书的汉译科学译著在日本颇受欢迎。此后，日本除从中国学习西方科学知识外，还开辟了直接从荷兰、英国、德国等地学习科学知识的途径。最初面对这些西方新事物及新知识时，日本人并没有使用原语，而是试图借用汉字造新词。他们一方面用中国典籍中的汉字去翻译西方词语，另一方面用汉语构词法创制新词。这些创制的新词，有的字面上与汉语相同，但其内在含义却迥然不同，如"物理"一词就是非常典型的例子。有些日文词虽由汉字组合而成，但在传统汉语典籍中却找

---

①王力：《中国文库·哲学社会科学类：中国现代语法》，商务印书馆，2011，第334页。

②Cornelius Kubler, *A Study of Europeanized Grammar in Modern Chinese.* (Taipei: Student Co. Ltd, 1985.)

不到，如速度、质量等。中国人对这种新名词比较容易掌握，一看便可理解，一听就能明白，便于记忆，只要改变一下读音，便可立即纳入汉语语料库。这或许就是大多数日语物理学新名词得以在中国盛行的主要原因。

在文法方面，日语对汉语也有影响。20世纪初，日语与汉语的书面语比如今的更加接近。当时中国人翻译日文要比现在容易得多，因为日语的名词、动词、形容词、副词等几乎全部用汉字书写，只有动词的词尾和"て""に""を""は"等助词用假名书写。因此，对于译者来说，只要了解词性及助词的作用，颠倒或改变其中的汉字位置，便可以完成从日文到汉语的翻译。梁启超甚至说："学日本语者一年可成，作日本文者半年可成，学日本文者数日小成，数月可大成。"[1] 当时的中国人创造了一种学习日语的速成方法，即所谓的"和文汉读法"。方法如下：首先找到作为句子主语的名词，而后找出动词，主要是看句号之前的句尾，最后在句子中找到宾语[2]。可以想象，大多日本物理学教科书也是经由这种方法翻译过来的。在这一过程中，一种比较简单易懂且相对准确的物理学书面语的形式逐渐形成了。

译自日文的物理学书面语的主要特点是连接词的增多，而这也正是汉语书面语欧化的一个重要表现。王季烈翻译的《近世物理学教科书》中的一段话这样表述：

光皆直行，故若遇不透明体，则光即为其所遮断，而此物体之背，生黑暗部，是谓之影。

为准确描述光的直线传播，此句中使用了条件句连词"故若……则……"和转折连词。其中的转折连词显然是受原书的影响：

光は直行，する者なるか故に，若し一の不透明體，光

---

① 梁启超：《论学日本文之益》，《清议报》1899年4月。
② 实藤惠秀：《中国人留学日本史》，谭汝谦、林启彦译，北京大学出版社，2012，第241页。

を遮るときは，其背後に暗黒部を生す此を影。①

然而，当时的表述基本还保持了文言的框架，充其量也只能算"浅文理"。下面关于"光的折射"的界定或更可说明问题：

> 在一定之物质中直行之光线，遇他种相遇之物质，则自其境界面反射，即如上文所说矣。而此等第二物质，若为透明体者，则光线之一部分，即进入其中而不反射。此进入异物质之光线，在入射角与境界面成直角者，虽仍以原来之方向直进。然若不为直角，则必在境界面上变异其方线，而不直进，此现象名曰光之屈折。②

上文通过转折、因果、条件等关系复句表达了更为复杂的描述和界定。这些关系词大多是汉语典籍中早已存在的。当时科学书面语的欧化不仅体现在挖掘已有的汉字词用作连词，还体现在创造新连词用以描述体现分句之间的关系。王季烈编著的《共和国教科书·物理学》开篇使用的"关于"这一新创介词就是一个典型例子：

> 关于物体大小之量名曰体积 Volume，关于物质多寡之量，名曰质量 mass。吾人普通所见之物体，有以体积计者，如米一石，麦五斗是也；有以质量计者，如银二两，钱十斤是也。凡欲计算各种之量，皆须取一同类之量以为标准，此标准量名之曰单位。③

汉语中原本没有介词"关于"，它更可能是五四运动前后在英语等印欧语言的影响下产生的。据太田辰夫考查，作为表示关联的介词，"关于"是新词，找不出清代以前和清代的用例。贺阳考查了清代多部

---

① 中村清二：《近世物理学教科书》，富山房，1906，第 228 页。
② 王季烈：《近世物理学教科书（卷六）》，学部编译图书局，1906，第 8 页。
③ 王季烈：《共和国教科书·物理学》，商务印书馆，1914，第 6 页。

白话小说，其中未见作为介词的"关于"①。他认为，五四运动前后，白话文中才出现"关于"一词。吕叔湘认为，"关于"的表达是受了外来语法的影响；王力认为，"关于"一词是五四运动以来在翻译英语的借词过程中产生的。② 但由《共和国教科书·物理学》可知，"关于"这一介词早在 1914 年就已出现在物理学书面语中。至于是否为王季烈所创，还需进一步考查。

1912 年，随着直接翻译英文物理学教科书的增多，物理学书面语的欧化程度进一步加剧，复合词和连词越来越多，《密尔根盖尔实用物理学》两个不同时期的译本即体现了这一趋势。屠坤华译本于 1913 年出版，周昌寿、高铦译本于 1924 年出版，两个译本均由商务印书馆出版。屠坤华译本中关于向心力的叙述如下："行星绕日旋转，不致为日所吸入者，藉此惯性而已。以绳系石，引而转之，势必用力紧握。若释放绳，势必循圆切线而飞去。"③ 相比之下，周昌寿的翻译更准确："行星不坠入太阳之内，完全由于此种惰性使然。他如以线系一石而摇转之，即觉石有曳手之力，直至石离线飞去为止。"④ 与屠坤华的译述相比，周昌寿的表述中复合词更多，介词和连词更加丰富，其中还有表示程度的副词"完全"。

书面语欧化是一种不自觉的变化，译者在翻译过程中，需要进入原作者的语言情境和思想境界，欧化过程在此就已经悄然发生了。起初西方人和中国士人通过口译笔述翻译的文本中的欧化程度较低，这

---

① 贺阳：《现代汉语欧化语法现象研究》，《世界汉语教学》2008 年第 4 期，第 16 - 31 页。

② 太田辰夫：《中国语历史文法》，蒋绍愚、徐昌华译，北京大学出版社，1987，第 236 页。

③ 密尔根、盖尔：《密尔根盖尔实用物理学》，屠坤华译，商务印书馆，1913，第 30 页。

④ 密尔根、盖尔：《密尔根盖尔实用物理学》，周昌寿、高铦译，商务印书馆，1924，第 92 页。

主要是由于译述分成了两个不同的阶段，译者只阐明原文含义，而述者只负责遣词造句。直到直接翻译阶段，译述才得以融通。最初的直接翻译以日文图书为主，但似乎并没有影响欧化的程度。然而，与欧化是一种潜在的不自觉的变化不同，白话文运动则是来自外力的转变，此转变与传教士提出的"浅文理"有相似之处，均试图人为地改变书面语表述形式。不同的是，白话文运动涉及更加广泛，借助知识精英发起和推进，影响更为深远。

第三节　白话文运动的影响

20 世纪初，白话文运动在汉语书面语发生深刻变革的过程中起了关键作用。这场运动由胡适、陈独秀等知识精英倡导和发起，试图改变汉语书面语，将白话文确立为所有现代汉语书面表达领域的语言形式，实现解放思想和创造新文学的目标。1918 年 4 月，胡适发表《建设的文学革命论》一文，重申"文言八事"，提出"国语的文学，文学的国语"的口号，呼吁"有志造新文学的人，都该发誓不用文言作文：无论通信，做诗，译书，做笔记，做报馆文章，编学堂讲义，替死人作墓志，替活人上条陈，都该用白话来做"[①]。

实际上，五四运动时期是一个思想文化全面解放、全面更新的时代，同时也是一个汉语书面语发生深刻变革的时代，白话文运动作为五四思想解放运动和文学革命的重要组成部分，试图通过汉语书面语的转型和改造，使思想和文学摆脱文言文和旧白话的束缚，从而实现解放思想和创造新文学的目标。就汉语书面语变革本身来看，白话文运动经历了文言白话之争和白话文改造两个并行的过程，前者起于胡

①胡适：《建设的文学革命论》，《新青年》第四卷第四号。

适的"八事"主张，终于国民学校教材的白话化，前后不过三四年的时间；后者则处于整个五四运动时期，并一直延续到 20 世纪 30 年代。前者以白话全面取代文言为最终结局，后者则以融入欧化成分的新白话代替传统的旧白话为显著结果。①

这场运动对物理学书面语也产生了很大影响。影响首先是从发布政令开始的。1920 年，教育部通令全国，所有国民小学中一、二年级的教材从当年秋季新生入学开始必须改用白话文，废除小学一、二年级原用的文言文教材；小学三年级的文言文教材限用到下一年，四年级的再延后一年，以此类推。

物理学书面语的白话文改造是从初中开始的，后来逐渐推广至高中。但是，真正的白话文改造直到 20 世纪 50 年代才彻底完成。20 世纪 20 年代，周昌寿编译的物理学教科书是比较有影响力的教科书。周昌寿赴日留学时间长达 13 年，回国后在商务印书馆就职，编译了多种物理学教科书。他在 20 世纪 20 年代编写的《现代初中教科书·物理学》初版在 1923 年 7 月出版，到 1932 年 10 月时已印出 40 版。书中融入了白话成分：

> 光线若被不透明体遮住，后面即没有光线通过，这暗黑的部分，称为影（shadow）。光源若不只一点，所成的影中，有完全不见光的部分 CD，称为本影；有尚能见一部分的光的部分 $C'D'$，称为半影（penumbra）。②

上文加入了一些白话的成分，其中最明显的是用"的"字替换了更为文言的"之"字。但是，周昌寿几乎同时编写的高中物理学教科书又有所不同：

> 光波达于两媒质之境界面，有一部分反射而回原媒质，

①贺阳：《现代汉语欧化语法现象研究》，商务印书馆，2008，第 13 页。
②周昌寿：《现代初中教科书·物理学》，商务印书馆，1929，第 129 页。

余一部分则以不同之速度，进入第二媒质之中，此现象曰光之屈折。①

此书于 1931 年 8 月初版，是标准的高中物理学教科书。由上文可知，书中还保留了不少文言元素。周昌寿后来编著的《复兴教科书·物理学》也是如此。如关于"影"的界定：

光因沿直线传播之结果，在不透明体背后，生一暗黑部分，无光可达，是曰影（shadow）。光源如为一点，则由此点引一圆锥与不透明体之周围相切，在不透明体背面，且在此圆锥内之部分，均成为影。②

同一作者在同一时期撰写的不同书中表述尚有如此差异，不同作者的差异势必更为明显。龚昂云于 20 世纪 30 年代编著的《初中物理学》对光和热的传布表述如下：

光和热都由以太做传布的媒介，故皆为以太的波动现象；这种波动，倘为肉眼可见时，就是光波（light wave），不可见时就是热波。光波与热波不但进行的速度相同，其种种性质，也几乎完全相同。例如光线直进，而热线直进的方向亦成直线。③

可见，文中已经有各种连词，这些词可以清楚地反映从句之间的逻辑关系。另外，与之前的物理学教科书不同的是，用"的"字代替了以前的"之"字。而沈星五几乎在同时编纂的《文化高中教科书·高中物理》基本还沿用着文言的框架：

光之折射，光如由甲媒质射落乙媒质上，则其一部分由

①周昌寿：《新时代高中教科书·物理学（下册）》，商务印书馆，1931，第 324 页。
②周昌寿：《复兴教科书·物理学（下册）》，商务印书馆，1937，第 284 - 285 页。
③龚昂云：《初中物理学》，世界书局，1930，第 122 页。

两媒质之界面反射，而其他部分则折射入乙媒质。此种摄入
另一媒质之光线，常变更其原来之方向，而屈折旁射，故谓
之折射。①

20 世纪 40 年代出版的一些高中物理学教科书依然保留了一些文言的形式，如教育总署编审会出版的《高中物理》关于光的界定为：

光，刺激吾人之视神经，使起一种感觉者，谓之光。例
如太阳之光，火之光等是。吾人所以能见种种物体之形状者，
全赖其物体发出之光，或由其表面反射之光，进入于吾人眼
内之故。②

据笔者考查，如耿克仁编《最新高中物理实验》（1940 年）、方克诚编《最新高中物理学》（1941 年）、陈德云编《高级中学物理学教本》（1947 年）、严济慈编《高中物理学》（1948 年）等，与教育总署编审会编《高中物理》的表述形式比较接近；而仲光然编《高中物理学》却有所不同，融入了较多的白话元素，如关于影的定义如下：

影：光是沿直线进行的，所以倘在发光体前面放一个不
透明体，那么在不透明体的后面便生黑暗的部分，成为影。③

进入 20 世纪 50 年代，教科书发生了明显的改变，除少数高中物理学教科书如严济慈编的《高中物理》依然采用文言表述外，大多数教科书融入了更多的白话成分。如 1952 年东北人民政府教育部编的《高中物理习题》和科学普及出版社出版的《高中物理教材和教法分析》等比较有代表性。但物理学书面语一直与白话文保持着一定的距离。这或许是由"物理学"的简洁性和准确性所决定的，简洁性使得物理学书面表述语不可能太啰唆，不能融入太多口语成分，而为了提升准确性，需要使用更为丰富的复句和连接词，这就拉开了物理书面

---

①沈星五：《文化高中教科书·高中物理》，北平文化学社，1934，第 364 页。
②教育总署编审会：《高中物理》，新民印书馆，1940，第 319 页。
③仲光然：《高中物理学（下册）》，中华书局，1940，第 49 页。

语与白话文之间的距离。

本章小结

　　总的来说，物理学书面语经历了从深文理向浅文理的转变，主要是由于物理学已经不再是少数士大夫才能掌握的高端学问，而是变成普罗大众的必要常识。浅文理的倡议和白话文运动，从两个不同的方面促使物理学书面语发生了转变。物理学具有简洁性和准确性，这些决定了其书面表述语不可能太啰唆、不能过多融入口语成分；而为了准确起见，需要加入连接词等语法标记来表达被连接成分之间的句法、语义关系，这也暗合了汉语欧化的转变。最终，物理学书面语形成一种以长句和复句为中心的欧化文体，尽管融入了一些白话文元素，但两者之间一直保持着一定距离。

第十章
中国近代物理学教科书的演变

　　本章试图综述中国近代物理学教科书演变的脉络。第一节讨论教科书中体现的物理教育目的的变化及引发这些变化的因素。总体来看，物理教育的目的经历了"为国之富强"到"必备常识"的转变，而这些变化则由当时中国经历的变局及物理学内在趋势的演变所决定。第二节描述中等物理学教科书的知识结构的演变。实际上，物理学教科书所载知识结构的变化主要源于两方面：一是物理学本身的进展，19世纪正是物理学飞速发展的时期，更新的理论和新发现会及时地体现在中等物理学教科书中；二是学制的变迁及新教育理念的推行等。因此，近代中国物理学教科书的知识结构表现出错综复杂的演变路径。第三节讨论物理学教科书所载知识的外在表述形式的演变，涉及知识的组织形式、书面语文法、名词术语及一些教育辅助手段等。

第一节　物理教育目标的变化

　　毋庸置疑，物理学教科书是物理教育的重要环节。在理科教育尚不发达的清末民初，物理学教科书的作用尤为突出。一方面，在一些官办学校中，由于缺乏精通物理的教员，大多数学生也只是根据教科书的内容学习物理。一般情况是，教师在讲台上读教科书，学生在下面附和。因此，评价物理学教科书往往以字数是否合适为准，甚至有些教科书直言每堂课多少字为宜。因此，早期的物理学教科书承载了主要的教育功能。另一方面，在学校外，物理学教科书作为科普读物也颇为盛行，一些有志之士纷纷购买此类图书学习西方物理知识，如钱锺书的父亲钱基博利用饭盛挺造所著《物理学》自学物理。为给其他学生提供方便，钱基博还主动翻译此书。[1] 由此可见，物理学教科书在当时物理学知识传入过程中的重要作用。因此，物理学教科书所宣扬的物理学的目的也潜移默化地影响了大众。本节从清末民初物理学教科书的导言入手，探讨物理教育目标的演变。大体看来，物理教育经历了从"富强之根本"到"有用的常识"的转变。

自强运动时期，曾国藩、左宗棠和李鸿章等督抚大员目睹了西方坚船利炮之精良，希望通过引进西方科学来巩固国防，振兴国家。受此影响，作为西方武器之基础的物理学也被赋予了"强国"的意义。丁韪良在《格物入门》凡例中说："泰西之兴格物久矣，而近代尤隆尚也。各国设庠序以课之，锡显爵以劳之，遐迩徧搜，互相争先，盖富强之策在是已。苟以中华士林之众，辐舆之广，诚志乎穷理精艺之学，其谁可及哉？"[2] 可见，当时的文人士大夫将格物学作为与宋明理学和汉学相类似的学问看待。与之相应，早期一些文人士大夫对西方自然科学还持鄙夷的态度。1881 年，狄考文发表《振兴学校论》，指出"自洋务新政以来，中国人开始渐渐学习西方兵工技术，但在骨子里仍以学习为耻，此无他，以其视格物之为学，出于西国故也"[3]。

当时一些有远见的传教士已认识到西方科学对中国的意义，狄考文在 1877 年上海传教士大会上说："西方文明与进步的潮流涌向中国，这股不可抗拒的潮流必将遍及全中国，许多中国人正在探索和渴望学习使西方如此强大的科学。"因此，"传教士要努力培养在中国的这场注定要出现的伟大变革中起带头作用的人才"。当然，传教士为中国培

---

[1] 钱基博：《自我检讨书》，载傅宏星编撰《钱基博年谱》，华中师范大学出版社，2007，第 263 - 286 页。

[2] 丁韪良：《格物入门》，京师同文馆，1868。

[3] 狄考文：《振兴学校论》，《万国公报》1881 年 9 月 3 日，654 卷。

养科技人才的最终目的是为传教服务。狄考文提出，教会学校承担西学的任务将大大有利于传教事业，具体说有三大好处：第一，教会学校培养出来的"精通地理学、物理学、化学和天文学知识的中国牧师将取得其他途径无法得到的影响和声誉"，而且由于掌握了科学知识，传教士也会取得士大夫的尊敬和信任；第二，教会学校传播科学技术知识可以有效地根除迷信，为基督教传教的胜利开辟一条大道；第三，如果虔诚的人和基督徒不准备控制和指导这场潮流，它将会被异教徒和不信教的人所控制，科学、艺术和物质的改善将落入基督教的敌人手中，被用来作为"阻碍真理和正义发展"的强大武器。因此，基督教会的良机，就在于培养既能以基督教真理来影响，又能领导这场伟大的精神和物质变革的人才。因此，传教士决定成立"学校教科书委员会"，即益智书会。1890 年，益智书会改组为"中国教育会"，主要目的是编辑新式教科书，占据中国所有西式学校的课堂，通过教科书来影响中国青年。后来出版的《形性学要》的序言中即点明学习西学是国家富强的根本：

> 内有形性一学，所包尤广，曰重学，曰水学，曰气学，曰声学，曰热学，曰光学，曰磁学，曰电学，凡八门，分之各为一学，合之总称形性学。今西法盛行，争奇斗巧，大抵此学之新机阐发而成者也。我华人日与西人处，观其所创轮舟、火车、汽灯、电线、日照、像德律风等，每深观止之叹，而终不知其所以然，何也？未读形性学也。即有其书，不能悟也。故不谙西学，何以植富强根本。①

由此可见，狄考文等传教士打着传播西学、富强国民的招牌进行传教，这与明末清初汤若望借西方天文学传教如出一辙。表面看来，传教与强国之间并没有本质上的矛盾，两端大可以并行存在，传教士

①加诺：《形性学要》，赫师慎译编，徐汇汇报馆，1899。

和中国民众大可各取所需。然而，实际上一些传教士认为科学教科书中应明确彰显教义，这似乎就与单纯地传播自然科学知识有冲突。比如，潘慎文在《格物质学》一书的序言中说：

> 乃细察之，则知物之内，莫不有公例以贯之，虽多且变，无能出于公例之外者也。试历地面各处，其摄力之理同也，其爱力之理同也，其结力、粘力、光力、磁力、冷热元点之理，无不同也。是则万物之出于一本也，昭昭矣。其本为何？厥为上帝。格致兴而上帝惟一之道大明于世。

因此，一些中国士人对传教士翻译的科学教科书不以为意。当然，也有一些传教士在教科书中不提强国和传教，更多是强调物理学的实用。如赫士在《光学揭要》一书序言中说：

> 光之为用昭昭也，通乎热，邻乎电，散见于日月星辰之间，自古迄今，莫之或息也。然惟格致之士兴斯学，于是有专家。此篇之由辑，与天文、声学相同，皆为本馆诸生起见。①

无论如何，在一个讲求实用的国度里，宣传某门学科有特殊的用处，尤其对于国家的强盛至关重要，这对于宣传和普及这门学科无疑有巨大好处。

20 世纪初，中国的留日学生从日本翻译了大量书籍，其中教科书影响最大且最持久。这些留日学生在日本受尽了歧视，无形中增强了爱国心和民族意识。② 他们认为西方科学是强国的关键，因此热衷于科学教科书的出版。留日多年的陈榥编撰的《物理易解》是较早由中国人自编的物理学教科书。在此书的序言中，陈榥将科学置于立国之本的高度：

---

① 加诺：《光学揭要》，赫士口译，朱葆琛笔述，美华书馆，1898，序言。
② 实藤惠秀：《中国人留学日本史》，谭汝谦、林启彦译，北京大学出版社，2012，第 362 页。

科学为立国之本，固夫人而知之矣。然而其理精、其功实、其造深、要非猎等所能至。故造车自舆始，造衡自权始，必循途渐进而后科学至。中等物理学与各种科学已多相衔接之处。①

可见，陈榥认为科学是立国之本，而物理学与各种科学都有衔接，是科学的根本，故需要认真研习。当时，也有一些留日学生将物理学与更为具体的工商制造业联系起来，如曲卓信在叢琯珠翻译的《新撰物理学》序言中说：

我国地大物博，输出物远不逮输入。无他，理化学思想未能普及，自国之制产不兴，而日常应用之品仰之外国者多也。然则，欲振工商业，必自理化学智识普及，始无疑。②

当时，也有很多日译教科书在序言或凡例中并未提及学习物理学的目的，或有些书仅从物理和其他学科的区别来谈论学习物理学的目的。如在清末颇具影响的中村清二的《近世物理学教科书》，此书有多种译本。当时影响最大的当属王季烈译本，由学部编译图书局于1906年出版；另外，还有余严本，书名也是《近世物理学教科书》，普及书局出版；林国光译本，书名《中等教育物理学》，1906年由上海广智书局出版。1907年，杜亚泉根据中村清二的《近世物理学教科书》翻译了《物理学新式教科书》，由商务印书馆出版，此书除第38节"重力单位"一节外，其余章节与王季烈译本相同。其序言说：

物理学之目的凡物由各种原因而变其状态，今考其变化有二种：一为实质无变化者，一为实质有变化者，是也。物之变化形态、位置，则属前者，谓之物理的现象，物理学论之；如物之燃烧则属后者，谓之化学的现象，化学论之。③

①陈榥：《物理易解》，教科书译辑社，1902，序。
②曲卓信：《新撰物理学》，清国留学生会馆，1906，序。
③中村清二：《近世物理学教科书》，林国光译，上海广智书局，1906。

清末，也有一些中国学者开始直接翻译英美物理学教科书，伍光建和谢洪赉较具代表性。伍光建曾亲历晚清时期的自强运动，甲午战争后游学海外。他认为学习西方科技比学习西方政治制度更加重要，是国家富强的关键。伍光建在谢洪赉翻译的《最新中学教科书·物理学》的序言中说：

> 我国自开海禁以来，屡为外国搓辱，颇务富强，而绝少言艺学者。江南制造局始译格物工艺制造等书，而当世以为非先圣所当道，又无补于词章，不足以取利禄，弃之不屑道。间有一二究心于是学者，大抵只习外国语言文字之粗浅者，为衣食计。艺学之事，寂然无闻。甲午以后，稍言变法，而惟欧美政教之糟粕是求。庚子之后，横议尤多，空言无补。昔英儒巴克尔谓进化之功，艺学居十之九，而政教之力不兴焉，虽艺学与政教之功未必果有如是之比例，然政教之不敌艺学，殆无疑义焉。欧美艺学之兴，不过二百年，其创造轮船铁路，不过百年，而富强莫比。识者以谓格物之功，居其大半。盖格物者其体，工艺制造者其用也。今日言富强者，舍世将安归耶？

当时美国正值经济危机，英法等国为扩大销路，开辟了非洲和亚洲市场。伍光建也许正是看到了这场危机，故在序言中说：

> 欧洲之工艺制造，今日至极盛，不幸而生多销寡，故不得不求销场于异国。……于是计诱力逼，筑室代谋，为我开矿，为我造路，而我犹以词章争短长，以空谈炫材异。路矿且无专科，其他工艺制造更无论已。夫欧洲政教，曷当无可取法。惟政教因人而生，不可以强合。……至于工艺制造则不然，未有学而不能者。且富强之所资，而欧美之所侍以制我者也。……识者有鉴于此，颇持振兴工艺制造之议，而苦无格物学善本，以为学者先导。商务印书馆慨然聘名手译美

国何德赉之物理学以行世。①

谢洪赉翻译的《最新中学教科书·物理学》是商务印书馆"最新中学教科书"系列中的一本，此系列还包括伍光建编译的物理学。相比较之下，伍光建的物理学更为详细，知识难度更大，包括《力学》《气学》《水学》《声学》《热学》《光学》《磁学》《静电学》《动电学》等单册，共九本。此系列书中，伍光建并没有谈论物理学的教学目的。可以说，其在谢洪赉译本的序言是他对学习物理学目的的主要观点，而他下大力气潜心编著的这一系列书也许正是出于这一目的。

清末民初，"实用"之学盛行，物理学、化学等学科成为实用科学的基础，故此在教育目的方面开始突出其"实用"方面，一些教科书甚至直接以"实用"为书名，如陈榥编的《实用物理学》。中国发生的这一转变很可能是受西方"自然研究（Nature-Study）运动"的影响。"自然研究运动"主旨是科学教育的重点并非书本而是自然。这一运动最初由美国科学家推动，后来在教育学家和心理学家的推动下扩展到美国普通中学。② 这一运动影响了美国的整个科学教育，在物理学教科书方面的直接体现是增加了更为丰富的学生实验及实用习题。受此影响，对物理学教科书的评价已不限于看其是否将学生实验加入教科书，也不仅看其对规律的表述及物理学的应用是否搭配，更主要的是看教科书引入的实验是否贴合学生生活。美国物理教师何德赉编写的《物理学基础》和《物理学概要》就加入了一些现实生活中的实例，如在讲解牛顿第三运动定律时，为使读者理解作用力和反作用力之间的关系，专门介绍了振荡风扇（oscillator fan）。《物理学基础》的书评就指出，"书中有许多插图，将日常生活和物理学主题联系起来"；《物理学概要》的书评中指出，"书中有许多源自日常生活中的插图供教师使

---

① 何德赉：《最新中学教科书·物理学》，谢洪赉译，商务印书馆，1904，序。

② Sally Gregory Kohlstedt, "Nature, Not Books: Scientists and the Origins of the Nature-Study Movement in the 1890s," *ISIS* 96, no. 3 (Sep. 2005): 324-352.

用"。从这些评价中，我们大体可以看出当时对在物理学教科书中引入生活实例的重视。

清末的"壬寅·癸卯学制"和 1912 年的学制均模仿日本学制。然而，至 20 世纪 20 年代，国内改革学制的呼声越来越强烈。教育部在 1922 年召开学制会议，商讨新学制，最终提出新学制，即"壬戌学制"，模仿美国的"六三三"学制。相应地，直接译自美国的物理学教科书开始增多，而这些译者对物理学融入日常生活中的观念也逐渐认同。周昌寿、高铦译美国著名教科书《密尔根盖尔实用物理学》序言中说：

> 唯是十年以来，科学之进步，无日或已，即就我国而论，日常生活受物理学之影响者在在皆是，前此编入教科书中尚觉费解者，今则已成常识，而近日所必需者，更为前此未尝想见。[①]

实际上，物理学的应用分别体现在国计和民生两个方面。清末，中国与外国的数次较量使得士大夫们不断探寻中国失败的原因，正是在此背景下物理学被认为是强国的根本。这不仅体现在坚船利炮的制造原理中，也体现在工艺品制造甚至工商业当中。然而，随着中国逐渐趋于短暂的和平，尤其是受西方自然科学研究的影响，物理学作为解决民生的关键作用也体现出来。其实，上文提到的周昌寿、高铦译本的序言中就已提到日常所必需者。而在随后的教科书尤其是初中教科书中，这一观念更为显著。龚昂云在其自编的《初中物理学》中说：

> 解决民生问题，在现在的情境之下，实在是很重要、很迫切，而且是很困难的了。要解决这样重要而迫切的问题，光是空论是没有用的。我们应探求民生所以发生问题的原因，

[①] 密尔根、盖尔：《密尔根盖尔实用物理学》，周昌寿、高铦译，商务印书馆，1924，译者序。

然后研究解决问题的方法。……物理学是我们身体以外，环境问题中最重要的一种常识，任何人都应认识的。所以本书所讲的，不是艰深玄奥的理论，却都是罕见的事实和经验。……

所以编者希望诸君对这本物理学，应当作常识书看，不论什么问题都要了解其变化的原理，再把这些原理应用到民生问题的上面去，那么人类社会的一切问题，或者都可有相当的解决了，这是我们研究物理学的重要目的。①

总之，由物理学教科书的发展可以看出，学习物理学的目标经历了从"强国之本"到"解决民生"的转变。起初，外国传教士打着物理学可以强国的旗号在中国官办学堂和教会学校开设物理课程，编写物理学教科书，希望借此达到传教的目的，而这也正符合当时自强运动时期一些重要士人的心理。甲午战争后，大批中国学生留学日本，在日本的残酷经历增加了他们的民族自尊心，也使他们认识到西方科学尤其是物理学对国家的意义。而伍光建更是认为国家强大的关键不在于采用西方的政治制度，而在于学习西方的科学知识。民国时期的教育改革主要仿照美国，在此影响下，美国的"实用教育"思潮影响到中国，物理学教科书开始关注身边的事物，注重物理学对民生问题的解决。

第二节　知识结构的演变

物理学教科书所载知识结构的变化主要源于两方面：一方面是物理学自身的进展，19世纪正值物理学飞速发展时期，新理论和新发现

————————

① 龚昂云：《初中物理学》，世界书局，1930。

会及时地体现在教科书中；另一方面则源自外部因素，如学制的变迁及新教育理念的盛行等。

关于新理论和新概念的产生，电磁场概念的产生及进入教科书的过程较具代表性。众所周知，电场和磁场的概念最初由英国物理学家法拉第提出，此后麦克斯韦对电磁场理论体系进行了完善。1873 年，麦克斯韦的《电磁学通论》问世，这标志着经典电磁学理论体系的形成。此后物理学教科书中开始出现磁场和电场的概念。如美国教育家史砥尔在《大众物理学》中就用到了磁场（Magnetic Field）概念①。此书被潘慎文和谢洪赉译成中文，名为《格物质学》，书中将 "magnetic field" 译为磁界。其后的《电学纪要》也谈到了磁场，使用了相同的译名②。或许是因为可以通过磁铁周围铁屑的环绕排列比较形象地表现磁场，磁场概念在中等物理学教科书中出现较早。1868 年，丁韪良等编译的《格物入门》中专设一节讨论"磁气运行以铁屑形容之"，并配有插图③。

相比较之下，电场概念在中等物理学教科书中的出现要晚得多。上文提到的史砥尔的物理学教科书未谈及电场。谢洪赉翻译的《最新中学教科书·物理学》的底本在当时是美国大学预科学生的物理学教材，未论及电场概念，日本本土教科书也是如此。水岛久太郎所著《近世物理学》于 1894 年出版，在介绍磁感应时只介绍了磁场及磁力线，介绍静电感应时却没有论及电场和电力线④。据查，中村清二的教科书是较早介绍电场概念的日本物理学教科书，此书首版于 1899 年出版，此后分别于 1900 年、1902 年、1903 年、1906 年、1909 年、

---

①Steele J. D. , *Popular Physics*（New York：American Book Company，1888），p. 289.

②李提摩太：《电学纪要》，上海广学会校刊，1899，第 16 页。

③丁韪良：《格物入门·电学》，京师同文馆，1868。

④水岛久太郎：《近世物理学》，有斐阁［ほか］，1894，第 468 页。

1911 年进行过修订①。因为作者的修订主要是增删一些知识点，不同版本最主要的区别是知识点编号不同，具体知识点的叙述还是基本类似。中国最早介绍电场概念的教科书与此书有关。相比较之下，译自英美的物理学教科书中出现电场概念比较晚，如屠坤华翻译的《密尔根盖尔实用物理学》中仅讨论了磁场，没有电场②。此书底本为 *A First Course in Physics*，于 1906 年出版。1924 年，周昌寿、高铦翻译了此书的改进本 *Millikan and Gale's Practical Physics*（1913），中文书名为《密尔根盖尔实用物理学》，依然没有电场的概念，但有"field of force"专用名词"力场"③。1913 年出版的王兼善编译的《民国新教科书·物理学》也是如此④。

19 世纪末至 20 世纪初，正值物理学快速发展的阶段，其间许多新发现推进了物理学理论的更新，而这些新发现也或多或少地体现在中等物理学教科书中。伦琴射线的发现是比较典型的案例。众所周知，伦琴射线是一种具有超强穿透力的射线，由德国物理学家伦琴于 1895 年发现。在做阴极射线管实验时，伦琴无意中发现了一种穿透力极强的射线，能引起涂了亚铂氰化钡的屏闪现荧光，能穿透纸、木头、铝等多种物质。尤其神奇的是，这一射线能穿透动物的组织，给人的骨架照相。由于伦琴当时并不知道新射线的本性，因此称之为"X 射线"，但人们通常称为"伦琴射线"。⑤ 伦琴因发现 X 射线，于 1901 年获诺贝尔物理学奖，是世界上第一位获此殊荣的科学家。

当时的中国知识界对这一新发现非常重视，梁启超曾在光绪丙申

①中村清二：《近世物理学教科书》，富山房，1906。
②密尔根、盖尔：《密尔根盖尔实用物理学》，屠坤华译，商务印书馆，1913。
③密尔根、盖尔：《密尔根盖尔实用物理学》，周昌寿、高铦译，商务印书馆，1924。
④王兼善：《民国新教科书·物理学》，商务印书馆，1913。
⑤弗·卡约里：《物理学史》，戴念祖译，中国人民大学出版社，2010。

(1896—1897 年初）完成的《读西学书法》中有提及："去年行创电光照骨之法，三月之间而举国医士已尽弃旧法而用之。"《时务报》于光绪二十三年（1897 年）以《葛格司射光》为题报道了 X 射线的发现。赫士编译的《光学揭要》第二版最早做了详细介绍，用三节分别阐述了"然根光之有无"、产生然根光的"虚无筒"，以及"然根光之用"。将 X 射线译为"然根光"，很显然，"然根"是伦琴的音译①。1899年，傅兰雅与王季烈合译美国医生摩尔登和电机工程师汉莫尔合著的《X 射线：不可见光的照片和它在手术中的价值》，书名为《通物电光》，更为详细地讨论了这一发现及其应用。

20 世纪初，正值第二次工业革命鼎盛之际，科学技术的发展突飞猛进，各种新技术、新发明层出不穷，并被迅速应用于工业生产。当时，科学技术的突出发展主要表现在以下几个方面：电力的广泛应用，内燃机和新交通工具的创制，新通信手段的发明和化学工业的建立。受自然研究运动的影响，一些新技术及应用也体现在物理学教科书中，尤其是直接译自美国的物理学教科书。如周昌寿、高铦所译《密尔根盖尔实用物理学·原序》所述：

> 晚近生活状况之变化，大有一日千里之慨，任何教科书，欲谋与之共进，皆非随时修改不可。譬如在十年前，内燃机在工业界所占之位置，不及蒸汽机之重要，在今日居然侵入日常生活之范围中，虽发电机、电动机等，亦望尘莫及。②

与之 11 年前的屠坤华译本相比，此译本增加了很多实用技术。例如，在"功和热能"一章中增加了当时新发明"飞机"的解释和说明，另外对"汽车"这一在当时已经比较成熟的新奇机器进行了详细说明，并配有清晰的结构图（图 10-1）。毫无疑问，出现在物理学教科书中

---

① 加诺：《光学揭要》，赫士口译、朱葆琛笔述，美华书馆，1898。
② 密尔根、盖尔：《密尔根盖尔实用物理学》，周昌寿、高铦编译，商务印书馆，1924，序言。

的这幅图应具有极强的视觉冲击。

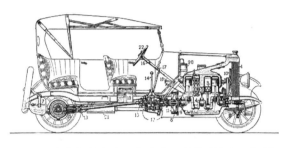

图 10 - 1 　《密尔根盖尔实用物理学》所载"汽车要部断面图"

另外，一些外部因素也导致了物理学教科书所载知识结构的变化，其中最为重要当属学制的变迁。以下，我们将以王季烈编译的几本物理学教科书为例来讨论学制变化对物理学教科书所载知识的影响。王季烈编译的物理学教科书在 20 世纪初颇具影响力。最初，他曾任职于江南制造局，与傅兰雅合译《通物电光》，后又校点润色藤田丰八翻译的《物理学》。此后，他辗转于几所官办学堂任理化教习，后任职于学部，期间翻译了中村清二的《近世物理学教科书》（1902 年版），并于 1912 年编著《共和国教科书·物理学》。1905 年，王季烈在京师译学馆任理化教习时，曾以中村清二的《近世物理学教科书》为教材，为方便教授，将此书译为中文。当时正值学部征集教科书之际，在征求王季烈的同意后，黄中弢将此书归于学部编译图书局。尽管学部给予王季烈翻译的《近世物理学教科书》以极高的评价，但他却认为此书在中国使用并不太合适。

1912 年，应商务印书馆之约，王季烈编著了《共和国教科书·物理学》。此书完成于 1913 年 5 月，9 月由商务印书馆出版。相比《近世物理学教科书》，《共和国教科书·物理学》体量有很大缩减。当时学制规定中学为四年，第三年学习物理[1]，比清末的规定又早了一年。为符合学制的要求，王季烈对书中所含知识点做了大幅度的简化处理，全书总页数只有 200 页。从其评语中可见，教育部对此书给予了充分的肯定："是书词意通达，所取教材分量，亦均不寡不多，深合中学程度之用。"[2]

另外，两书的章节安排有较大不同，《共和国教科书·物理学》将"运动""能力"二篇置于末尾，这样安排主要是出于学生实际情况的考虑：

> 本书编次略依通常物理学之次序，惟运动、能力二项，他书皆包括于力学中，本书则特提出，各为一编。是因运动与能力为各种物理现象之本原，非仅与力学有关系，况生徒于动量 vector quantity 之观念，本多缺乏，故此二项，于初习物理时，每未易了解。今移至篇末始为教授，既免模糊影像之弊，更获比较概括之益。[3]

1924 年，周昌寿重新校订《共和国教科书·物理学》，调整了部分名词术语，将原来置于"感应电流"一章之下的"放射线"部分独立成一章[4]。此书修订本于 1929 年 11 月 11 日通过了教育部编审处的审查，批准其修改后作为初中物理学教科书。1922 年，民国政府颁布新的学制，中学实行"三三制"，初中、高中各三年，初中第二年学习物理[5]。物理学教科书的知识结构也发生了相应的变化。由此可见，学制变迁对物理学教科书所载知识结构有较大影响。

---

[1] 朱有瓛：《中国近代学制史料·第三辑（上册）》，华东师范大学出版社，1990，第 360 页。
[2] 王季烈：《共和国教科书·物理学》，商务印书馆，1914，教育部审定批语。
[3] 同[2]，编辑大意。
[4] 王季烈：《共和国教科书·物理学》，周昌寿校订，商务印书馆，1924 年。
[5]《教育部编审处审查会议》，《申报》1929 年 11 月 11 日。

第三节　表现形式的演变

对中国来说，物理学教科书是舶来品，所载的物理学知识和教育目标都要通过一定的形式表现出来。这些表现形式既包括知识的组织形式、书面语文法、物理学名词和术语，也包括图像及为实现具体的教育目标而采用的组织方法和认知策略，如章节标题、习题作业、课程提要、前言、附录、图标、着重号等，以及教科书的印刷和装订等方面。这些方面既受译者或编者的影响，也受整体大的语言环境乃至教育策略的制约。

我们先来看一看知识的组织形式。最初，传教士编译的物理学教科书多采用问答体的组织形式，物理知识被分割成提问和解答，如丁韪良编译的《格物入门》就采用了这一形式，在"力学"一卷第一问为：

问：力学所论者何？

答：论物之动静也。

问：何为力？

答：凡物之动静改易皆力为之也。物之动者，非力不静，物之静也，非力不动。①

这种问答体的优势在于对所论的问题比较清楚、明了，且能迅速聚焦关键点；但其劣势也很明显，那就是结构松散，知识点之间的关联性比较弱。尽管《格物入门》已进一步将一些问题整编为节，但节与节及节内各问题之间的关联性还是很难体现出来。因此，这种方式对于较简单的问题比较适宜，而不太适合讨论复杂的问题。《格物入

①丁韪良：《格物入门·力学》，明亲馆藏版，1869，第1页。

门》有关"力学三定律"的问答如下：

> 问：物之动有三纲，何也？

> 答：凡物之动，若无外力阻碍，直行不偏，常行不止，一也；外力不分于物之动静，莫不有功效，二也；凡用力于物，其物必有力相抵，与所受之力均匀，三也。[①]

这样通过一个问题就将三定律答完，简洁、明了，但其中更深层次的内容则没有涉及，尤其三定律之间的关系并没有叙述清楚，接下来就讨论"三纲之理何法试验"的问题了。这看起来似乎更像是在介绍一些常识，而非一门严谨、自洽的学科。所以，总的来看，这样的文体适合比较浅显的知识。

实际上，早期英美物理学教科书也采用问答体的组织形式。例如，19 世纪初在欧美国家颇受欢迎的《自然哲学对话》，此书由简·马西特编著，先在英国出版，后在美国改编并重新印刷，以对话形式展开，对话主要是在艾米丽和 B 女士之间进行。[②]

问答体的另一个优势就是可以将繁难的物理学知识简化。如 1899年徐汇汇报馆出版的《形性学要》就是典型的例子，此书由赫师慎编译，主要根据加诺的《普通读者及年轻人的自然哲学》改编。此书的问答更加详细，关于力的问题如下：

> 问：何谓力？

> 凡能动物，或物既动而能损益其动者，谓之力。学者需知三事：一曰通力处，即用力之所，举刃杀人，手执处，即通力处也；一曰力数，一人举重百斤，百斤力之数也；一曰力之方向。如十图孩拉纸兔也，其行向前，此力之方向也。[③]

---

① 丁题良：《格物入门·力学》，明亲馆藏版，1869，第 16-17 页。

② Jane Haldimand Marcet, *Conversations on Natural Philosophy* (Boston：Lincoln & Edmands, 1826).

③ 加诺：《形性学要（卷一）》，赫师慎编译，徐汇汇报馆，1899，第 8 页。

加诺的《普通读者及年轻人的自然哲学》中没有明确的力学三定律，但其中有"力的度量"等节，通过对比原文，可以看出此译著已通过问答体的形式将知识点进行了简化处理[①]。

赫士等编译的三本物理学"揭要"也基于加诺的《基础物理学》，采用了夹问夹叙、以叙为主的方式。对那些比较简单明了的知识采用了问答形式，如《光学揭要》开篇介绍"光是什么"：

何为光？

能触目之脑网，使心显有所见者，谓之光。

何为光器？

凡透光镜及返光镜，或透光与返光相配而成之镜，皆为光器。[②]

不过，赫士的"揭要"主要采用"论"的方式展开叙述，如关于"影"的界定，《光学揭要》如此叙述：

论影。凡一笔光，照于阻光之物，使光不得透而暗，或不能尽透而淡者，其暗及淡处，统谓之影。[③]

其实，如果仅止于此，"论"的叙述与问答体基本相似，我们完全可以将"论"改为"问"，然后在后面加上"答"。实际上，赫士在"论"之后，往往进行详细的介绍。如"论影"一节还对本影（内虚）和半影（外虚）进行了详细介绍（图10-2）：

凡有体可量而发光之物，其光被阻，而有直入本影之处，为外虚，其不直入之处为内虚。如第一图，甲乙为发光体，丙丁为阻光体。自甲作甲丙戊，与甲丁己，二公切线。又自

[①] Adolphe Ganot, Edmund Atkinson trans, *Natural Philosophy for General Readers and Young People*, 6th edition (New York：Appleton，1887)，pp. 13-30.

[②] 加诺：《光学揭要（第二版）》，赫士口译、朱宝琛笔述，美华书馆，1898，第1页。

[③] 同[②]，第2页。

乙作乙丙庚，与乙丁辛二公切线，则甲丁己与乙丙庚所成之
丙庚己丁圆锥截体，减内虚丙午辛丁截体，余即为外虚
……①

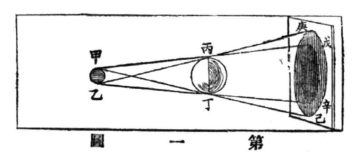

图 10 - 2　《光学揭要》中的"内虚"（本影）和"外虚"（半影）示意图

以上问答体或夹问夹叙的文体形式主要出现在编译类教科书中。
这些书往往以某一本或几本西方教科书为基础编写而成，编译者有较
大的发挥空间。他们既可以通过对话形式将复杂知识简化，也可以通
过夹叙夹议的形式表述相对复杂的知识点。当然，当时也有传教士比
较忠实地翻译了原著，如潘慎文和谢洪赉翻译的《格物质学》②，此书
底本为史砥尔的《大众物理学》，并未采用问答体形式，而是采用一种
以论证和叙述为主的组织形式③。此后，谢洪赉翻译的《最新中学教
科书·物理学》也是如此。

接下来，我们讨论物理学教科书的术语及文法的演变，这些已在
第八章和第九章详细讨论，在此只是做一个简要综述。我们将首先介
绍文法，然后讨论术语。

明末清初，大批耶稣会士来华传教。为推进传教，他们采用了自

①加诺：《光学揭要（第二版）》，赫士口译、朱宝琛笔述，美华书馆，1898，第2
页。
②史砥尔等：《格物质学》，潘慎文口译，谢洪赉笔述，美华书馆，1899。
③Steele, Joel Dorman, *Popular Physics* (New York and Chicago：A. S. Barnes
& Company, 1888).

上而下的知识传教策略，即通过翻译西方科学典籍，吸引上层士大夫入教，然后再普及底层民众。这些书主要由西方传教士和中国士人通过口译笔述的合作方式翻译而成，采用士人所熟悉的文言文形式。早期编译的物理学教科书也是如此。不过，晚清时期的传教士已认识到文言文在表述科学知识方面有所欠缺，曾试图改用浅文理的形式译介教科书。但由于传教士自身对汉语书面语的驾驭能力有限，大多数译作只能借助于中国人笔述。就现在所获取的史料来看，提倡浅文理更多是在传教士之间讨论，少有中国人应和。故此，传教士试图改革文法的努力实际上并没有成功。

汉语科学书面语在近代的一个主要变化就是欧化。即使用各种形式手段来连接词语、从句和分句，通过有形的标记来显示词语之间、主句与从句之间及分句之间的关系；连接手段很多，除介词和连词外，还包括关系代词、关系副词等。实际上，这一变化早在晚清传教士直接翻译的论著中就有体现。但从物理学教科书的翻译来看，其书面语明显的欧化最初并非始于直接地翻译英文教科书，而是日文教科书。

20 世纪初，留日中国学生从日本翻译了大量书籍，其中教科书影响最大且最持久。他们认为物理学是强国的关键，因此热衷于物理学教科书的翻译。总体来看，日译物理学教科书对汉语物理学语言的塑造在文法方面有相当明显的体现。20 世纪初，日语与汉语的书面语比当今更为接近。当时的中国人翻译日文要容易得多，因为日语的名词、动词、形容词、副词等几乎全用汉语书写，用假名书写的，只不过是动词的词尾和"て""に""を""は"等助词。因此，译者只要了解这些助词的作用，颠倒或变换原文词汇的排列便可了事。当时的中国人甚至创造了所谓的"和文汉读法"。正是在采用如上方法翻译物理学教科书的过程中，一种比较通俗易懂且准确的物理学书面语形式逐渐形成，但总体依然保留了文言的框架。从一定意义上说，这种文体可以称为浅文理。

此后，正值汉语书面语发生深刻变革的时代，白话文运动起了关键作用。此运动由胡适、陈独秀等倡导和发起，将白话文确立为新文学乃至所有现代汉语书面表达领域的语言形式，从而实现解放思想和创造新文学的目标。这场运动发轫于文教领域，物理学书面语当然也受其影响。1920 年秋季开始，所有国民小学一、二年级的教材，必须完全改用白话文，小学一、二年级原用的文言教材一律废除：小学三年级的文言文教材限用至 1921 年，四年级的限用至 1922 年。以此类推，到 1922 年，国民学校的教材将一律采用白话文。实际上，白话文对物理学教科书书面语的影响首先从初中开始，后来才逐渐波及高中，到 20 世纪 50 年代才彻底完成。物理学具有简洁性和准确性，这些决定了其书面表述语不能融入太多口语成分，而为了准确性需要加入更多的复句和连接词。最终，物理学书面语形成了一种以长句和复句为中心的欧化的表述文体。

物理学知识在中国传播过程中，专业名词和术语的翻译极为重要。这一问题历经半个多世纪，最初由西方人与中国士人的合作翻译，后来直接从日本语借词，以及一些中国人自己的翻译、整理，最终经中国物理学共同体的审定和国立编译馆的颁布才得以确立。

1877 年 5 月，在华新教传教士成立"学校教科书委员会"，即益智书会，其目的之一就是统一译名，以便于教科书的编写。益智书会在统一译名方面的主要成果有两个：《协定化学名目》（1899 年）和《术语词汇》（1904 年）。物理学名词和术语大都收录在《术语词汇》中。甲午战争后，师日浪潮剧增，随着译自日文的物理学教科书大量出现，使用日语词汇逐渐成为共识，此后一段时间内大部分物理学教科书使用日语词汇。清政府曾试图统一科技译名，并于 1905 年设立学部，次年学部设编译图书局，其下设审定科。学部审定科于 1908 年编纂《物理学语汇》一书，这是中国第一部汇集成书的物理学名词工具书。

此后，学部于 1909 年成立编订名词馆，严复担任该馆总纂。名词馆的工作纲领明确规定统一物理、化学等科目的名词①。分管理化名词的是常福元，他毕业于天津水师学堂，曾任职于京师大学堂译书局。名词馆编订的心理学、生物学、数学等学科名词单行本保留了下来，但物理学名词的单行本没有下落。不过，部分物理学名词在 1916 年出版的《官话词典》中有所收录。

　　民国初期，教育部非常重视科技译名的统一。1918 年，教育部设科学名词审查会，该会是原来的医学名词审查会博医协会的扩充；1920 年，科学名词审查会决定增加物理组，由中国科学社主稿；1920 年，由中国科学社起草、科学名词审查会通过的《物理学名词（第一次审查本）》编制完成，但未出版。1927 年，中华民国大学院组织了译名统一委员会，翌年大学院改组，译名事业归教育部编审处办理。之后，教育部将《物理学名词（第一次审查本）》加以订正，形成《物理学名词（教育部增订本）》，于 1931 年分发国内物理学家征求意见，但仍未颁行。后来，萨本栋以《物理学名词》"第一次审查本"和"教育部增订本"为蓝本，编成《物理学名词汇》，不足部分取材于其他书报，由中华教育文化基金董事会编译委员会于 1931 年出版。1932 年夏，国立编译馆在南京成立，隶属于教育部，将物理学名词的审定与统一列为分内要务。1933 年 4 月，教育部召开天文学、数学、物理学讨论会，国立编译馆提出将所编物理学名词初稿进行讨论。但由于会期仓促，仅决定将全部名词交中国物理学会负责整理。当年 8 月，编译馆将整理的物理学名词提交给中国物理学会第二届年会审查，中国物理学会推举吴有训、周昌寿等 7 人对这些名词逐一进行审查，至 9 月 2 日审查完毕。国立编译馆对审查结果略加整理，于 1934 年 1 月 25 日呈请教育部核定。教育部于 1 月 31 日公布《物理学名词汇》，8

①皮后锋：《严复大传》，福建人民出版社，2003，第 363 页。

月由商务印书馆出版。自此之后，中文物理学名词整体上得以统一。总的来看，传教士等翻译的名词大多不敌日语借词，日语借词大多被后来的《物理学语汇》和《物理学名词汇》收录，成为物理学标准译名。而之所以大多日语词能最终胜出，笔者认为主要是因为日本书籍使用了大量汉字，中日"同文"的要素甚多。

现代物理学教科书中一般会有示意图和物理学公式，示意图中的一些点需特别的指示，物理学公式中的概念一般以特定的符号表示。19 世纪末，大多西方物理学教科书中的符号指示体系已趋于完备。英文物理学教科书的符号体系采用英文字母，特殊的物理学概念有指定的符号，大多用此概念名词的第一个字母表示，或大写或小写，如用 F 或 f 代表力，用 M 或 m 代表质量，用 a 表示加速度等。示意图中的特殊点用大写英文字母表示。最初，西方人与中国人口译笔述的教科书多采用天干、地支和文字组合方式翻译西方的符号体系。如李善兰等基于英国物理学家惠威尔的《初等力学教程》翻译的《重学》，其中示意图中的点用天干、地支代表底本中的英文字母，但总体看来天干、地支与英文字母之间并没有严格的对应关系，有很大随机性。物理学公式中的概念多用汉字表示，如匀速直线运动路程与时间和速率的关系表示为：$速 = \dfrac{路}{时}$，也有干支与文字混用的情况：$癸 = \dfrac{路}{寅}$，其中的癸和寅分别表示具体的速率和时间。直到 19 世纪末，中文物理学教科书还在使用如此混乱的符号体系。

早期的日文物理学教科书也部分采用了相近的符号体系。如饭盛挺造的《物理学》中的速度公式，用"路"表示物体运动的路程，而"速"表示速率，"时"表示时间，那么匀速直线运动的路程与时间关系为：$路 = 速 \cdot 时$，而匀加速直线运动末速度、时间、路程的关系为：$时 = \sqrt{\dfrac{末}{二全路}}$。但实际上，19 世纪末期的日文物理学教科书已普遍采

用英文符号体系，如水岛久太郎的《近世物理学教科书》，上式表示

为：$s = \dfrac{1}{2}at^2$。这一形式被 20 世纪初的中文物理学教科书所继承，如

陈榥自编的《物理易解》就采用了这一形式。此后，物理学教科书大
多采用英文符号表示。

　　一般认为，西方活字印刷术从中国得到启发而发展起来后，又转
过来传入中国和日本，影响了两国近代的发展。陆费逵在《六十年来
中国之出版业与印刷业》一文中，把西方印刷术传入中国之事比喻为
"外孙回外婆家"，传到日本之事则比喻为"拎一个外孙游往日本"。日
本自明治初期以来，印刷和装订都是采用洋式。而当时的中国，尽管
印刷已使用了西方的新式铅活字，但在印书之时只印一面，把纸对折
起来，装订成书。1877 年益智书会成立，此后出版的一些教科书，大
多采用单面印刷和对折装订的形式。1887 年广学会成立，出版的教科
书亦是如此。中国人出版的书之所以采用这种旧的形式，实藤惠秀认
为有两个原因：一是为了保存明末来华传教士的传统，寓有"力求不
抵触中国人的风俗习惯和尽量避免引起摩擦"的深意；二是当时的西
方人将世界各国划分为文明、半开化、未开化和野蛮四个不同等级的
国家，以日本为半开化而中国为未开化之国，他们认为，对未开化国
直接输入文明的事务是有害的。[①]　因此，如《格物入门》《格物测算》
《光学》《光学揭要》《热学揭要》《声学揭要》《格物质学》《形性学要》
等教科书均采用传统的印刷和装订形式。

　　随着留日学生的增多而造成对日语书需求的增加，留日学生成立
了专门的译书团体，出版的教科书多采用新式印刷和装订形式。1900
年译书汇编社成立，社长是首批 13 名留日学生之一的戢翼翚（1878—
1908）。后来，译书汇编社分社教科书译辑社专门编译东西方教科新

①实藤惠秀：《中国人留学日本史》，谭汝谦、林启彦译，北京大学出版社，2012，
　第 193 页。

书，以备各省学堂使用。译书汇编社以出版大学教材为主，而教科书译辑社主要出版中学教材。① 陈榥编撰的《物理易解》（1902 年）和译自水岛久太郎的《中学物理教科书》（1902 年）均由教科书译辑社出版，采用当时日本比较流行的双面印刷和装订技术。实藤惠秀认为，1903 年是中国出版史新旧交替的分水岭。此后，中国出版的书刊大多采用新式印刷和装订形式。到 1905 年，洋装本取得了决定性的胜利。这也体现在物理学教科书上，如 1904 年商务印书馆出版了谢洪赉翻译的《最新中学教科书·物理学》，伍光建编译的《最新中学教科书·力学》教科书都采用了新式印刷和装订形式，此后学部出版的《近世物理学教科书》也模仿了商务印书馆出版的新式教科书。

教科书有别于普通读物，也与学术论著存在不同，是为实现教学目的的特殊文本。教科书的认知策略是指为实现某些教育目标而采用的组织方法，如章节标题、习题作业、课程提要、前言、附录、图标、着重号等。早期的中文物理学教科书如潘慎文翻译的《格物质学》、饭盛挺造的《物理学》、陈榥的《物理易解》等缺乏这方面的考虑。由于是直接翻译自美国物理学教科书，谢洪赉的《最新中学教科书·物理学》充分体现了这些认知策略，如书中标题采用大号加粗字体，而说明文字采用中号字体，附录、习问和例题采用小号字体。另外，为突出一些重要的语句，往往在这些语句之下或旁边加着重号。民国时期的大多数物理学教科书均采用了类似的认知策略。

---

① 实藤惠秀：《中国人留学日本史》，谭汝谦、林启彦译，北京大学出版社，2012，第 180-183 页。

本章小结

　　总之，近代中文物理学教科书的演变展示了一幅曲折的景象，以致很难用受西方或日本的影响或中国人自己编译等说法做出满意的解释。动态的变化表明，近代中文物理学教科书并非是一种对西方物理学知识被动的吸收和反应，而是一场中国人学习西方科学知识的主动奋斗，他们最初在西方人和日本人的帮助下力图翻译西方科学知识，最终走出一条适合自己的道路。最初的中文物理学教科书是通过直接或间接的途径从西方教科书翻译过来的，而西方物理学教科书也并非一蹴而就形成的。从 17 世纪至 19 世纪中叶，物理学教科书是在西方物理学不断分化、定型的过程中演变发展的。而自 19 世纪中叶伊始，出现了正式的中文物理学教科书。不同时段引入的物理学教科书反映了西方物理学教科书不同的样态，这些样态的叠加使得早期的中文物理学教科书丰富多样，从物理学教科书译名的混杂可见一斑。与此同时，物理教育目标也发生了深刻的转变。连同物理学在内的自然科学在译介之初即被赋予富国强兵的目的，期间又受到日常实用之风的影响，最终合于世界大趋势，成为与日常生活紧密关联的实用学科。教育目标需要通过具体的知识来体现，中文物理学教科书所载知识结构也发生了明显的变化，这些变化主要源于物理学自身的发展和演变。教育目标的设定、知识结构的建立都需要具体的语言表现，作为传播物理学知识的重要载体，中文物理学教科书的术语和文法等表述形式也发生了非常明显、深刻的转变，而导致这些转变的因素，一方面是编译主体的变化，从早期的西方人和中国人的口译笔述，到后来的留日学生翻译日本教科书，以及后来中国人直接翻译西方物理学教科书；另一方面则是汉语言自身的转变，首先表现在语言接触中的欧化倾向，以及汉语书面语的白话文改造，这些都对物理学书面语乃至名词术语的形成产生了重要的影响。当然，作为一个整体，物理学教科书的演变不仅体现在教育目标、知识结构、文法和术语等方面，还体现在公式、示意图、认知策略、印刷技术及纸张等方面。凡此种种，从不同侧面反映出中文物理学教科书这一新事物在近代中国这一背景下从无到有、从幼稚走向成熟的演变历程。

参考文献

一、原始文献

[1] 惠威尔. 重学 [M]. 艾约瑟口译,李善兰笔述. 上海:美华书馆,1867.

[2] 水岛久太郎. 中学物理学教科书 [M]. 陈榥,译编. 东京:教科书译辑社,1902.

[3] 陈榥. 实用物理学教科书:再版 [M]. 上海:商务印书馆,1918.

[4] 陈榥. 物理易解 [M]. 东京:教科书译辑社,1902.

[5] 陈英才,等. 理化词典 [M]. 上海:中华书局,1940.

[6] 狄考文. 振兴学校论 [N]. 万国公报,1881-09-03 (654).

[7] 丁铎尔. 富强斋丛书:光学 [M]. 金楷理,赵元益,译. 上海:宝善斋,1901.

[8] 丁韪良. 格物入门 [M]. 北京:京师同文馆,1868.

[9] 龚昂云. 初中物理学 [M]. 上海:世界书局,1930.

[10] 国立编译馆. 物理学名词 [M]. 上海:商务印书馆,1934.

[11] 加诺. 形性学要 [M]. 赫师慎,编译. 上海:徐汇汇报馆,1899.

[12] 加诺. 热学揭要 [M]. 赫士口译,刘永贵笔述. 上海:美华书馆,1897.

[13] 加诺. 光学揭要:第二版 [M]. 赫士口译,朱宝琛笔述. 上海:美华书馆,1898.

[14] 黄际遇. 中华中学物理学教科书 [M]. 上海:中华书局,1914.

[15] 教育总署编审会. 高中物理 [M]. 北京:新民印书馆,1940.

[16] 李提摩太. 电学纪要 [M]. 上海:上海广学会校刊,1899.

[17] 李协. Moment 译言商榷 [J]. 科学,1922,7 (5):513-517.

[18] 梁启超. 论学日本文之益 [J]. 清议报,1899 (4).

[19] 中村清二. 近世物理学教科书 [M]. 林国光, 编译. 上海: 广智书局, 1906.

[20] 卢熙仲, 许浈阳, 黄巽, 等. 高中物理学 [M]. 广州: 广州蔚兴印刷场, 1931.

[21] 密尔根, 盖尔. 密尔根盖尔实用物理学 [M]. 周昌寿, 高铦, 译. 上海: 商务印书馆, 1924.

[22] 倪尚达. 高中物理学 [M]. 南京: 南京中山书局, 1933.

[23] 史砥尔. 格物质学 [M]. 潘慎文口译, 谢洪赉笔述. 上海: 美华书馆, 1902.

[24] 曲卓信. 新撰物理学. [M]. 东京: 清国留学生会馆, 1906.

[25] 萨本栋. 普通物理学 [M]. 上海: 商务印书馆, 1937.

[26] 萨本栋. 物理学名词汇 [M]. 北平: 中华教育文化基金董事会编译委员会, 1933.

[27] 沈星五. 文化高中教科书: 高中物理 [M]. 北京: 北平文化学社, 1934.

[28] 史砥尔. 格物质学 [M]. 潘慎文口译, 谢洪赉笔述. 上海: 美华书馆, 1899.

[29] 饭盛挺造. 物理学 [M]. 藤田丰八, 译. 上海: 江南制造局, 1900.

[30] 丁铎尔. 电学纲目 [M]. 田大里辑, 傅兰雅口译, 周郇笔述. 上海: 江南制造局, 1862.

[31] 密尔根, 盖尔. 密尔根盖尔实用物理学 [M]. 屠坤华, 译. 上海: 商务印书馆, 1913.

[32] 王季烈. 共和国教科书: 物理学 [M]. 上海: 商务印书馆, 1914.

[33] 王季烈. 近世物理学教科书 [M]. 北京: 学部编译图书局, 1906.

[34] 王季烈. 中国宜偏设小学堂议 [J]. 北京新闻汇报, 1901 (4): 454-458.

[35] 王兼善. 民国新教科书：物理学 [M]. 上海：商务印书馆，1913.

[36] 沈国威. 六合丛谈 [M]. 上海：上海辞书出版社，2006.

[37] 伍光建. 最新中学教科书：力学 [M]. 上海：商务印书馆，1904.

[38] 何德赉. 最新中学教科书：物理学 [M]. 谢洪赉，译. 上海：商务印书馆，1904.

[39] [作者不详]. 华英初阶 [M] 谢洪赉，译. 商务印书馆，1921.

[40] 学部审定科. 物理学语汇 [M]. 上海：商务印书馆，1908.

[41] 严复. 论今日教育应以物理科学为当务之急 [G] //冯克诚. 清代后期教育思想与论著选读：下. 北京：人民武警出版社，2011.

[42] 中华民国教育部. 第一次中国教育年鉴：教科书之发刊概况 [A]. 上海：开明书店，1934.

[43] 钟衡臧. 新中学物理学 [M]. 上海：中华书局，1932.

[44] 仲光然. 高中物理学：下册 [M]. 上海：中华书局，1940.

[45] 周昌寿. 复兴教科书物理学：下册 [M]. 上海：商务印书馆，1940.

[46] 周昌寿. 现代初中教科书：物理学 [M]. 上海：商务印书馆，1929.

[47] 周昌寿. 新时代高中教科书：物理学 [M]. 上海：商务印书馆，1931.

[48] 周昌寿. 现代初中教科书：物理学 [M] 上海：商务印书馆，1932.

[49] PARKER A P. General editor's report [J]. The Chinese Recorder，1902 (11)：570.

[50] GANOT A. Natural philosophy for general readers and young people：6th edition. [M] Atkinson E，translated. New York：Appleton，1887.

[51] GANOT A. Elementary treatise on physics，experimental and

applied (14th) [M]. Atkinson E, translated, [S. l.]: William & Wood, 1893.

[52] LLOYD B. An elementary treatise of mechanical philosophy: 2th edition [M]. [S. l.]: Dublin, 1835.

[53] EULER, LEONHARD. The rational mechanics of fle-xible or elastic bodies 1638 – 1788 [M]. Truesdell, translated. Leonhardi Euleri Opera Omnia, Vol. 2. Venditioni Exponunt: Orell Füssli Turici, 1960.

[54] GALILEI G. Dialogues concerning two new sciences [M]. trans-lated by Henry Crew, Alfonso De Salvio. New York: The Mac-millan Company, 1914.

[55] GALILEI G. Discorsi e dimostrazioni matematiche intorno a due nuove scienze [M]. Leida: Apprerro Elrevirrii, 1638.

[56] GEORGE A, HOADLEY. A brief course in general physics [M]. New York: American Book Company, 1900.

[57] GEORGE A, HOADLEY. Elements of physics [M]. New York: American Book Company, 1908.

[58] GEORGE A, HOADLEY. Essentials of physics [M]. New York: American Book Company, 1913.

[59] HENDERSON H, WOODHULL J F. Elements of physics [M]. [S. l.]: Appleton & Co., 1900.

[60] KATER H, Lardner D. A treatise on mechanics [M]. London: Printed for Longman Press, 1830.

[61] MAXWELL. J M Matter and motion [M]. London: Society for Promoting Christian Knowledge, 1876.

[62] JOHN C, FERGUSON. New editions published from May, 1896 to May, 1899 [J]. The Chinese Records and Missionary

Journal，1899（6）.

[63] FRYER J. The educational directory for China [M]. Shanghai：The American Presbyterian Mission Press，1895.

[64] HENRY P J. The mathematical principles of mechanical philosophy：and their application to elementary mechanics and architecture：Second edition [M]. London：Cambridge Press，1842.

[65] PLAYFAIR J. Outlines of natural philosophy：being heads of lectures delivered in the university of Edinburgh [M]. Edingburgh [s. n.]：1812.

[66] ROBISON J. Elements of mechanical philosophy：being the substance of a course of lectures on that science [M]. Edingburgh [s. n.]：1804.

[67] TYNDALL J. Light and electricity：notes of two courses of lectures before the Royal Institution of Great Britain [M]. New York：D. Appletion and Company，1871.

[68] DOOLITTLE J. A vocabulary and hand-book of the Chinese language：Vol. 12 [M]. Foochow：Rozario，Marcal and Company，1872.

[69] MARCET，HALDIMAND J，BLAKE，et al. Conversations on natural philosophy [M]. Boston：Lincoln & Edmands，1826.

[70] POISSON S D. Traité de mécanique [M]. Paris：Chez M Veuve Courcier，1811.

[71] KOHLSTEDT S G. Nature，not books：scientists and the origins of the nature-study movement in the 1890s [J]. ISIS，2005，96（3）：324－352.

[72] STEELE，DORMAN J. Popular physics [M]. New York and Chicago：A. S. Barnes & Company，1888.

[73] WHEWELL W. An elementary treatise on mechanics [M]. London：Cambridge Press，1819.

[74] WHEWELL W. An elementary treatise on mechanics [M]. London：Cambridge Press，1836.

[75] WHEWELL W. An elementary treatise on mechanics [M]. London：Cambridge Press，1847.

[76] WHEWELL W. Astronomy and general physics consi-dered with reference to natural theology [M]. London：William Pickering，1833.

[77] WHEWELL W. On the free motion of points，and on universal gravitation [M]. London：Cambridge Press，1836.

[78] WHEWELL W. On the philosophy of discovery [M]. London：John W. Parker，1860.

[79] WHEWELL W. A treatise on dynamics [M]. London：Cambridge Press，1823.

[80] WHEWELL W. An elementary treatise on mechanics：intended for the use of colleges and universities [M]. 5ed. London：Cambridge Press，1836.

[81] WILLIAM，CHAMBERS R. Chambers's information for the people [M]. Edingburgh：London Chambers，1849.

[82] THOMASON W，TAIT P G. Treatise on natural philosophy [M]. Oxford：The Clarendon Press，1867.

[83] 饭盛挺造. 物理学：上 [M]. 東京：島村利助 [ほか]，1917.

[84] 福冈元次郎. 文部省训令第三号：中学校教授要目 [M]. 东京：鐘美堂書店，1902：95－113.

[85] 金沢寿吉. 中村清二先生の思い出. [J] 日本物理学会誌，1960，15 (9)：1－2.

[86] 菊池熊太郎. 物理学教科书 [M]. 东京：敬業社，1890.

[87] 水岛久太郎. 近世物理学 [M]. 东京：有斐閣［ほか］，1894.

[88] 中村清二. 近世物理学教科书 [M] 东京：富山房，1899.

[89] 中村清二. 最近物理学教科书 [M]. 东京：富山房，1911.

二、研究文献

[1] 格兰特. 近代科学在中世纪的基础 [M]. 张卜天，译. 长沙：湖南科学技术出版社，2010.

[2] 八耳俊文. 在自然神学与自然科学之间：《六合丛谈》的科学传道 [M] //沈国威. 六合丛谈. 上海：上海辞书出版社，2006：117 - 137.

[3] 毕苑. 建造常识：教科书与近代中国文化转型 [M]. 福州：福建教育出版社，2010.

[4] 陈宝泉. 中国近代学制变迁史 [M]. 北京：北京文化学社，1927.

[5] 陈文哲. 普通应用物理学教科书：第 6 版 [M]. 上海：昌明公司，1908.

[6] 陈学恂. 中国教育大事记 [M]. 上海：上海教育出版社，1981.

[7] 戴念祖. 中国科学技术史：物理学卷 [M]. 北京：科学出版社，2001.

[8] 邓亮，韩琦.《重学》版本流传及其影响 [J]. 文献，2009（3）：151 - 157.

[9] 邓世还. 伍光建生平及主要译著年表 [J]. 新文学史料，2010（1）：153 - 158.

[10] 卡约里. 物理学史 [M]. 戴念祖，译. 北京：中国人民大学出版社，2010.

[11] 郭大松，杜学霞. 登州文会馆：中国第一所现代大学 [M]. 济南：山东人民出版社，2012.

[12] 韩琦. 李善兰、艾约瑟译胡威立《重学》之底本 [J]. 或问, 2009 (17)：101-111.

[13] 贺阳. 现代汉语欧化语法现象研究 [M]. 北京：商务印书馆, 2008.

[14] 胡升华. "物理学"名称考源 [J] 科学, 1999 (1)：42-44.

[15] 黄克武. 新名词之战：清末严复译语与和制汉语的竞赛 [J]. 中央研究院近代史研究所集刊, 2008, 62：1-42.

[16] 黎难秋. 清末译学馆与翻译人才 [J]. 中国翻译, 1996 (3) 45-46.

[17] 李迪, 徐义保. 第一本中译 X 射线著作：《通物电光》[J]. 科学技术与辩证法, 2002, 19 (3)：76-80.

[18] 刘立德. 陆费逵教育思想试探 [C] //《教育史研究》编辑部. 纪念《教育史研究》创刊二十周年论文集 (2)：中国教育思想史与人物研究. 2009.

[19] 陆费逵. 六十年来中国之出版业与印刷业 [M] //陆费逵. 陆费逵自述. 合肥：安徽文艺出版社, 2013.

[20] 吕叔湘. 文言与白话 [A] //吕叔湘. 吕叔湘语文论集. 北京：商务印书馆, 1983：60-78.

[21] 马敏. 马希曼、拉沙与早期的《圣经》中译 [J]. 历史研究, 1998 (4)：45-55.

[22] 马西尼. 现代汉语词汇的形成：十九世纪汉语外来词研究 [M]. 黄河清, 译. 上海：汉语大词典出版社, 1997.

[23] 聂馥玲.《重学》的力学术语翻译 [J]. 中国科技史杂志, 2012, 33 (1)：22-33.

[24] 聂馥玲. 晚清科学译著《重学》的翻译与传播 [D]. 呼和浩特：内蒙古师范大学, 2010.

[25] 皮后锋. 严复大传 [M]. 福州：福建人民出版社, 2003.

[26] 钱基博. 自我检讨书［M］//傅宏星. 钱基博年谱. 武汉：华中师范大学出版社，2007：263 - 286.

[27] 任达著. 新政革命与日本：中国，1898—1912［M］. 李仲贤，译. 南京：江苏人民出版社，2010.

[28] 沈国威. 近代中日词汇交流研究：汉字新词的创制、容受与共享［M］. 北京：中华书局，2010.

[29] 沈国威. 译名"化学"的诞生［J］. 自然科学史研究，2000，19（1）：55 - 71.

[30] 沈国威. 汉语近代二字词研究：语言接触与汉语的近代演化［M］. 上海：华东师范大学出版社，2019.

[31] 施若谷. "科学共同体"在近代中西方的形成与比较［J］. 自然科学史研究，1999，18（1）：1 - 6.

[32] 实藤惠秀. 近代日支文化论［M］. 东京：大东出版社，1941.

[33] 实藤惠秀. 中国人留学日本史［M］. 谭汝谦，林启彦，译. 上海：生活·读书·新知 三联书店，1983.

[34] 汪家熔. 谢洪赉和商务创办人的关系［J］. 编辑学刊，1994（4）：91.

[35] 汪向荣. 日本教习［M］. 北京：中国青年出版社，2000.

[36] 王冰. 明清时期（1610—1910）物理学译著书目考［J］. 中国科技史料，1986，7（5）：3 - 20.

[37] 王冰. 明清时期西方近代光学的传入［J］. 自然科学史研究，1983，4（4）：381 - 388.

[38] 王冰. 我国早期物理学名词的翻译及演变［J］. 自然科学史研究，1995，14（3）：215 - 226.

[39] 王冰. 中国早期物理学名词的审定与统一［J］. 自然科学史研究，1997，16（3）：253 - 262.

[40] 王凤喈. 中国教育史［M］. 福州：福建教育出版社，2011.

[41] 王广超. 从自然哲学到物理学：19 世纪英美物理学教科书的名实之变 [J]. 或问，2019，35：35 - 48.

[42] 王广超. 清末民初物理书面语文法的嬗变：以物理学教科书为中心 [J]. 自然辩证法研究，2019，35 (12)：82 - 88.

[43] 王广超. 试论库恩的教科书理论 [J]. 自然辩证法通讯，2020，42 (3)：85 - 92.

[44] 王广超. 谢洪赉译《最新中学教科书物理学》（1904）初步研究 [J]. 或问，2013，(23)：43 - 54.

[45] 王广超. 清末陈榥译编《物理易解》初步研究 [J]. 中国科技史杂志，2013，34 (1)：27 - 39.

[46] 王广超. 物理学名词 moment 中文译名之创制及变迁 [J]. 自然科学史研究，2013，32 (2)：214 - 226.

[47] 王广超. 惠威尔对力学第三运动定律的阐述 [J]. 自然辩证法通讯，2014 (1)：36 - 40.

[48] 王广超. 王季烈译编两本物理学教科书初步研究 [J]. 中国科技史杂志，2015，36 (2)：191 - 202.

[49] 王广超. 赫士译编《光学揭要》初步研究 [J]. 或问，2016，29：53 - 68.

[50] 王力. 中国现代语法 [M]. 北京：商务印书馆，2011.

[51] 王树槐. 基督教与清季中国的教育与社会 [M]. 桂林：广西师范大学出版社，2011.

[52] 王扬宗. 清末益智书会统一科技术语工作述评 [J]. 中国科技史料，1991，12 (2)：9 - 19.

[53] 王有朋. 中国近代中小学教科书总目 [M]. 上海：上海辞书出版社，2010.

[54] 王治心. 中国基督教史纲 [M]. 上海：上海古籍出版社，2011.

[55] 温昌斌. 中国近代的科学名词审查活动：1928—1949 [J]. 自然

辩证法通讯，2006，28（2）：71-78.

[56] 吴以义. 科学革命的历史分析：库恩与他的理论 [M]. 上海：复旦大学出版社，2013.

[57] 吴小鸥，石鸥. 晚清留日学生与中国现代教科书发展 [J]. 高等教育研究，2011，32（5）：89-96.

[58] 吴艳兰. 北京师范大学图书馆馆藏师范学校及中小学教科书书目：清末至1949年 [M]. 北京：北京师范大学出版社，2002.

[59] 袁咏红. 梁启超与东京大同高等学校 [J]. 广东社会科学，2007（5）：126-132.

[60] 张秉伦，胡化凯. 中国古代"物理"一词的由来与词义演变 [J]. 自然科学史研究，1998，17（1）：55-60.

[61] 张晓. 近代汉译西学书目提要：明末至1919 [M]. 北京：北京大学出版社，2012.

[62] 浙江省政协文史资料委员会. 浙江近现代人物录 [M]. 杭州：浙江人民出版社，1992.

[63] 佚名. 中国人海外教育事业（其二）：东京小石川清华学校图 [J]. 新民丛报，1902（9）：19.

[64] 朱有瓛. 中国近代学制史料（四辑）[M]. 上海：华东师范大学出版社，1983—1993.

[65] 邹振环. 影响中国近代社会的一百种译作 [M]. 北京：中国对外翻译出版公司，1996.

[66] WILLIASON A. Preliminary resolutions [A]. Records of the general conference of the protestant missionaries of China held at Shanghai，May 7-20，1890.

[67] SHAPIRO A R. Between training and popularization：regulating science textbooks in secondary education [J]. ISIS，2012，103（1）：99-110.

[68] WARWICK A, KAISER D KUHN, Foucault, and the power of pedagogy [A] // DAVID K. Pedagogy and the Practice of Science: Historical and contemporary perspectives. Cambridge, Massachusetts: The MIT Press, 2006: 393 – 409.

[69] LATOUR B, WOOLGAR S. Laboratory life: The construction of scientific facts: 2nd [M]. Princeton: Princeton University Press, 1986.

[70] MATEER C W. School books for China [J]. The Chinese Recorder and Missionary, 1877: 428 – 429.

[71] MACGILLIVRAY D. In preparation [J]. The Chinese Recorder and the Protestant Missionary Community in China, 1903, 34: 310 – 311.

[72] ROBINSON, EDGAR S. The ministerial directory: of the ministers in the presbyterian church in the United States (Southern), and in the presbyterian church in the United States of America (Northern) [M]. Ministerial Directory Company.

[73] ROSEN E T, KUHN. The Copernican revolution [J]. Scripta Mathematica, 1959 (24): 330 – 331.

[74] SARTON G. The study of early scientific textbook [J]. ISIS, 1948, 38: 137 – 148.

[75] MYERS G A. Textbooks and the sociology of scientific knowledge [J]. English for Specific Purpose, 1992 (11): 2 – 17.

[76] COHEN I B. The birth of a new physics [M]. London: Penguin Books, 1985.

[77] COHEN I B. Newton's concepts of force and mass, with notes on the laws of motion [M]. Cambridge: Cambridge University Press, 2002.

[78] HACKING I. The social construction of what [M]. Cambridge: Harvard University Press, 1999.

[79] MORUS I R. When physics became king [M]. Chicago: The University of Chicago Press, 2005.

[80] SCHWAB J J. The teaching of science as inquiry [J]. Bulletin of the Atomic Scientists, 1958 (14): 374 - 379.

[81] SIMON J. Physics textbooks and textbook physics in the 19th century [M] // JED Z, ROBERT F. The Oxford handbook of the history of physics. New York: Oxford University Press, 2013: 651 - 678.

[82] MARCUM J A. Thomas Kuhn's revolution: An historical philosophy of science [M]. London, New York: Continuum, 2005.

[83] RICHARDS J L. Historical mathematics in the French Eighteenth century [J]. ISIS, 2006, 97 (4): 700 - 713.

[84] ALFRED J. The evolution of American secondary school textbook before 1900 [M]. Pittsburgh: University of Pittsburgh, 2001.

[85] SIMON J, LLOVERA P. Between teaching and research: Adolphe Ganot and the definition of electrostatics (1851 - 1881) [J]. Journal of Electrostatics, 2009 (67): 536 - 541.

[86] SIMON J. Communicating physics: The production, circulation and appropriation of Ganot's textbooks in France and England, 1851—1887 [M]. London: Pic kering &Chatto, 2011.

[87] HEMELING K. English-Chinese dictionary of the standard Chinese spoken language [M]. Shanghai: Statistical Department of the Inspectorate General of Customs, 1916.

[88] KUBLER, CORNELIUS C. A study of europeanized grammar

in modern Chinese [M]. Taipei: Student Co. Ltd, 1985.

[89] VICEDO M. Playing the game: Psychology textbooks speak out about love [J]. ISIS. 2013, 103 (1): 111 – 125.

[90] VICEDO M. The secret lives of textbooks [J]. ISIS, 2012, 103 (1): 83 – 87.

[91] SMYTH M M. Certainty and uncertainty sciences: Marking the boundaries of psychology in introductory textbooks [J]. Social Studies of Science, 2011, 31 (3): 389 – 416.

[92] CROSLAND M, SMITH C. The transmission of physics from France to Britain: 1800 – 1840 [J]. Historical Studies in the Physical Sciences., 1978 (9): 1 – 61.

[93] GORDIN M D. translating textbooks: Russian, German, and the language of chemistry [J]. ISIS, 2012, 103 (1): 88 – 98.

[94] GALLUZZI P. Momento: Studi galileiani [M]. Rome: Edizioni dell'Ateneo & Bizzarri, 1979.

[95] HARMAN P M. Energy, force, and matter: the conceptual development of nineteenth-century [M]. London: Cambridge University Press, 1982.

[96] HARMAN M P. Newton to Maxwell: The Principia and British physics [J]. Notes and Records of the Royal Society of London, 1988, 42 (1): 75 – 96.

[97] MACHAMER P. The Cambridge companion to Galileo [M]. Cambridge: Cambridge University Press, 1998.

[98] ROBSON R, CANNON W F. William Whewell, F. R. S. (1794 — 1866) [J]. Notes and records of the Royal Society of London. 1964, 19 (2): 168 – 191.

[99] DUGAS R. Mechanics in the seventeenth century [M]. FRED J,

trans. Switzerland, 1958.

[100] DARNTON R. What is the history of books [J]. Modern Intellectual History, 2007 (3): 495 - 508.

[101] SILLIMAN R H. Fresnel and the emergence of physics as a discipline [J]. Historical Studies in the Physical Science. 1974 (4): 137 - 162.

[102] HOME R W. The Third Law in Newton's mechanics [J]. The British Journal for the History of Science, 1968, 4 (1): 39 - 51.

[103] KOHLSTEDT S G. Nature, not books: Scientists and the origins of the Nature-Study Movement in the 1890s [J]. ISIS, 2005 (3): 324 - 352.

[104] KUHN T S. The function of dogma in scientific research [A]. Scientific Change. London: Heinemann, 1963: 347 - 369.

[105] KUHN T S. The function of measurement in modern physical science [C] // Thomas S. Kuhn (ed). The essential tension: selected studies in scientific tradition and change. Chicago: University of Chicago Press, 1977: 178 - 224.

[106] KUHN T S. The structure of scientific revolutions. 50th anniversary edition [M]. Chicago: University of Chicago, 2012.

[107] KUHN T S. The essential tension: tradition and innovation in scientific research? [C] // Thomas S. Kuhn (ed). The essential tension: selected studies in scientific Tradition and Change. Chicago: University of Chicago Press. 1977: 225 - 239.

[108] WISAN W L. Review, momento: Studi galileian [J]. ISIS, 1981, 72 (2): 321 - 322.

[109] 板倉聖宣. 増补日本理科教育史 [J]. 东京: 株式会社仮說社, 2009.